I0876738

Gebetslogik

Beihefte zur Ökumenischen Rundschau Nr. 103

ITA

Interkonfessioneller Theologischer Arbeitskreis

Gebetslogik

Reflexionen aus interkonfessioneller Perspektive

Herausgegeben von Johann Hafner, Julia Enxing
und André Munzinger

EVANGELISCHE VERLAGSANSTALT
Leipzig

Bibliographische Information der Deutschen Nationalbibliothek
Die Deutsche Nationalbibliothek verzeichnet diese Publikation in der Deutschen Nationalbibliographie; detaillierte bibliographische Daten sind im Internet über http://dnb.dnb.de abrufbar.

Printed in Germany · H 7989

Das Buch wurde auf alterungsbeständigem Papier gedruckt.

Cover: Kai-Michael Gustmann, Leipzig
Satz: Steffi Glauche, Leipzig
Druck und Binden: Hubert & Co., Göttingen

ISBN 978-3-374-04137-4
www.eva-leipzig.de

Vorwort

Das Gebet provoziert. In seiner stillen Form entkommt es der außenstehenden Beobachtung, in seiner liturgischen Form entspricht es oft nicht individuellen Bedürfnissen. Beten bleibt trotz vielfältiger Infragestellung eine liturgische und private Konstante der Religionen im Allgemeinen und christlicher Bekenntnisse im Besonderen: Im Gebet werden Deutungsangebote verschiedener Traditionen in die Gegenwart des Alltags überführt, und im Gebet erleben Menschen Entlastung und solidarischen Zusammenhalt. Außerhalb und innerhalb der Religionsgemeinschaften wirkt diese intime Form des Kultes auch in der Moderne nach, indem Momente des Über-sich-Hinausgreifens mit Dank und Klage, Bitte und Andacht verbunden werden. Betende werden jedoch auch durch die neuzeitlichen, religionskritischen Anfragen an den Sinn und die Wirkung dieser Glaubenspraxis herausgefordert. Das Bittgebet erscheint manchen als naive, vormoderne Vorstellung eines interventionistischen Gottesbildes; das Dankgebet wirkt für andere wie eine subjektive Projektionsfläche gelungenen Lebens. Für manche setzen Bitt- und Dankgebet zudem ein zutiefst ungerechtes Gottesbild voraus, für andere dagegen führt das Gebet dazu, Ungerechtigkeit ertragen und gestalten zu können.

Wie steht es also mit der Logik des Gebets aus der Sicht der Theologinnen und Theologen christlicher Glaubensweisen der Gegenwart? Können sie die weiterhin hohe Anziehungskraft des Gebets systematisch entschlüsseln und nach innen und außen plausibel begründen? Antworten sie auf die religionskritischen Fragen bezüglich der Wirkung des Gebets? Gibt es Unterschiede in der Gebetslogik aus der Perspektive verschiedener Konfessionen? Passen Gebet und Logik überhaupt zusammen?

Die Beiträge dieses Bandes stehen nicht jenseits der schwierigen Anfragen. Sie stellen sich der Kritik, die sich am Gebet in exemplarischer Weise entfacht. Durch die kritischen Fragen hindurch wird die Logik des Gebets gesucht und erörtert. Dabei ist der vielfältige Zugang zu dieser

Praxis in den folgenden Beiträgen charakteristisch für die Fülle der Antworten und Umgangsweisen in der gegenwärtigen Theologie. Verschiedene Konfessionen kommen zu Wort. Um nur einige Beispiele zu nennen: Aus der baptistischen Gebetskultur stellt *Volker Spangenberg* Denkweisen des individuellen und gemeinschaftlichen Betens im Gottesdienst vor; aus der griechisch-orthodoxen Theologie heraus erklärt *Stefanos Athanasiou* das Gebet als ein ökumenisches Ereignis, weil es einen gemeinschaftsstiftenden Sinn beinhaltet; die Benediktinerin *Teresa Forcades i Vila* entwickelt Überlegungen zum Gebet im Horizont der Vorsehung Gottes; aus der protestantischen Liturgie und Theologie antwortet *Gregor Etzelmüller* auf die Frage, ob das Gebet heute in einer Krise steckt; bezogen auf das wesleyanisch-methodistische Verständnis des Betens lässt sich nach *Michael Nausner* das Gebet als vorsprachliches Beziehungsgeschehen erklären.

Die Differenzen sind aber nicht vornehmlich auf die unterschiedlichen Traditionen bezogen. Es werden ebenfalls verschiedene Praktiken des Gebets zum Thema gemacht. Neben dem persönlichen Bittgebet werden Interzession, das freie Beten, Doxologie und Klage erörtert. Auch die Zugangsweisen und Fragestellungen sind in den folgenden Texten vielfältig. Neben fundamentaltheologischen Arbeiten stehen materialdogmatische Fragen, neben biblisch-theologischen und kontemplativ ausgerichteten Überlegungen sind systematisch-argumentativ und forschungsgeschichtlich aufgebaute Vorgehensweisen zu erkennen. Eine übergreifende Systematisierung dieser Unterschiede ist nicht intendiert. Denn die Verschiedenheiten der Ausführungen markieren die Weite des Gesprächsfeldes und der systematisch-theologischen Herausforderung, die sich mit dem Thema des Gebets ergibt.

Zugleich werden Gemeinsamkeiten deutlich, vor allem hinsichtlich der zentralen theologischen Stellung des Gebets. Dementsprechend wird in den Ausführungen unter vielen anderen auf Augustinus, Thomas von Aquin, Johannes Calvin, John Wesley, Karl Rahner und Karl Barth, aber auch auf die gegenwärtige universitäre Theologie verwiesen, um die grundlegende Bedeutung des Gebets für den Vollzug des Glaubens und das Verständnis der Theologie *insgesamt* zu betonen. Daraus entstehen eindrucksvolle Formulierungen: Als »Pulsschlag des Glaubens« bezeichnet *Etzelmüller* im Anschluss an Martin Luther das Gebet, während andere Beitragende auf die prägnante Aussage Walter Kaspers aufmerksam machen, das Gebet sei der »Ernstfall des Glaubens«.

Wichtig ist es deshalb, die Beiträge nicht nur konfessionsbezogen zu lesen. Vielmehr wird an den Sachfragen gearbeitet, zum Teil mit Diskursabgrenzungen innerhalb der jeweiligen Konfession und teils mit konfessionsübergreifenden Fragen. Einige Gravitationszentren sollen zu Anfang kurz benannt werden.

So wird in einigen Überlegungen deutlich, dass das Gebet vom Forum der Vernunft aus befragt werden kann und muss. Dabei geht es vornehmlich um das Bittgebet. *Christoph Böttigheimer* stellt sich der theologischen Herausforderung, die Bitte nachvollziehbar und »intellektuell redlich« auf ihre Schwierigkeiten hin zu befragen, um auf diese Weise der »Not des Bittgebetes« gerecht zu werden. Für *Denis Schmelter* geht es in der Frage nach der Wirkung dieser Form des Betens um die Vernunft des theistischen Glaubens selbst und letztlich um »die existenzielle Tragfähigkeit christlichen Glaubens« insgesamt. Im Aufsatz von *Johann Hafner* wird deutlich, wie weitreichend die Anfragen aus anderen wissenschaftlichen Disziplinen an die Praxis und Logik des Gebets sind: Das Gebet wird aus diesen Kritiken heraus als »unsichtbar«, »unwirksam« oder »stumm« dargestellt. Die Schwierigkeiten einer angemessenen Erforschung der Funktion und Wirkkraft des Betens werden allerdings ersichtlich, wenn die historischen, phänomenologischen und soziologischen Fragestellungen aufeinander bezogen werden, denn ein gemeinsamer Gegenstandsbereich und eine Übereinkunft hinsichtlich der Bedingungen, unter denen die Forschungen durchgeführt werden, lassen sich nicht als selbstverständlich voraussetzen.

Das Gebet wird zwar zu Recht mit den Mitteln kritischer und diskursiver Analyse untersucht. Es kommt aber auf die Kontur, den fixierten Gegenstand und die Denkrichtung der Fragestellungen an. In einigen Beiträgen wird deshalb von der Praxis des Gebets her das theologische Denken befragt und die Theorie aus den Praktiken heraus entwickelt. *Martin Hailer* macht in seinen Überlegungen zur Interzession grundlegend darauf aufmerksam, dass Dogmatik nicht nur über das Gebet spricht, sondern dass sie selbst aus »dem Reden zu Gott« stammt und somit zu Gott führt. Insofern wäre die Dogmatik lediglich als Gebetsakt möglich. *Ottmar Fuchs* zeigt, dass wir durch die Doxologie in besonderer Weise lernen können, Gott wirklich Gott sein zu lassen. Denn die Doxologie verzichtet auf kausale Erklärungszusammenhänge und lässt Mensch und Gott frei. Dementsprechend wird die Weise des Betens für die Qualität des Glaubens und des Handelns relevant und nicht umgekehrt.

Aus dieser Logik heraus ergibt sich in einigen Beiträgen auch die Frage nach der Angemessenheit des Wirklichkeitsverständnisses, welches uns das Gebet überhaupt problematisieren lässt. Mehr als eine Verteidigung vor der säkularen Vernunft ist geboten, denn im Gebet erschließt sich die Möglichkeit, die Grenzen der eigenen Wirklichkeitswahrnehmung zu Tage treten und zum Thema werden zu lassen. Auf diese Weise kann *Andreas Krebs* in einer Auslegung zu Psalm 77 das Beten als einen Akt des Antwortens darstellen, um Gott selbst die Ver*antwortung* zu überlassen. Die Anfechtung des Gebets wird zum Gebet. Für *Michael Nausner* ist in ähnlicher Denkrichtung das Gebet selbst ein Grenzgang, in dem die Hoffnung auf Verwandlung in existenzieller und vorsprachlicher Weise zur Äußerung kommt. Die Grenze ist erkenntnistheoretisch und existenziell betrachtet ein anspruchsvoller Ort, an welchem dem schlechthin Unverfügbaren Raum gelassen wird.

Indessen wird auch das Verständnis der Wirklichkeit Gottes zum Thema. Wiederholt wird das interventionistische Gottesbild auf dessen Schlüssigkeit hin befragt – in unterschiedlicher Ausprägung zum Beispiel bei *Teresa Forcades i Vila, Christoph Böttigheimer, Gregor Etzelmüller, Denis Schmelter* und *Volker Spangenberg*. Können wir die Art der Einwirkung Gottes besser verstehen, wenn wir sie im Horizont der Kooperationsverbundenheit zwischen Mensch und Gott einordnen? Ist die Vorstellung des Eingreifens Gottes in innerweltliche Abläufe zu verabschieden? Ist das Einwirken Gottes eher indirekt als eine Veränderung der menschlichen Handlungsmöglichkeiten zu verstehen, oder wird damit eine problematische Begrenzung des göttlichen Wirkens auf das Innerliche impliziert? Wie lassen sich die biblischen Hoffnungen artikulieren, dass Gott in der Welt wirke, Kranke gesund mache und Recht spreche? Diese Fragen werden keineswegs übereinstimmend beantwortet, sie machen vielmehr die theologischen Konsequenzen der jeweiligen Gebetslogik ersichtlich.

Der vorliegende Band umfasst Beiträge, die in der Mehrzahl im Rahmen der Jahrestagung des *Interkonfessionellen Theologischen Arbeitskreises (ITA)* im Januar 2014 zu diesem Thema entstanden sind. Einige weitere wurden gezielt als Ergänzung aufgenommen. Dabei verdeutlicht die Publikation die Arbeitsweise dieses Kreises in charakteristischer Weise. Ziel ist es, die Vielfalt und Differenz der verschiedenen theologischen Traditionen und Perspektiven als eine Bereicherung anzusehen und zugleich die Herausforderung anzunehmen, kritische Fragestellungen über die Grenzen der eigenen Perspektive hinaus zuzulassen. Bewusst wird ein experimentierfreudiger Arbeitsstil gefördert. So wird der Arbeitskreis als eine Alternative zu den wissenschaftlich-theologischen Gesellschaften verstanden, die vornehmlich die eigene konfessionelle Entwicklung verfolgen, und zugleich soll er eine Ergänzung zu ökumenisch-theologischen Zusammenkünften bieten, die gemeinsame Stellungnahmen entwickeln. In dieser Publikation lassen sich somit eher Prozesse und Fragestellungen identifizieren, die eine *trans*konfessionelle Arbeit erkennbar machen: Die verschiedenen Perspektiven und Konfessionen werden vorausgesetzt, diese können, müssen aber nicht, selbst zum Thema werden, weil die gemeinsamen Sachfragen im Mittelpunkt stehen.

Wir haben für die Möglichkeit der Veröffentlichung dieses Bandes vielen zu danken. Zunächst sei den Autorinnen und Autoren unsere Freude bekundet, dass sie mit ihren anspruchsvollen Fragestellungen und gehaltvollen Beiträgen dem Band eine hochwertige Kontur verleihen. Für Druckkostenzuschüsse möchten wir uns sehr herzlich bei dem Erzbistum Berlin, dem Bistum Münster und der Evangelisch-Lutherischen Kirche in Norddeutschland bedanken. Zudem hat Julia Enxing dankenswerterweise einen finanziellen Beitrag zu den Druckkosten aus Geldern ihres Dissertationspreises (von der Universität Münster vergeben) geleistet.

Wir freuen uns, dass die Herausgeberinnen und Herausgeber der Ökumenischen Rundschau der Aufnahme in die Reihe *Beihefte zur Ökumenischen Rundschau* zugestimmt haben. Frau Dr. Annette Weidhas und Herrn Jan-Christian Buchwitz von der Evangelischen Verlagsanstalt in Leipzig danken wir für die konstruktive Zusammenarbeit bei der Drucklegung. Frauke Bohge und Kadir Sanci, Mitarbeiterin und Mitarbeiter von Johann Hafner an der Universität Potsdam, sind wir für die redaktionelle Überarbeitung der Texte sehr zu Dank verpflichtet.

Münster, Potsdam und Kiel, im August 2015

Inhalt

Die Krise des Bittgebets

Diagnostische Rückblicke und systematische Reaktionen

Christoph Böttigheimer

Abstract

Im Bittgebet verdichten sich die Schwierigkeiten der Gebetstheologie, wird hier doch neben dem Problem der Gebetserhörung zusätzlich die Frage berührt, wie ein Handeln Gottes in der Welt naturwissenschaftskonform gedacht werden kann. Ohne eine verantwortbare rationale Explizierung der Rede vom Handeln Gottes wird jedes Bittgebet obsolet. Der Beitrag geht darum der Frage nach, wie ein Handeln Gottes in der Welt heute gedacht werden kann und welche Konsequenzen sich hieraus für die Theologie des Bittgebets ergeben.

Nach neutestamentlichem Zeugnis gehört das Gebet konstitutiv zu unserem Christsein und besteht in der Erhebung des Gemüts zu Gott, wie Johannes von Damaskus es ausdrückt: »Oratio est ascensus mentis in Deum«[1]. Wie ein Leben ohne zu atmen nicht möglich sei, so könne nach Romano Guardini auch der Christ ohne zu beten auf Dauer nicht existieren.[2] »Betet ohne Unterlaß!«, ermahnt darum Paulus die Christinnen und Christen in Thessaloniki (1 Thess 5,17f.). Wenn die Jetztzeit die Zeit des Heils ist, dann besteht die adäquate Antwort der Glaubenden in ihrer fortwährenden Hinordnung auf die göttliche Gegenwart. »Seid fröhlich in der Hoffnung, geduldig in der Bedrängnis, beharrlich im Gebet!« (Röm 12,12).[3]

Das Gebet als Grundvollzug christlicher Existenz kann vielfältige Formen annehmen: Dank, Lobpreis, Anbetung, Klage oder Bitte. Während der Lobpreis in charismatischen oder pfingstlerischen Gruppierungen wieder verstärkt praktiziert wird, hat das Bittgebet einen zunehmend schwe-

1 Johannes v. Damaskus, De Fide orthod., 1. III, c. 24 (PG XCIV, 1090).
2 Vgl. Romano Guardini, Vorschule des Betens, Einsiedeln [6]1960, 16.
3 Vgl. Eph 6,18; Phil 4,6; Kol 4,2.

reren Stand und dies, obgleich die Gebetsunterweisung Jesu v. a. auf das Bitten fokussiert ist (Lk 18,1–8). Genau betrachtet kulminieren im Bittgebet alle anderen Gebetsformen. Nach Karl Barth ist das Gebet »in seiner *Mitte*, es ist in dem, was es zum *Gebet* macht, *Bitte*, und nur als Bitte dann auch Dank, Buße und Anbetung. Es sind alle jene anderen Elemente diesem Einen gegenüber nicht selbständig, sondern sie sind Elemente dieses Einen: des *Bitt*gebetes.«[4] Denn, so fragt Barth rhetorisch: »Wie kann man ihn anders ehren, preisen und rühmen, als indem man als Bittender Alles von ihm *erwartend*, und darum ihn um Alles *angehend*, zu ihm kommt?«[5] Hans-Martin Barth weist überdies darauf hin, dass »Gebet« etymologisch von »Bitten« kommt, es sei allererst »›Gebitte‹, ein Gestammel von Bitten, ein ›Gebettel‹.«[6]

Im Bitten verdichtet sich das Beten, ja letztlich der christliche Glaube überhaupt, weshalb das Bittgebet gern als »Ernstfall«[7], »Testfall«[8] oder als »Probe des Glaubens«[9] bezeichnet wird. Es ist in seiner Intentionalität ein Präzedenzfall für die Überzeugung, dass in der Immanenz eine Transzendenz am Werk ist, an die Menschen sich wenden können. »Wenn auch sonst niemand das Wirken Gottes voraussetzt, der betende Mensch geht davon aus, er würde überhaupt nicht aufs Beten verfallen, wenn er sich nicht auf ein sehr präzises, bisweilen fast banal-konkretes Handeln Gottes verlassen könnte.«[10] Doch hier beginnt das Dilemma[11] des heutigen Menschen, welches sich im Nicht-Beten-Können äußert. Die Betenden und nicht das Gebet sind der Grund heutiger Gebetsnot, fällt es doch den Menschen zunehmend schwerer, Gott in der aufgeklärt-technischen Welt einer radikalen Immanenz als gegenwärtig waltend zu erfahren. Zwar ist der

4 Karl Barth, Die kirchliche Dogmatik, Bd. III/4, Zürich ²1957, 110.

5 Ebd.

6 Hans-Martin Barth, Wohin – woher mein Ruf? Zur Theologie des Bittgebets, München 1981, 15.

7 Walter Kasper, Einführung in den Glauben, Mainz 1972, 79.

8 Hans Schaller, Das Bittgebet – ein Testfall des Glaubens, in: Geist und Leben 49 (1976), 191–202; Gisbert Greshake / Gerhard Lohfink (Hrsg.), Bittgebet – Testfall des Glaubens, Mainz 1978.

9 Friedrich Mildenberger, Das Gebet als Übung und Probe des Glaubens, Stuttgart 1968.

10 Michael Beintker, Die Frage nach Gottes Wirken im geschichtlichen Leben, in: ZThK 90 (1993), 442–461, 453.

11 Das allzu inflationär gebrauchte Wort »Krise« vermeide ich bewusst, ohne zu verkennen, dass das christliche Beten heute unübersehbaren Schwierigkeiten ausgesetzt ist, was es jedoch schon immer war (Vgl. Oscar Cullmann, Das Gebet im Neuen Testament. Zugleich Versuch einer vom Neuen Testament aus zu erteilenden Antwort auf heutige Fragen, Tübingen ²1997, 8).

Begriff von Gott noch vorhanden, doch wird er in der vom »Tod Gottes« geprägten, empirisch orientierten Lebenswelt nicht mehr als ein personales Gegenüber wahrgenommen. Gebete erscheinen dann als nutzlose Monologe und der Mensch muss zu leben lernen, als ob es Gott nicht gäbe. Er erschließt sich die Wirklichkeit und gestaltet sein Leben nach »den Imperativen der (autonomen) Vernunft [...]. Was in der Welt geschieht, ist aus ihr selbst, aus ihren eigenen Entwicklungsgesetzen und Antriebskräften erklärbar.«[12]

Wenn in der Mitte des Betens die Bitte steht, dann kulminieren im Bittgebet sämtliche Gebetsprobleme und haben die Einwände gegen das Bittgebet maßgeblich zu den heutigen Gebetsschwierigkeiten beigetragen. Wohl nicht von ungefähr hat sich die theologische Gebetsreflexion, die seit den 60er Jahren des letzten Jahrhunderts einen enormen Aufschwung erlebt, intensiv mit der Sinnhaftigkeit des Bittgebets auseinandergesetzt und ist die Frage nach der Zuwendung Gottes zur Welt verstärkt in den Fokus theologischer Reflexion getreten.[13] Schließlich macht es ja nur Sinn, Gott um etwas zu bitten, sofern dieser den Geschichtsverlauf bestimmt. Wurde bis in die Neuzeit selbstverständlich vom unvermittelten Geschichtshandeln Gottes ausgegangen, ist diese Gewissheit heute abhandengekommen. Dieser Traditionsbruch setzt das Bittgebet und mithin alle Gebetsformen dem Sinn- und Nutzlosigkeitsverdacht aus. Zutreffend konstatiert Gerhard Lohfink: »Die Frage nach der Geschichtsmächtigkeit Got-

12 Hans-Joachim Höhn, Gott – Offenbarung – Heilswege. Fundamentaltheologie, Würzburg 2011, 29.

13 Vgl. Jürg Wüst-Lückl, Theologie des Gebetes. Forschungsbericht und systematisch-theologischer Ausblick, Fribourg 2007; Johann Hindrich Claussen (Hrsg.): O Gott. Warum und wie wir beten oder auch nicht, München 2008; Karl-Heinz Menke, Handelt Gott, wenn ich ihn bitte? Regensburg [3]2008; Christoph J. Amor, »Asking makes a Difference ...«. Das Bittgebet bei Thomas von Aquin in der neueren Diskussion, in: NZSTh 50 (2008), 37–61; ders., »Bittet, und ihr werdet empfangen«. Das Bittgebet in der aktuellen religionsphilosophischen Debatte, in: FZPhTh 56 (2009) 228–256; Gerhard Lohfink, Beten schenkt Heimat. Theologie und Praxis des christlichen Gebets, Freiburg i. Br. 2010; Magnus Striet (Hrsg.): Hilft beten? Schwierigkeiten mit dem Bittgebet, Freiburg i.Br. 2010; Hartmut von Sass, Unerhörte Gebete? Das Bittgebet als Herausforderung für ein nachmetaphysisches Gottesbild, in: NZSTh 54 (2012) 39–65; Denis Schmelter, Gottes Handeln und die Risikologik der Liebe. Zur rationalen Vertretbarkeit des Glaubens an Bittgebetserhörungen, Marburg 2012; Christoph Böttigheimer, Wie handelt Gott in der Welt? Reflexionen im Spannungsfeld von Theologie und Naturwissenschaft, Freiburg i. Br. 2013; Wilfried Eisele (Hrsg.), Gott bitten? Theologische Zugänge zum Bittgebet (QD 256), Freiburg i. Br. 2013; Karl Rahner, Das Gebet der Not. Vom Sinn des Bittgebetes. Mit einem Geleitwort von Karl Kardinal Lehmann, hrsg. v. Andreas R. Batlogg und Peter Suchla, Freiburg i. Br. 2013.

tes ist der Punkt, von dem die meisten der Gebetsprobleme ausgehen, welche die Menschen heute irritieren.«[14] Greift Gott »mit starker Hand und hoch erhobenem Arm« (Dtn 26,8) in den Welt- und Geschichtsprozess ein? Wird denen, die inständig bitten, auch tatsächlich gegeben (Mt 7,7; 21,22; Lk 11,9; Joh 16,24, Jak 4,3)? Macht es überhaupt Sinn, Gott um etwas zu bitten? Solche Fragen treffen den Nerv unseres Glaubens und müssen zu denken geben, wenn wir nach einer adäquaten Gebetstheologie suchen.

Im Folgenden werde ich naturwissenschaftlicher, philosophischer und theologischer Gebetskritik nachgehen, Grundzüge eines theologisch verantwortbaren Sprechens vom Walten Gottes in der Welt entfalten und abschließend nach möglichen Konsequenzen für eine Theologie des Bittgebets fragen. Das bedeutet, die nachfolgenden Ausführungen verfolgen ein dezidiert fundamentaltheologisches Anliegen: Angestrebt wird keine bibeltheologische Entfaltung des Bittgebets, sondern dessen rationale Verantwortung vor dem Forum menschlicher Vernunft. Unter welchen Voraussetzungen erweist sich ein theologisches Verständnis des Bittgebets als mit einer modernen Weltsicht kompatibel?

Naturwissenschaftliche Anfragen

Welcher Raum bleibt für das göttliche Handeln angesichts der von den Naturwissenschaften, Geschichtswissenschaften, Humanwissenschaften, der Soziologie etc. aufgewiesenen innerweltlichen Kausalzusammenhänge? Das »Gefühl der Belanglosigkeit, letztlich der Widersinnigkeit des Betens inmitten einer auf wissenschaftlich-instrumentelle Rationalität ausgerichteten Umwelt«[15] greift um sich und führt zu einem »transzendenzlos gewordenen Bewusstsein«[16].

Im 20. Jahrhundert musste die Naturwissenschaft infolge der Krise des mechanistischen Materialismus und aufgrund der Quanten- und Relativitätstheorie lernen, dass das Ideal vollständiger mathematischer Berechenbarkeit aller Naturprozesse nicht aufrechtzuerhalten war. Die Naturwissenschaften würden wohl nie eine umfassende Erkenntnis von der realen Wirklichkeit erlangen, ganz zu schweigen von einer vollständigen

14 Lohfink, Heimat (s. Anm. 13), 48.

15 Jürg Wüst-Lückl, Theologie des Gebets. Forschungsbericht und systematisch-theologischer Ausblick, Fribourg 2007, 14.

16 Bernhard Casper, Grundlinien einer Hermeneutik des religiösen Geschehens, Freiburg i. Br. 1998, 15–19.

Erklärung der Sinnenwelt. Nicht zuletzt ist die Vorstellung eines geschlossenen, deterministischen Weltbildes aufgrund der Heisenberg'schen Unschärferelation endgültig zerbrochen. Gleichwohl prägt noch weithin das Ursache-Wirkung-Schema und damit verbunden die Vorstellung einer kausalen Geschlossenheit des physischen Bereichs unser Bewusstsein. Zudem macht ein rigider Naturalismus[17] erneut auf sich aufmerksam.

Selbst wenn eine völlig überzogene deterministische Naturauffassung, wie sie heute u. a. in naturalistisch-reduktionistischen Weltbildern propagiert wird, nicht geteilt und von keinem geschlossenen System innerweltlicher Wirkursachen ausgegangen wird, muss dennoch eingeräumt werden, dass es der Theologie derzeit schwer fällt, ein partikulares Eingreifen Gottes in die Abläufe von Natur und Geschichte einsichtig zu machen, ohne schlechterdings von einer Außerkraftsetzung der Naturgesetze ausgehen zu müssen.[18] Negativ gewendet lässt sich sicherlich sagen, dass das göttliche Handeln vom menschlichen gänzlich unterschieden ist. Gott handelt nicht »nach Art einer *irdischen* Ursache«, noch reißt er »in physische Kausalreihen eine Lücke«[19]. Doch reichen rein negative Formulierungen aus? Genügt es festzustellen, dass der Begriff von der Interaktion Gottes mit der Welt »positiv nicht mehr vorstellbar« ist bzw. »quer zu allem menschlichen Handeln und quer zu allen physikalischen Kausalketten«[20] steht? Bei Paradoxien Zuflucht zu nehmen bedeutet letztlich, die Rationalität des Glaubens preiszugegeben und die Glaubenden zwei Welten auszuliefern, der des Glaubens und der der Naturwissenschaften. Ein Widerspruch zwischen Beten und Denken und damit eine »religiös-wissenschaftliche Bewusstseinsspaltung«[21] kann sich aber auf die Dauer nur verhängnisvoll auswirken. »Was vom Physiker Faraday erzählt wird, er habe sein Labor immer sorgfältig hinter sich verschlossen, wenn er in seine Betkammer gegangen sei, und umgekehrt, ist keine Dauerlösung.«[22]

Die gegenwärtige Gebetsunsicherheit rührt wesentlich davon her, dass sich im Rahmen naturwissenschaftlicher Erkenntnisse nur schwer kogni-

17 Vgl. Ludwig Honnefelder, Phänomen »Neuer Atheismus«: Statement zu Beginn des ersten Podiumsgesprächs, in: zur debatte 38 (5/2008), 21f., 21.

18 Vgl. Klaus v. Stosch, Gott – Macht – Geschichte. Versuch einer theodizeesensiblen Rede vom Handeln Gottes in der Welt, Freiburg i. Br. 2006, 123–174.

19 Lohfink, Heimat (s. Anm. 13), 51.

20 A. a. O., 52.

21 Johannes Röser, Gott im Haus der Evolution, in: CiG 61 (2009), 75f., 75.

22 Siegfried Wiedenhofer, Schöpfungsglaube und Evolutionstheorie. Unterscheidung und Schnittpunkt, in: Stephan Otto Horn / Siegfried Wiedenhofer (Hrsg.), Schöpfung und Evolution. Eine Tagung mit Papst Benedikt XVI. in Castel Gandolfo, Augsburg 2007, 165–189, 175.

tive Vermittlungsmöglichkeiten bezüglich der Geschichtsmächtigkeit Gottes und seiner spontanen Interaktion in innerweltliche Abläufe aufweisen lassen. Daran ändert auch die von der Quantentheorie aufgezeigte Indeterminiertheit bestimmter physikalischer Prozesse und der damit verbundenen Zufallsverteilungen nur bedingt etwas. Weil die Auswirkung mikrophysikalischer Indeterminationen auf der makrophysikalischen Ebene bislang ungeklärt ist und sich streng genommen Zufall einerseits und intentionales Handeln andererseits gegenseitig ausschließen, stellt eine mögliche Verortung göttlichen Handelns in mikrophysikalischen Indeterminationen keine Lösung dar. Aber auch auf makrophysikalischer Ebene (Chaostheorie) ist ein einzelnes, spontanes Eingreifen Gottes in den Geschichtsverlauf nur schwer plausibilisierbar. Denn weder ist das Chaos völlig indeterminiert, noch lässt sich ein Informationstransfer zwischen der göttlichen Wirklichkeit und chaotischen Prozessen so vorstellen, dass dabei Energieerhaltungssatz und Naturgesetze unangetastet bleiben. All dies bedeutet freilich nicht, dass damit die Möglichkeit eines unvermittelten Eingreifens Gottes naturwissenschaftlich grundlegend widerlegt wäre, wohl aber müssen wir zur Kenntnis nehmen, dass die Theologie »derzeit kein zufrieden stellendes Nachfolgemodell für das klassische Konzept des mittels Wunder punktuell in die Geschichte eingreifenden Gottes anbieten kann.«[23] So überrascht es auch nicht, dass gegenwärtig kaum Versuche unternommen werden, dieser Inkommensurabilität zu begegnen und eine innerweltliche Wirkweise Gottes wissenschaftskompatibel zu erklären. Wird aber darauf verzichtet, nach einer gemeinsamen Schnittmenge zwischen theologischen Aussagen und naturwissenschaftlichen Erkenntnissen zu fragen, muss der christliche Glaube zwangsläufig irrelevant werden.

Glaubende bleiben mit der rationalen Explizierung einer interventionistischen Nähe Gottes weithin auf sich gestellt. Sie finden nicht selten bei deistischen Vorstellungen Zuflucht. Tatsächlich meinen »[s]eit einigen Jahren [...] Soziologen, bei Jung und Alt eine verstärkte Tendenz zu einem ›deistischen‹ Gottesverständnis beobachten zu können.«[24] Gott und Welt werden säuberlich getrennt: »Was die Verkündigung über den Gott der Schöpfung und der Vorsehung sagt (sofern sie überhaupt noch von letzterer redet), versucht man in seine Glaubenswelt einzufügen; was man durch naturwissenschaftliche Informationen erfährt, speichert man in seiner Wis-

[23] Patrick Becker, Das Wirken Gottes in der Welt. Zur Vereinbarkeit von Theismus und Naturwissenschaften, in: MThZ 56 (2005), 248–257, 255.

[24] Bernhard Grom, Deistisch an Gott glauben? Biblische Spiritualität und naturwissenschaftliches Weltbild, in: StZ 227 (2009), 40–52, 40.

senswelt.«[25] Ein solches Verhalten impliziert allerdings einen latenten Hang zum praktischen Atheismus und intensiviert das Gebetsdilemma. »Viele empfinden eine naturgesetzlich geordnete Welt wie eine starre Mechanik, die sich zwischen Mensch und Gott schiebt und seinen Einfluß auf unser Leben verhindert: Gibt es kein Wirken Gottes im Sinn eines Eingreifens mehr, sondern nur noch den Lauf der Dinge, die Weltmaschine und ihren fernen Konstrukteur?«[26] Warum sollte zu einem solchen Gott noch gebetet werden?

Philosophische und theologische Gebetskritik

Die Sinnhaftigkeit des Bittgebets steht und fällt mit der Geschichtsmächtigkeit Gottes. An sie richten sich nicht nur naturwissenschaftliche Anfragen, sondern auch philosophische. So etwa stellt das Verhältnis von göttlicher und menschlicher Freiheit eine besondere Herausforderung für das Denken dar. »Wie das Miteinander der Freiheit Gottes und unserer eigenen Freiheit verläuft, wie Gottes Heilswille und unsere Gebete zusammenspielen, ist uns letztlich ›unausforschbar‹ und ›unaufspürbar‹.«[27] Wiederum negativ gewendet lässt sich sagen, dass es ohne uns Menschen und an unserer Autonomie vorbei kein Handeln Gottes geben kann. Würde nämlich die Freiheit des Menschen zur eigenständigen Weltgestaltung von Gott außer Kraft gesetzt bzw. manipuliert, würde der göttliche Schöpfungsakt nachträglich beschnitten. Die Freiheit des Menschen markiert demnach eine deutliche Vorgabe für das theologische Verständnis eines besonderen Handelns bzw. Eingreifens Gottes in die Abläufe von Natur und Geschichte.

Theologisch drängt sich die Frage auf, inwiefern es sinnvoll ist, Gott um etwas zu bitten, wenn dieser in seiner Vorsehung schon vor der Zeit um den Gang der Geschichte weiß und diese bestimmt. Warum sollte vor Gott das Herz ausgeschüttet werden, wenn er uns doch immer schon von Grund auf kennt: »Von fern erkennst du meine Gedanken« (Ps 139,2)? Müsste zudem ein allmächtiger und allgütiger Gott nicht stets zum Wohl von Mensch, Welt und Geschichte handeln, ob er nun darum gebeten wird oder nicht? »[E]uer Vater weiß, was ihr braucht, noch ehe ihr ihn bittet.« (Mt 6,8; 6,32) Des Weiteren schließt sich die Frage an, ob die Bitte des Menschen den Gott, bei dem es »keine Veränderung gibt« (Jak

25 A. a. O., 41.
26 A. a. O., 45.
27 Lohfink, Heimat (s. Anm. 13), 59.

1,17) beeinflussen und umstimmen kann. Nach neutestamentlichem Zeugnis schließt Gottes unveränderlicher Heilsplan die Erhörung und Erfüllung menschlicher Bitten nicht aus, doch findet sich hierzu keine Theorie. Erst in der Theologiegeschichte haben sich diverse Lösungsansätze herausgebildet, wie sich Gottes Allgüte, Allwissen und Unveränderlichkeit zur Bitte des Menschen verhalten. Wie immer sich diese spekulativen Ansätze im Einzelnen ausnehmen, letztlich muss offen bleiben, ob Gott überhaupt aufgrund von Bitten in den Weltlauf lenkend eingreift. Wer diese Frage vorschnell bejaht, muss sich darüber im Klaren sein, sich enormen Schwierigkeiten in Bezug auf die ohnehin äußerst bedrängende Theodizee-Frage auszusetzen: Falls Gott wirklich interventionistisch handelt, weshalb tut er dies dann in dem einen Fall und in einer anderen, vergleichbaren Situation nicht?

Aus naturwissenschaftlicher, philosophischer sowie theologischer Sicht wirft die Annahme eines interventionistischen Handelns Gottes erhebliche Fragen auf. Mit Gewissheit kann hier nur gesagt werden, welche irrigen Gebetsauffassungen auszuschließen sind. So darf etwa Gottes Handeln weder nach Art menschlichen Agierens vorgestellt, noch menschlichen Eigeninteressen untergeordnet werden. Wenngleich das Gebet, wie schon Thomas von Aquin anmerkte, immer auch die Sehnsucht des Menschen interpretiert[28], darf das Bitten dennoch nicht als Mittel zur Durchsetzung egoistischer Ziele missverstanden werden. Nicht jedem Bittgebet liegt notwendigerweise ein selbstsüchtiges Streben zugrunde, wie dies u.a. Albrecht Ritschl annahm und darum allein Lob und Dank, keinesfalls aber die Bitte als Gott würdig erachtete.[29] Eigensucht darf niemals Inhalt des Bittens sein, ansonsten hätte Feuerbach mit seiner These Recht, dass sich im Gebet lediglich das Selbstverhältnis des Menschen widerspiegle: »Das Gebet ist das Verhalten des menschlichen Herzens zu sich selbst, zu seinem eigenen Wesen – im Gebete vergißt der Mensch, daß eine Schranke seiner Wünsche existiert, und ist selig in diesem Vergessen.«[30] In Wahrheit ist das Bittgebet in seiner Tiefe als Grundsehnsucht des Menschen nach der Gegenwart Gottes zu begreifen.

Falsch wäre es ebenso, das Bittgebet gegen die Pflicht, moralisch zu handeln, ausspielen zu wollen, wie dies in Brechts Erzählung »Mutter

[28] Vgl. Thomas von Aquin, S.th., q. 83, 10 zu 3.

[29] Vgl. Albrecht Ritschl, Unterricht in der christlichen Religion. Studienausg. nach der 1. Aufl. von 1875 nebst den Abweichungen der 2. und 3. Aufl. Eingel. u. hrsg. v. Ch. Axt-Piscalar, Tübingen 2002, §79, 106.

[30] Ludwig Feuerbach, Das Wesen der Religion. Ausgewählte Texte zur Religionsphilosophie, hrsg. u. eingel. v. Albert Esser, Heidelberg ^{3}1983, 184.

Courage und ihre Kinder«[31] anklingt und unmissverständlich bei Immanuel Kant, einem der schärfsten Gegner des Gebets. Nach ihm handelt es sich beim Gebet um ein »bloßes *erklärtes* Wünschen«, um ein bloßes Selbstgespräch und mithin um einen *»bloße[n] Religionswahn und Afterdienst Gottes*«[32]. Beten ersetzt nach biblischem Zeugnis das ethische Handeln aber gerade nicht und es behält selbst dann noch seine Berechtigung, wenn sich alle Handlungsmöglichkeiten zerschlagen haben.[33]

Bitten und Gottes Walten

Das Bittgebet basiert auf dem Glauben an ein innerweltliches Wirken Gottes. Als Schöpfer der Welt ist er seiner Schöpfung bleibend zugewandt, ohne dass sein Schöpferwirken unmittelbar erkannt werden könnte. Die bleibende Zugewandtheit Gottes gleicht einer »indirekten Ko-Präsenz Gottes als Schöpfer und Urgrund in allem Weltlichen«[34]. Als der transzendentale Ermöglichungsgrund wirkt Gott mittelbar in allem Seienden, indem er alles zu sich in Beziehung setzt. Diese Relation ist inhaltlich bestimmt durch Gottes unbedingte Liebe, die darauf wartet, dass sich das Nein des Menschen in ein Ja verwandelt. So betrachtet bindet sich die Allmacht Gottes an die Freiheitsentscheidungen der Menschen, die er als Mit-Liebenden gewinnen möchte. Die göttliche Liebe zu seinen Geschöpfen ist überall zugegen, wo im Dienst für den anderen Selbsthingabe geübt und Güte gewährt wird. Gott interagiert nicht punktuell in den Weltprozess, wohl aber handelt er durch sein Schöpferwort und durch Menschen, die guten Willens sind.[35] »Gott verwirklicht seinen Willen durch die Handlungen von menschlichen Tätern, indem er [...] sie durch seinen Geist inspiriert, damit sie *motiviert* sind, seinen Willen zu tun.«[36]

31 Vgl. Bertolt Brecht, Mutter Courage und ihre Kinder. Eine Chronik aus dem Dreißigjährigen Krieg. Mit einem Kommentar v. Wolfgang Jeske, Frankfurt a. M. 1999, 95–101.

32 Imanuel Kant, Die Religion innerhalb der Grenzen der bloßen Vernunft: Immanuel Kant Werkausgabe in 12 Bd.en, hrsg. Wilhelm Weischedel, Bd. VIII, Frankfurt 1977, 645–879, hier B 261/A 246.

33 Vgl. Cullmann, Das Gebet (s. Anm. 11), 162f.

34 Hans Kessler, Den verborgenen Gott suchen. Gottesglaube in einer von Naturwissenschaften und Religionskonflikten geprägten Welt, Paderborn 2006, 98.

35 Vgl. Jürgen Werbick, Gott verbindlich. Eine theologische Gotteslehre, Freiburg i. Br. 2007, 325.

36 Vincent Brümmer, Was tun wir, wenn wir beten? Eine philosophische Untersuchung. Übersetzung aus dem Englischen v. Christoph Schwöbel, Marburg 1985, 64f.

Wenn sich Menschen am Geist und Willen Jesu orientieren, kann mittels ihres Handelns Gott innerweltlich wirksam werden (Mt 25,40). »Gott handelt […] in der Niedrigkeit und Machtlosigkeit derer, die sich ihm öffnen«[37], wodurch die Möglichkeiten der Menschen überstiegen werden, ohne dass die Wirkungen ihrer Handlungen aufhören, Wirkungen menschlicher Handlungen zu sein. Das bedeutet weder, dass menschliches Agieren und göttliches Handeln schlechterdings identifiziert werden dürften, noch dass wir an Gottes Statt handeln, »sondern dass Gott uns mit seinem Wirken befähigt, sein Wirken, das sich in jedem Geschaffenen engagiert, sichtbar zu machen und darin an seinem eigenen Leben teilzuhaben.«[38] Im Handeln der Menschen, die sich vom Geist der Liebe leiten lassen, handelt Gott indirekt in der Geschichte. »Gott ermächtigt den Menschen von Beginn an dazu, sich selbst zu dem Bild zu machen, das er als Geschöpf Gottes immer schon ist: zum Bild des Unbedingten, um so Unbedingtes mitten im Bedingten Wirklichkeit werden zu lassen.«[39] Gottes Intervenieren ist personal vermittelt zu denken und zwar dort, wo Gottes Geist in uns wohnt (Röm 8,11).

Insofern Gott in und durch menschliche Akteure wirkt, ist sein Handeln von dem der Menschen äußerlich nicht unterscheidbar und letztlich nur für den Glaubenden erkennbar. Das bedeutet, dass ein mögliches Wirken Gottes in der Welt nie sicher erkannt werden kann. »Man spricht von einem göttlichen Handeln im Hinblick auf konkrete Widerfahrnisse, die jedoch stets auch anders zu beschreiben sind, ohne Rückgriff auf Gott. […] Die Erfahrung eines göttlichen Handelns in einem Ereignis läßt sich vor allem nicht mit derselben Unausweichlichkeit einem andern zumuten wie die Wahrnehmung des betreffenden Ereignisses für sich.«[40] Demnach handelt es sich bei der Aussage, Gott habe gehandelt, um eine reine Glaubensaussage hinsichtlich eines Ereignisses, welches sich von jedem anderen innerweltlichen Ereignis in nichts unterscheidet. Es ist »das Paradox des Glaubens, daß der Glaube ›dennoch‹ als das Handeln Gottes hier und

37 Hans Kessler, Sucht den Lebenden nicht bei den Toten. Die Auferstehung Jesu Christi in biblischer, fundamentaltheologischer und systematischer Sicht. Erweiterte Neuausgabe, Würzburg 2002, 296.

38 Christine Büchner, Wie kann Gott in der Welt wirken? Überlegungen zu einer theologischen Hermeneutik des Sich-Gebens, Freiburg i. Br. 2010, 387.

39 Saskia Wendel, Der ›beständige Wunsch, ein würdiges Glied im Reiche Gottes zu sein‹ (I. Kant). Das Bittgebet auf dem Prüfstand der Vernunft, in: Magnus Striet (Hrsg.), Hilft beten? Schwierigkeiten mit dem Bittgebet, Freiburg i. Br. 2010, 11–30, 22.

40 Wolfhart Pannenberg, Analogie und Doxologie, in: Wilfried Joest u. a. (Hrsg.), Dogma und Denkstrukturen (FS Edmund Schlink), Göttingen 1963, 96–115, 108.

jetzt ein Geschehen versteht, das völlig verstehbar ist in dem natürlichen oder geschichtlichen Ablauf der Dinge«[41] – »[d]as Inkognito Gottes bleibt.«[42]

Wirkung des Bittgebets

Das Bittgebet verändert nicht das Wesen Gottes. Mit ihrem Bittgebet beeinflussen die Betenden nicht auf magische Weise das Handeln Gottes, noch bewegen sie ihn dazu etwas zu tun, was er zuvor von sich aus nicht getan hätte. Würden die Betenden direkt Einfluss auf Gott ausüben, stünde das Bittgebet in der Gefahr, Gott manipulieren und für eigene Ziele und Zwecke funktionalisieren zu können. Die Projektion menschlicher Wünsche wäre unweigerlich die Folge, und Gott würde nicht mehr um seiner selbst willen angerufen, vielmehr wäre er nur noch »als Vermittlungsmacht interessant. Dieser Vorstellung wird noch dadurch Vorschub geleistet, daß Gott als direkt in den Weltzusammenhang heilend eingreifend begriffen wird. Dieses mythische Bild verdirbt das ganze Gebet und macht Gott zum Lückenbüßer für menschliche Not und menschliches Unvermögen. Gebet wird dadurch zur Ersatzhandlung«[43].

Das Bittgebet verändert zwar nicht den Willen Gottes, wohl aber lässt sich dieser von den Bitten der Menschen betreffen. Mehr aber noch ändert das Bittgebet die Betenden selbst und das nicht nur im psychologischen Sinne. Indem sich die Bittenden Gott anheim geben, verstehen sie nicht nur sich selbst und die Welt auf Gott hin neu, sondern sie werden für die Gabe Gottes empfänglich und geben dadurch Gottes Handeln in der Welt Raum. Die größte Wirkung des Bittgebets sieht Augustinus seitens der Bittenden: »Uns also sind Worte notwendig, damit wir durch sie uns selbst ermahnen und auf den Gegenstand des Gebetes achten, nicht aber als ob wir glauben, wir müßten den Herrn durch sie belehren oder erweichen. Wenn wir also sprechen: ›Geheiligt werde Dein Name‹, so ermahnen wir uns zur Sehnsucht.«[44] Diese bittende Selbstermahnung ist als solche immer schon von Gottes Geist ermöglicht und getragen (Röm 8,12–27; Gal 4,6) und damit mehr als ein bloßes therapeutisches Selbstgespräch. Sie verändert die Selbsterkenntnis, Einstellung und Empfänglichkeit der Menschen.

41 Rudolf Bultmann, Jesus Christus und die Mythologie, in: Ders., Glauben und Verstehen. Gesammelte Aufsätze Bd. 4, Tübingen ^{5}1993, 141–189, 175f.

42 Lohfink, Heimat (s. Anm. 13), 52.

43 Gotthold Hasenhüttl, Glaube ohne Mythos, Bd. I: Offenbarung, Jesus Christus, Gott, Mainz ^{2}2001, 715f.

44 Augustinus, Epistola 130,11,21 (PL 33, 502).

Im Sinne des Letzteren ist das Bittgebet selbst die Weise seiner Erfüllung: »Alles, um was ihr betet und bittet – glaubt, dass ihr es empfangen habt, und es wird euch zuteil werden.« (Mk 11,24)

Das Bittgebet, das sich an Gott richtet, hat zunächst eine »selbsttransformative Wirkung auf den Betenden«[45]. Durch das von Gott Gewährte (Liebe, Freude, Friedfertigkeit, Geduld, Nachsichtigkeit etc.) verändert sich die Grundbefindlichkeit der Bittenden, was ohne die Voraussetzung des Bittgebets nicht geschehen wäre. »Im Gebet vollzieht sich also etwas *am Menschen*, was ohne das Gebet (oder ›außerhalb‹ der Gebetspraxis) nicht geschehen würde [...]; das Erbetene geht ganz auf Gottes Handeln zurück, sowohl in der Hervorbringung der Gabe als auch in dessen Empfang«[46]. Der Bittende erkennt »seine persönliche Abhängigkeit von Gott auf eine Weise an, die es Gott ermöglicht, ihm zu geben, was er ihm ohne diese Anerkenntnis nicht hätte geben können.«[47] Das bedeutet zum einen, dass die Allwissenheit Gottes nicht im Sinne eines Determinismus begriffen werden darf, und zum anderen dass das Bittgebet, wie schon Augustinus sagt, nichts anderes zum Gegenstand haben kann als Gott selbst: »Nolite aliquid a Deo quaerere; nisi Deum«.[48] Nur wenn Gott um Gott selbst gebeten wird, wird er weder funktionalisiert, noch seiner Göttlichkeit beraubt. »Denn nicht dazu wird das Bittgebet an Gott gerichtet, daß der ewige Plan der Vorsehung abgeändert werde, dies ist ja unmöglich: sondern damit einer das, was er wünscht, von Gott erlangt.«[49] So betrachtet kommt dem Gebet nicht nur eine selbsttransformative Wirkung zu, sondern auch eine die Wirklichkeit verändernde Wirkung. Das Gebet verändert die einzelnen Menschen, ihre Wahrnehmung und Handlungsorientierung und dadurch das Gefüge und die Struktur der Wirklichkeit.

Das Bittgebet ist eine notwendige, wenngleich keine hinreichende Bedingung für das Walten Gottes, das die Betenden und ihre Wirklichkeit verändert. »Dabei ist vorausgesetzt, dass das Gebet weder den Sinn noch die Funktion hat, Gott zu irgendeinem (anderen) Wirken zu veranlassen, dass aber (obwohl Gott *nichts tut*, was er ohne Gebet nicht getan hätte) doch *etwas* (beim Menschen) *geschieht*, was ohne das Gebet nicht ge-

45 Simon Peng-Keller, Einführung in die Theologie der Spiritualität, Darmstadt 2010, 104.

46 von Sass, Unerhörte Gebete? (s. Anm. 13), 48.

47 Brümmer, Untersuchung (s. Anm. 36), 45.

48 Augustinus, Sermo CCCXXXI, 5,4 (PL 38, 1461): »Ihr sollt von Gott nichts anderes erbitten als Gott selbst«.

49 Thomas v. Aquin, Summa contra Gentiles II, 95f., zit. nach ders., Summe gegen die Heiden, hrsg. u. übers. v. K. Albert / P. Engelhardt, Bd. 2, Darmstadt 1982, 71.

schähe oder geschehen wäre.«[50] Damit ist das Bittgebet, wenn es auch keinen verändernden Einfluss auf den göttlichen Willen hat, keineswegs sinn- und wirkungslos. »Das Gebet *bewirkt nicht*, dass Gott das Erbetene gibt, sondern im Gebet *empfängt* der Mensch das, was Gott ihm geben will. Umgekehrt gilt jedoch: Die *Unterlassung* des Gebets *verhindert*, dass Gott dem Menschen das Verheißene gibt, weil der Mensch *nicht empfängt*, was Gott ihm geben will.«[51] Im Bittgebet geht es also darum, das, was Gott immer schon zum Heil der Menschen beschlossen hat, in der Hinwendung zu und in der Selbstübereignung an Gott bittend zu empfangen. So gesehen braucht »Gott [...] unsere Gebete nicht, aber er will sie«, damit wir in seinen Liebeswillen eintreten.[52]

Ausblick

Wenn das Gebet für den Glaubensvollzug konstitutiv ist und in seinem Zentrum die Bitte steht, gerade diese aber als Ursache heutiger Gebetsschwierigkeiten auszumachen ist, kommen wir nicht umhin, uns der Not des Bittgebets intellektuell zu stellen. Das bedeutet dann aber auch damit ernst zu machen, dass ein spontanes Geschichtshandeln Gottes weder philosophisch noch naturwissenschaftlich plausibilisierbar ist. Wohl aber kann auf Gottes andauernden Schöpfungsakt, d. h. seine verborgene Gegenwart in der Schöpfung, Bezug genommen werden, ebenso wie auf die Handlungsfreiheit des Menschen, die durchaus von der unbedingten Liebe motiviert sein kann.

Wenn Gottes Handeln nicht als ein mechanisch-kausales Eingreifen in den Geschehenszusammenhang der Welt gedacht werden kann, macht es keinen Sinn, ihn um ein solches interventionistisches Handeln zu bitten. (Für-)Bittgebete wären daraufhin kritisch zu überprüfen. Würde in der Verkündigung der Kirche in rein personalen Kategorien vom Handeln und Wirken Gottes in der Welt gesprochen, könnten manche Gebetsprobleme, die die Gläubigen heute irritieren, entschärft werden. Gründet die Gebetsnot nicht in einer enttäuschten Gebetspraxis? In der Regel bewahrheitet sich doch die biblische Einladung: »Bittet, dann wird euch gegeben« (Lk 11,9) nicht. Die größte Not des Bittgebets ist die Erfahrung der Nicht-

50 Wilfried Härle, Den Mantel weit ausbreiten. Theologische Überlegungen zum Gebet, in: ders., Spurensuche nach Gott. Studien zur Fundamentaltheologie und Gotteslehre, Berlin 2008, 286–305, 297.

51 A. a. O., 299.

52 Cullmann, Das Gebet (s. Anm.11), 173, 183.

Erhörung. Das Bittgebet sitzt, wie Rahner es ausdrückte, auf der Anklagebank: »Wir haben gebetet, und Gott hat nicht geantwortet. Wir haben geschrien, und Er ist stumm geblieben. Wir haben Tränen geweint, die unsere Herzen verbrannten. Wir wurden nicht vor sein Antlitz vorgelassen.«[53]

Intellektuell redlich und verantwortbar erscheint das Bittgebet dann, wenn es sich nicht auf ein interventionistisches Eingreifen Gottes in innerweltliche Abläufe richtet, sondern auf den Geist Gottes, auf dass sich Menschen diesem Geist öffnen und er durch ihr Tun indirekt wirken möge. Da sich so Menschliches und Göttliches vereint, kann Gott nicht anders als verborgen gegenwärtig sein, notfalls gar inmitten menschlicher Schwachheit und Ohnmacht (1 Kor 1,25; 2 Kor 12,9f.; Phil 3,7f.). Er ist »ohnmächtig und schwach in der Welt und gerade und nur so ist er bei uns und hilft uns.«[54]

Letztlich lässt sich das Geheimnis des Bittgebets theologisch nicht aufheben. So kommt es darauf an, sich vom Geist Gottes ins Gebet einführen zu lassen (Röm 8,26) und sich dabei der eigenen Geschöpflichkeit bewusst zu werden, der restlosen Bezogenheit auf jenen Gott, der seiner Schöpfung bleibend zugewandt ist. Sich von der Wirklichkeit des Lebens und der Schöpfung ansprechen zu lassen bedeutet, dem uns ansprechenden Gott Raum zu geben. Ihm im Gebet zu antworten, ist Basis allen Gottvertrauens. So konnte Karl Rahner einmal provozierend sagen: »Ich glaube, weil ich bete!«[55]

53 Rahner, Not (s. Anm. 13), 79–81.

54 Dietrich Bonhoeffer, Widerstand und Ergebung. Briefe und Aufzeichnungen aus der Haft, hrsg. v. Eberhard Bethge, München [12]1983, 178.

55 Karl-Heinz Weger, »Ich glaube, weil ich bete«. Für Karl Rahner zum 80. Geburtstag, in: GuL 57 (1984), 48–52, 51.

Krise des Gebets?

Protestantische Entwicklungen und Perspektiven

Gregor Etzelmüller

Abstract

Der Beitrag zeichnet zunächst die Entwicklungslinien der evangelischen Liturgiereformen und die Gebetspraxis der evangelischen Kirchenmitglieder nach. Es lässt sich erkennen, dass es dem Protestantismus scheinbar nicht mehr gelingt, eines seiner Kernthemen, die Vergebung der Sünden, wirklichkeitserschließend zu vermitteln. In der Theologie des Gebets hat sich in den letzten Jahren ein Konsens herausgebildet, nach der Menschen primär um innerliche Gaben bitten und sich bei ihrem Gebet an der Haltung Jesu in Gethsemane orientieren sollen. Dieser (dezidiert bürgerliche) Konsens wird kritisch diskutiert. Er verkennt nicht nur die elementare Verkörperung aller sog. innerlichen Prozesse, sondern wird auch alttestamentlichen und kreuzestheologischen Einsichten nicht gerecht. Biblisch fundiertes Gebet zielt nicht auf die Akzeptanz der Wirklichkeit, wie sie ist, sondern darauf, dass sich in ihr ereigne, was Gottes Willen entspricht.

Für Martin Luther ist das Gebet der Pulsschlag des Glaubens[1], nach Calvin ist das Gebet »das vornehmste Stück« der Gottesverehrung (Inst. III, 20, 29). Eine Krise des Gebets ist deshalb immer auch eine Krise des Glaubens, der Gottesverehrung, der Religion als solcher. Doch lässt sich im Blick auf den Protestantismus des 20. und 21. Jahrhunderts von einer Krise des Gebets reden? Im Blick auf das öffentliche Gebet lassen sich meines Erachtens eher Transformationsprozesse als Krisenphänomene beobachten. Selbst die Entwicklungen auf der Ebene des persönlichen Gebets brauchen meines Erachtens nicht dramatisiert zu werden. In der gegenwärtigen Theo-

1 Vgl. WA 45, 541, 34f.; auf diese Stelle macht Christiane Tietz, Was heißt: Gott erhört Gebet?, in: ZThK 106 (2009), 327–344, 327, aufmerksam.

logie des Gebets sehe ich freilich Tendenzen, die kritisch befragt werden müssen.

1 Das öffentliche Gebet – Entwicklungen der liturgischen Praxis des Protestantismus im 20. Jahrhundert

Aus der Perspektive anderer Konfessionen erscheint der protestantische Gottesdienst insbesondere durch den Subjektivismus gefährdet. Von der liturgiewissenschaftlichen Forschung des frühen 20. Jahrhunderts an bis hin zu Joseph Ratzingers Buch *Der Geist der Liturgie* sieht man »die Tragik von Luthers Reformbemühen« darin, dass Luther verkannt habe, dass die Liturgie nicht gemacht werde, sondern »unter der Führung des Heiligen Geistes« gewachsen sei[2]. Im Gegensatz zu den vermeintlich organisch gewachsenen Liturgien des römischen Katholizismus und der orthodoxen Kirchen erscheinen die reformatorischen Ordnungen als »beliebige Schöpfung(en) [...] menschlicher Willkürtätigkeit«[3].

Die evangelischen Liturgiereformen des 20. Jahrhunderts lassen ein zweischichtiges Verfahren erkennen, wie der kirchliche Protestantismus auf diese Kritik de facto reagiert hat. Zum einen wurde argumentiert, dass auch die reformatorischen Ordnungen Teil der organischen Liturgieentwicklung seien. So haben einflussreiche lutherische Liturgiker – etwa Peter Brunner, einer der Väter der Agendenreform nach dem Zweiten Weltkrieg, und sein Schüler Hans-Christoph Schmidt-Lauber, einer der Väter der Erneuerten Agende – Luthers Messreform als Rückkehr zur altkirchlichen Form interpretiert[4]. Entsprechend hat William D. Maxwell behauptet, dass Calvins Genfer Gottesdienstordnung als Variante der Straßburger Tradition zu verstehen sei, die ihrerseits in der Messtradition wurzle[5]. Diese These Maxwells hat die Gottesdienstreformen vieler refor-

2 Joseph Ratzinger / Benedikt XVI., Der Geist der Liturgie. Eine Einführung, Freiburg 2006, 144.

3 Anton Baumstark, Vom geschichtlichen Werden der Liturgie, Ecclesia Orans 10, Freiburg 1923, 2.

4 Peter Brunner, Die Ordnung des Gottesdienstes an Sonn- und Feiertagen, in: Joachim Beckmann u. a. (Hrsg.), Untersuchungen zur Kirchenagende I/1, Gütersloh 1949, 7–75, 70, ders., Zur Lehre vom Gottesdienst der im Namen Jesu versammelten Gemeinde. Neudruck mit einem Vorwort von Joachim Stalmann, Leiturgia NF. Band 2, Hannover 1993, 345–348; Hans-Christoph Schmidt-Lauber, Die Zukunft des Gottesdienstes. Von der Notwendigkeit lebendiger Liturgie, calwer taschenbibliothek 19, Stuttgart 1990, 79–95, 202–207, 341–357, 371.

5 William D. Maxwell, The Liturgical Portions of the Genevan Service Book used by John Knox while a Minister of the English Congregation of Marian Exiles at Geneva,

mierter Kirchen geprägt. So lässt sich auch in reformierten Kirchen eine zunehmende Adaption der Messform beobachten[6].

Zum anderen teilt man die Überzeugung, der evangelische Gottesdienst sei durch den Subjektivismus gefährdet, doch führt man diesen nicht mehr auf die Reformatoren zurück, sondern auf die, wie man im Kirchenkampf sagte, theologischen und kirchlichen Entwicklungen der letzten zweihundert Jahre. So will das reformierte *Kirchenbuch von 1941* »der Willkür wehren, die in den reformierten Gemeinden Deutschlands weithin herrscht« und unter der man »200 Jahre hindurch [...] gelitten habe«[7].

Demgegenüber ist es durch die Liturgiereformen des 20. Jahrhunderts innerhalb der evangelischen Kirchen Deutschlands zu einer Homogenisierung des gottesdienstlichen Lebens gekommen. 1999 erscheinen sowohl das Evangelische Gottesdienstbuch, das in der VELKD und der EKU in Geltung steht, als auch die Reformierte Liturgie. Letztere will explizit »der Neigung zu ungutem Subjektivismus« entgegenwirken. Denn dieser »würde die Gemeinden denen ausliefern, die den Gottesdienst ›halten‹«[8]. Auch das EGB will zunächst dazu ermutigen, »das Beständige zu pflegen« – und erst dann, »das Neue zu wagen«[9].

Dass das Evangelische Gottesdienstbuch dabei als Grundform I des evangelischen Gottesdienstes eine Form ausweist, in der der volle eucharistische Gebetszusammenhang wiederhergestellt ist, hat zwar innerevangelisch zu scharfen Auseinandersetzungen geführt[10], dürfte aber aus einer

1556–1559, Westminster ²1965, 17–32. Konsequent verstand Maxwell deshalb den calvinistischen Predigtgottesdienst als »Missa catechumenorum« (a. a. O., 33).

6 So etwa im Book of Common Worship, prepared by The Theology and Worship Ministry Unit for the Presbyterian Church (U.S.A.) and the Cumberland Presbyterian Church, Louisville 1993, aber auch in dem deutschsprachigen reformierten Gottesdientbuch: Reformierte Liturgie. Gebete und Ordnungen für die unter dem Wort versammelte Gemeinde, im Auftrag des Reformierten Bundes erarbeitet und hg. von Peter Bukowski u. a., Wuppertal/Neukirchen 1999.

7 Kirchenbuch. Ordnungen für Versammlungen der nach Gottes Wort reformierten Gemeinden deutscher Zunge, hg. von Ernst Wolf und Martin Albertz, München 1941, 13.

8 Reformierte Liturgie (s. Anm. 6), 8.

9 Evangelisches Gottesdienstbuch. Agende für die Evangelische Kirche der Union und für die Vereinigte Evangelisch-Lutherische Kirche Deutschlands, hg. von der Kirchenleitung der VELKD und im Auftrag des Rates von der Kirchenkanzlei der EKU, Berlin/Bielefeld/Hannover 1999, 6.

10 Stellvertretend seien die Beiträge von Dorothea Wendebourg, »Den falschen Weg Roms zu Ende gegangen?«. Zur gegenwärtigen Diskussion über Martin Luthers Gottesdienstreform und ihr Verhältnis zu den Traditionen der Alten Kirche, in: ZThK 94 (1997), 437–467, und: Noch einmal. »Den falschen Weg Roms zu Ende

ökumenischen Perspektive von katholischen und orthodoxen Kirchen positiv gewürdigt werden.

Insofern ließen sich die evangelischen Liturgiereformen des 20. Jahrhunderts sowohl aus einer externen Perspektive, sei sie katholischer oder orthodoxer Provienz, als auch aus der Perspektive der beteiligten evangelischen Liturgiker nicht als Krisenphänomen, sondern als Überwindung eines Krisenphänomens verstehen.

Im Blick auf das Thema des Gebets sind zwei Neuerungen innerhalb der liturgischen Praxis des Protestantismus von Bedeutung. Zum einen wird in vielen Ordnungen vorgeschlagen, innerhalb der Eingangsliturgie ein Psalmgebet von der Gemeinde (im Wechsel mit der Pfarrerin) sprechen zu lassen. Diese Neuerung ist auf erstaunlich positive Resonanz gestoßen: Das gemeinsame Psalmgebet ist in vielen Regionen heute ein nicht mehr wegzudenkender Bestandteil evangelischen Gottesdienstes. Da man die Psalmen ablesen kann, ist die Schwelle, sich an diesem Gebet öffentlich zu beteiligen, äußerst gering. Man findet im Psalter eine Gebetssprache, derer man sich öffentlich und gemeinsam bedient. Das ist im Blick auf das vermeintliche Verstummen öffentlicher Gebete ein beachtenswerter Vorgang.

Eine andere bedeutende Verschiebung lässt sich im Blick auf das Eingangsgebet erkennen. Dieses war in Teilen der lutherischen Reformation, vor allem aber in den reformierten Kirchen als gemeinsames Sündenbekenntnis gestaltet. Das Evangelische Gottesdienstbuch betont dagegen, dass »sich mehr und mehr gezeigt [habe], dass das Vorbereitungsgebet zu Beginn des Gottesdienstes erst einmal die Menschen, die von draußen zum Gottesdienst kommen, abholen muss«. Entsprechend verliert das Vorbereitungsgebet seinen prinzipiellen Charakter als Bußgebet[11]. Hinter dieser Verschiebung der Akzente verbirgt sich die Absicht, den Gottesdienst nicht mehr nach dem ›Leitritus‹ von Buße und Absolution zu gestalten[12].

gegangen?«. Auseinandersetzung mit meinen Kritikern, in: ZThK 99 (2002), 400–440, genannt; zur Diskussion vgl. Frieder Schulz, Eingrenzung oder Ausstrahlung? Liturgiewissenschaftliche Bemerkungen zu Dorothea Wendebourg, in: Michael Meyer-Blanck (Hrsg.), Liturgiewissenschaft und Kirche. Ökumenische Perspektiven, Rheinbach 2003, 91–107; Michael Meyer-Blanck, Liturgiewissenschaft und Kirche. Eine ökumenische Verhältnisbestimmung in zehn Thesen, in: ders., a. a. O., 111–138, und Klaus Raschzok, Der Streit um das Eucharistiegebet in den Kirchen der Reformation, in: Winfried Haunerland (Hrsg.), Mehr als Brot und Wein. Theologische Kontexte der Eucharistie, Würzburg 2005, 145–172.

11 Evangelisches Gottesdienstbuch (s. Anm. 9), 493.

12 Vgl. Frieder Schulz, Umkehr und Versöhnung im evangelischen Gottesdienst, unveröffentlichtes Manuskript von 1996, 2; Schmidt-Lauber, Zukunft (s. Anm. 4),

Man wird diese Verschiebung vor allem dann kritisch zu deuten haben, wenn es im evangelischen Gottesdienst überhaupt nicht mehr gelingt, Sünde – auch bekennend – zur Sprache zu bringen.

2 Das private Gebet

Die vierte EKD-Erhebung über Kirchenmitgliedschaft hat auch die Gebetspraxis der Kirchenmitglieder erfragt[13]. Dabei gaben etwa 70 % der Mitglieder an zu beten (71 % der Mitglieder im Westen, 68 % der Mitglieder im Osten). Die meisten beten freilich nur gelegentlich; regelmäßig beten laut Selbstaussage 35 % der Mitglieder im Westen und 41 % der Mitglieder im Osten. Auffällig sind dabei die Inhalte der persönlichen Gebete. Größte Zustimmung findet die Aussage: »In schwierigen Situationen bete ich, dass Gott mir hilft« (71W/69O), gefolgt von der Aussage: »Ich bete für das Wohl meiner Angehörigen und Freunde« (58W/62O). Dank für alles Gute und Schöne und die Bitte um innerliche Ruhe folgen dann auf den Plätzen 3 und 4. Die Bitte um Vergebung, aber auch Klage und explizites Lob finden nur wenig Resonanz.

Meines Erachtens sind diese Zahlen zweifach zu deuten: Wenn das Gebet die vornehmste Übung des Glaubens ist, gilt es zu überlegen, wie die Kirchen mehr Glieder zum Gebet verlocken können. Umgekehrt sind diese Zahlen aber – selbst im Vergleich über Jahrhunderte hinweg – nicht zu dramatisieren. Kurz gefasst: Herausforderung: Ja – Krise: Nein.

Dass das Lob im persönlichen Gebet einen relativ kleinen Raum einnimmt, ist meines Erachtens sachlich nachvollziehbar. So formuliert der Alttestamentler Patrick Miller: »Praise is a public act; it is an act of worship; and it is a corporate act«[14]. Umgekehrt entspricht die geringe Präsenz der Klage im persönlichen Gebet einer allgemeinen Verdrängung der Klage über Jahrhunderte hinweg. Sie zeigt freilich auch, wie wenig die theologischen Bemühungen um eine Wiedergewinnung der Klage[15] bisher gefruchtet haben. Hier besteht ein bleibender Vermittlungsbedarf der Kirchen.

85f., 272. An die Stelle »düstere[n] Ernst[es]« (a.a.O., 22) soll »die Freude über das uns erlösende Christusopfer« (a.a.O., 268) treten.

13 Wolfgang Huber u.a. (Hrsg.), Kirche in der Vielfalt der Lebensbezüge. Die vierte EKD-Erhebung über Kirchenmitgliedschaft, Gütersloh 2006, 462–464.

14 Patrick D. Miller, They cried to the Lord. The Form and Theology of Biblical Prayer, Minneapolis 1994, 207.

15 Vgl. nur Ottmar Fuchs, Die Klage als Gebet. Eine theologische Besinnung am Beispiel des Psalms 22, München 1982; Eva Harasta (Hrsg.), Mit Gott klagen. Eine theologische Diskussion, Neukirchen 2008.

Die geringe Bedeutung der Bitte um Vergebung entspricht dem weitgehenden Verzicht auf die Offene Schuld im Gottesdienst. Beides weist darauf hin, dass es dem Protestantismus scheinbar nicht mehr gelingt, eines seiner Kernthemen, die Vergebung der Sünden, wirklichkeitserschließend zu vermitteln.

3 Ein Konsens in der Theologie des Gebets – kritisch betrachtet

»Wie Menschen beten *sollen* und *dürfen*«, das sei, so die Zürcher Systematikerin Christiane Tietz, »die eigentliche theologische Frage nach dem Gebet«[16]. Die Antworten, die in neueren systematischen Arbeiten auf diese Frage gegeben werden, lassen einen bestimmten Konsens erkennen: Erstens sollen Menschen primär oder ausschließlich um solche Gaben bitten, »die [sie] ›innerlich‹ angehen«[17]. Zweitens sollen sich alle Bitten an der Haltung Jesu in Gethsemane orientieren: »Doch nicht mein, sondern dein Wille geschehe« (Lk 22,42 parr)[18]. Dieser Vers ist der entscheidende biblische Bezugstext der neueren Gebetstheologien. Auffällig wenig wird auf Alttestamentliches, auch auf den Psalter, Bezug genommen[19].

16 Tietz, Gott (s. Anm. 1), 327.

17 Wilfried Härle, Den Mantel weit ausbreiten. Theologische Überlegungen zum Gebet, in: ders., Spurensuche nach Gott. Studien zur Fundamentaltheologie und Gotteslehre, Berlin / New York 2008, 286–305, 299.

18 Vgl. Eilert Herms, Was geschieht, wenn Christen beten?, in: ders., Offenbarung und Glaube. Zur Bildung des christlichen Lebens, Tübingen 1992, 517–531, 522.

19 Wo das geschieht, ergeben sich gleich andere Perspektiven; vgl. dazu unten unter 3.3. und den programmatischen Beitrag des Systematikers Günter Thomas in der Festschrift für Bernd Janowski zum 70. Geburtstag: »Der Gott adressierende und damit affizierende Beter gewinnt nicht nur sich selbst neu und findet sich selbst verwandelt, sondern findet einen lebendigen Gott, der zugunsten seiner Schöpfung in großer Treue berührbar und beweglich bleibt. Dies jenseits abstrakter Allwirksamkeitsvorstellungen [...] theologisch zu entfalten, bleibt eine Herausforderung Systematischer Theologie, für die sie mancher produktiven Irritation und kritischen Orientierung durch die alttestamentliche Forschung bedarf.« (Die Affizierbarkeit Gottes im Gebet. Eine Problemskizze, in: Alexandra Grund u. a. (Hrsg.), Ich will dir danken unter den Völkern. Studien zur israelitischen und altorientalischen Gebetsliteratur. Festschrift für Bernd Janowski zum 70. Geburtstag, Gütersloh 2013, 709–731, 728.

3.1 Umstellung des Gebets auf innerliche Gaben

Es lohnt sich die beiden systematischen Entscheidungen genauer in den Blick zu nehmen. Die neueren Entwürfe zu einer Theologie des Gebets arbeiten mit der Unterscheidung eines innerlichen und äußerlichen Wirkens Gottes an dem und für den Menschen. Obwohl auch »Gebete um äußerliche Dinge«[20] von einigen Autoren, etwa von Wilfried Härle und Christiane Tietz, als legitim angesehen werden, sollten sich die Bitten primär auf innerliche Gaben konzentrieren, wie etwa »Geduld«[21], »Kraft und neuen Mut zum Leben«[22]. Dieses Anliegen von Härle und Tietz aufgreifend formuliert Hartmut von Sass: »›Gott lässt bitten‹ – aber er lässt sich nicht um dieses oder jenes, sondern nur um Bestimmtes bitten, nämlich um das, was unabhängig von jeder menschlichen Bitte schon als Heilshandeln des Menschen beschlossen ist und im Gebet angenommen wird.«[23] Letztlich solle jedes Gebet darauf zielen, sich von neuem als von Gott gerechtfertigten Menschen zu verstehen. Nach von Sass kann »das Bittgebet im Kern überhaupt nur eine einzige Bitte haben [...]: sich coram deo – d. i. als sündiges *und* gerechtfertigtes Geschöpf Gottes – verstehen zu können!«[24] Eben deshalb ziele das Bittgebet (zumindest primär) nicht auf die Veränderung der Situation des Beters, sondern darauf, dass der Beter sich im Vollzug des Gebets neu zu verstehen lerne. Weil dieses Sich-neu-Verstehen im Gebet »als ein Widerfahrnis erlebt [werde], das dem Menschen als Geschenk (von Gott her) zuteil wird«[25], wird das Gebet selbst zum »Ort und Mittel der Erhörung«[26]. Das Gebet ist »Mittel, durch das Gottes Wirken den Menschen *erreicht* und in ihm *zur Wirkung kommt.*«[27]

Betrachtet man diese Gebetstheologie in einer zugleich sozialgeschichtlichen und ökumenischen Perspektive, dann tritt ihre dezidierte Bürgerlichkeit in den Blick. Dass das Gebet auf das Sich-Neu-Verstehen konzentriert werden kann, setzt eine Gesellschaftsform voraus, in der für

20 Härle, Mantel (s. Anm. 17), 301.
21 A. a. O., 297.
22 Tietz, Gott (s. Anm. 1), 335.
23 Hartmut von Sass, Unerhörte Gebete? Das Bittgebet als Herausforderung für ein nachmetaphysisches Gottesbild, NZSTh 54 (2012), 39–65, 48; vgl. ders., Gott als Ereignis des Seins. Versuch einer hermeneutischen Onto-Theologie, HUT 62, Tübingen 2013, 311–343, 338f.
24 von Sass, Gebete (s. Anm. 23), 62.
25 Härle, Mantel (s. Anm. 17), 298.
26 A. a. O., 302.
27 A. a. O., 297.

die elementaren Bedürfnisse verlässlich gesorgt ist. Ganz anders stellt sich das in jenen Weltgegenden dar, in denen die Pfingstbewegung rasant am Wachsen ist. Ein wichtiger Faktor dieses Wachstums ist das wirkmächtige Gebet um Heilung[28]. In einer Situation, in der eine adäquate Gesundheitsversorgung nur denen offen steht, die sich diese finanziell leisten können, wenden sich die vom Gesundheitssystem Exkludierten der Religion als Quelle der Heilung zu[29]. Diesen Menschen geht es nicht um ein Sich-neu-Verstehen, sondern ganz elementar um die Erhaltung des Lebens. Ein ökumenisches Bewusstsein, das um die Nöte und Gebete dieser Menschen weiß, wird den sich einstellenden Konsens in der protestantischen deutschsprachigen Theologie problematisieren müssen.

Dabei verweist die ökumenische Kritik auf ein systematisches Problem der neueren Gebetstheologien: Meines Erachtens ist die in diesen zugrunde gelegte Unterscheidung zwischen einem innerlichen und einem äußerlichen Handeln Gottes sowie die Konzentration auf das innerliche Wirken Gottes schlicht unterkomplex. Es wird weder unserem gegenwärtigen Wissen um den Menschen gerecht noch den biblischen Überlieferungen und der kirchlichen Tradition.

Unser gegenwärtiges Wissen um die Verkörperung alles Geistigen, sowohl unserer Emotionen und unserer Gefühle als auch unserer Kognition[30], weist auf die elementare Verbundenheit von so genannten innerlichen und äußerlichen Prozessen hin. Als Beispiel für eine innerliche Gabe, um die man zurecht bitten dürfe, nennt Härle die »Geduld«, die man brauche, »um eine schwere Krankheit oder Behinderung zu ertragen«[31]. Eine solche Geduld kann sich aber nur auf der Grundlage einer Fülle neurologischer und physiologischer Prozesse unseres Körpers einstellen. Sie ist keine geistige Gabe, die man von körperlichen Prozessen

28 Vgl. Allan Anderson, An Introduction to Pentecostalism. Global Charismatic Christianity, Cambridge 2004, 30: »Prayer for divine healing is perhaps the most universal characteristic of the many varieties of Pentecostalism and perhaps the main reason for its growth in the developing world.«

29 Vgl. R. Andrew Chesnut, Born again in Brazil. The Pentecostal Boom and the Pathogens of Poverty, New Brunswick / London 1997, 179: »In a situation where secular society provides adequate health care only for those with the means to purchase it, the economically disenfranchised frequently turn to the only available source of healing: the divine.«

30 Zum Einstieg in die gegenwärtige Verkörperungsdebatte vgl. Joerg Fingerhut u. a. (Hrsg.), Philosophie der Verkörperung. Grundlagentexte zu einer aktuellen Debatte, stw 2060, Berlin 2013, und Gregor Etzelmüller, Verkörperung, in: Gerd Jüttemann (Hrsg.), Entwicklungen der Menschheit. Humanwissenschaften in der Perspektive der Integration, Lengerich 2014, 265–273.

31 Härle, Mantel (s. Anm. 17), 297.

lösen könnte[32]. Ein Gott, der einem diese Gabe schenkt, muss ebenso auf körperliche Prozesse wirken, wie ein Gott, den man um die äußerliche Gabe bittet, von der Krankheit als solcher geheilt zu werden. Entsprechend ist auch das Verstehen ein verkörperter Prozess, der nicht nur den Aufbau und Erhalt einer Fülle körperlicher Funktionen voraussetzt, sondern auch den Aufbau und Erhalt eines Kommunikationszusammenhanges, der mir jene materialen Texte überliefert und erschließt, die es mir überhaupt ermöglichen, mich als ein vor Gott gerechtfertiger Mensch zu verstehen. Kurzum: Kein innerliches Verstehen ohne Aufbau und Erhalt einer sichtbaren Kirche.

Doch auch die neutestamentliche Rede vom inneren Menschen steht der genannten Aufspaltung des Menschen entgegen. Sowohl für Paulus als auch für die Kirchenväter war der innere Mensch eben das Innere des äußeren Menschen und deshalb ohne den äußeren nicht zu denken. Die Kirchenväter benutzten zur Beschreibung des inneren Menschen deshalb das Adverb *endon*, das nicht einfach die lokale Verortung des inneren Menschen bezeichnet, sondern seine Zugehörigkeit zum äußeren Menschen. »Ist jemand in einem Haus *endon*, dann bedeutet dies in der Regel, ich gehöre diesem Haus zu und zähle zur Familie«[33]. Weil der innere Mensch ohne seinen Bezug zum äußeren nicht zu denken ist, deshalb sollte die Gottesrelation des Menschen theologisch so konzipiert werden, dass sie sich nicht nur auf den inneren Menschen bezieht, sondern auf den ganzen Menschen[34].

Diese Einsicht bestimmt auch die Reformation und wird insbesondere vom Heidelberger Katechismus herausgestellt. Der Trost, von dem der Katechismus spricht, ist kein innerlicher Trost, sondern besteht darin, dass »ich mit Leib und Seel [...] Jesu Christi eigen bin«, der mich nicht nur erlöst hat, sondern auch bewahrt – und zwar dergestalt, »daß ohne den Wil-

[32] Zurecht fragt der Mediziner Viktor von Weizsäcker die Theologen: »Habt ihr schon einmal den stückweisen und radikalen Zusammenbruch des geistigen, des moralischen, des religiösen Lebens bei einem Carcinomkranken euch angesehen und das erfahren?« (Grundfragen medizinischer Anthropologie, in: ders., Gesammelte Schriften 7. Allgemeine Medizin. Grundfragen medizinischer Anthropologie, Frankfurt am Main 1987, 255–282, 274). Innerliche und äußerliche Ordnungen greifen vielfältig ineinander.

[33] Vgl. Annette Weissenrieder, Verkörperung des inneren Menschen? 2. Korinther 4,16 im Lichte antiker medizinischer und philosophischer Traditionen, in: Gregor Etzelmüller / dies. (Hrsg.), Verkörperung als Paradigma theologischer Anthropologie, Berlin / New York 2016, 183–218,188.

[34] Vgl. zur Thematik auch den von Bernd Janowski herausgegebenen Sammelband Der ganze Mensch. Zur Anthropologie der Antike und ihrer europäischen Nachgeschichte, Berlin 2012.

len meines Vaters im Himmel kein Haar von meinem Haupt kann fallen« (FrA 1). Denkt man Leib und Seele – gerade durch ihre Christusrelation – als vereint, lassen sich auch Erlösung und Vorsehung nicht mehr dergestalt trennen, dass man nur mehr um die Vergewisserung der eigenen Erlösung, aber nicht mehr für die Nöte des Leibes beten darf. Denn Gott erweist sich gerade darin als unser Vater, dass er »uns mit aller leiblichen Notdurft versorgen« will (FrA 125). Der Sensibilität für den Leib entspricht im HK übrigens auch das Wissen darum, dass Gott uns nur dann innerlich regieren, also mit seinem Wort und Geist bei uns ankommen kann, wenn er uns die äußerliche Kirche erhält. Schon allein deshalb kann das Bittgebet nicht allein darauf zielen, sich als durch Gott gerechtfertigter Mensch verstehen zu können. Denn eine solche Bitte muss die andere einschließen: »erhalte und mehre deine Kirche und zerstöre [...] alle Gewalt, die sich wider dich erhebt« (FrA 123).

Dass wir uns in der Moderne schwer tun, Gottes Wirken auch in leiblichen und geschichtlichen Prozessen zu erkennen, dürfte auch mit einer spezifischen Gebetspraxis zu tun haben. Wenn wir in den Kirchen nur noch um sogenannte innerliche Gaben bitten, dann erschließen sich uns die vielfältigen Formen der Fürsorge Gottes in unserer Umgebung nicht mehr. Bittet man dagegen auch um das tägliche Brot, die Erhaltung der eigenen Gesundheit, um den Aufbau und Erhalt lebensförderlicher Sozial- und Gesundheitssysteme, für den Erhalt demokratischer Ordnungen, für die Entwicklung einer lebendigen Zivilgesellschaft, dann erkennt man dankbar, auf wie vielfältige Weise wir von lebensförderlichen Umgebungen profitieren, deren Existenz sich keineswegs von selbst versteht.

3.2 Bittgebet als Kontingenzbewältigung

Die zweite Grundentscheidung der neueren Gebetstheologie besteht darin, jegliches Bittgebet an dem Ausruf Jesu »Doch nicht mein, sondern dein Wille geschehe« (Lk 22,42) zu orientieren. Zu Recht wird dadurch zum Ausdruck gebracht, dass sich im Gebet unsere Bitten verändern, indem sie sich an Gottes Willen, wie er in der Thora formuliert und in Jesus Christus verkörpert ist, orientieren. In der Fürbitte lassen wir unsere Bitten durch die Nöte anderer affizieren und lenken unsere Aufmerksamkeit auf fremde Weltgegenden und Notlagen. Diese Aufmerksamkeitsverschiebung kann durchaus dazu beitragen, dass sich in dieser Welt etwas verändert.

Über dieses Anliegen hinaus gibt es aber eine Tendenz, das Bittgebet allein auf die innere Gabe jener Kraft zu beziehen, die ich benötige, um das zu ertragen, was mir widerfährt. So interpretiert Härle den Ausruf

Jesu »Doch nicht mein, sondern dein Wille geschehe« (Lk 22,42) »als Einverständniserklärung *oder* als Bitte um die innere Veränderung, aufgrund derer der Beter den Willen Gottes auch dann akzeptieren kann, wenn er nicht mit dem eigenen Anliegen übereinstimmt.«[35] Eine dieser Haltung entsprechende Gebetspraxis müsste soziologisch gesprochen als Form der Kontingenzbewältigung verstanden werden, die zwar erlaubt, das eigene Leiden an der Welt, den Wunsch, dass es anders wäre, als es ist, zu artikulieren, die aber letztlich bereit ist, die Wirklichkeit als Ausdruck des Willens Gottes so zu akzeptieren, wie sie ist.

Demgegenüber ist aber daran zu erinnern, dass Jesus sich in Gethsemane nicht einfach der Wirklichkeit fügt, wie sie ist, sondern dem Heilswillen Gottes. Zugespitzt gesagt: Der Wille Gottes besteht nicht darin, dass der Sohn gekreuzigt wird, sondern der Wille Gottes zielt auf die vorbehaltlose Gemeinschaft Gottes mit den Menschen – und er zielt deshalb in der Nacht des Verrats konkret darauf, dass Christus seiner Sendung zu den Menschen treu bleibt, auch wenn ihn diese aufgrund der Feindschaft der Menschen das Leben kostet.

Der Zusammenhang zwischen Gethsemane und Golgatha lässt es meines Erachtens als nicht sachangemessen erscheinen, das christliche Gebet allein an Jesu Gebet im Garten Gethsemane zu orientieren. Denn das letzte Wort Jesu ist zumindest im Markusevangelium nicht die Ergebung in den Willen Gottes, sondern die Klage Jesu: »Mein Gott, mein Gott, wozu hast du mich verlassen?« (Mk 15,34). Das letzte Wort Jesu ist keine Ergebung in den Willen Gottes, sondern eine Herausforderung Gottes, sich noch einmal neu zu seinem Verhalten, sich noch einmal neu zum Gekreuzigten und zu der ihn kreuzigenden Welt zu verhalten.

Das radikale Bewusstsein, »daß Gott selbst gestorben ist«[36], die Erfahrung »der vollkommenen Rettungslosigkeit«[37], d.h. die Erfahrung, dass die Sünde Gott so aus der Welt herausdrängen kann, dass selbst der Christus Gottes Nähe nicht mehr erfahren kann, bedeuten das Ende der Vorstellung Gottes als alles bestimmender Wirklichkeit.

35 Härle, Mantel (s. Anm. 17), 302.

36 Georg Wilhelm Friedrich Hegel, Phänomenologie des Geistes, Werke 3, stw 603, Frankfurt 1986, 572.

37 Ders., Vorlesungen über die Philosophie der Religion II, Werke 17, stw 617, Frankfurt 1986, 291.

3.3 Kreuzestheologische und alttestamentliche Korrekturen

Ich möchte abschließend an drei Punkten aufzeigen, was diese kreuzestheologische Einsicht für die Theologie, aber auch die Praxis des Gebets bedeutet. Da in der neueren Gebetstheologie das Alte Testament kaum eine Rolle spielt, werde ich diese drei Aspekte jeweils auch kurz alttestamentlich beleuchten.

1. Versteht man die Bitte des Vater Unsers »Dein Wille geschehe« vom Kreuzesruf Jesu her, wird deutlich, dass diese Bitte gerade keine Einverständniserklärung mit der Welt, so wie sie ist, darstellt. Die Bitte verdeutlicht vielmehr, dass Gott sich gegen die Mächte dieser Welt mit seinem Willen durchsetzen muss. Ich bin bei der Ausarbeitung dieses Beitrags erschrocken, auf der letzten Seite eines neueren, sich an eine breitere Öffentlichkeit wendenden Sammelbandes zum Thema: »Hilft beten?« lesen zu müssen: »Menschen können bisweilen das, was ihnen widerfahren ist, vergleichen mit dem, worum sie gebetet haben. Und wenn zwischen beidem ein Unterschied klafft, dann sollten sie überlegen, wie sie hätten beten müssen, dass ihr Gebet zu dem gepasst hätte, was ihnen geschehen ist.«[38] Das ist zynisch im Blick allein schon auf jene, die mit dem Vater Unser gebetet haben: »und erlöse uns von dem Bösen« – und dann doch durch die Hand ihrer Vergewaltiger und Mörder gestorben sind. Wenn zwischen dem Gebet und dem, was den Betenden widerfährt, ein Unterschied klafft, dann kann das auch daran liegen, dass sich Gott mit seinem Willen noch nicht durchgesetzt hat.

Versteht man die Bitte »Dein Wille geschehe« so, dass Gott darum gebeten wird, sich gegen die Mächte und Gewalten dieser Welt durchzusetzen, dann steht sie in Kontinuität zu jenen Klagen des Psalters, in denen Beter Gott gegen ihre Feinde anrufen. Der Feind des Einzelnen ist dabei »mehr als der persönliche Widersacher des Beters: er repräsentiert eine chaotische Mächtigkeit, die darauf aus ist, in die Welt des Beters einzudringen und diesen von Gott und seinen Mitmenschen zu trennen«[39]. Gegen diese chaotische Macht, die die Beter in ihrem Leben erfahren, gegen die Macht der Sünde, die Christus am Kreuz erfährt, wird Gott angerufen. Diese Übereinstimmung zwischen den Klagen des Psalters und der Klage

[38] Klaus Müller, Selbstverständliche Erhörung. Predigt zu Lk 11,1–13, in: Magnus Striet (Hrsg.), Hilft Beten? Schwierigkeiten mit dem Bittgebet, Freiburg 2010, 125–131, 131.

[39] Bernd Janowski, Konfliktgespräche mit Gott. Eine Anthropologie der Psalmen, Neukirchen 2003, 123f.; vgl. Othmar Keel, Feinde und Gottesleugner. Studien zum Image der Widersacher in den Individualpsalmen, SBM 7, Stuttgart 1969.

Jesu lassen mich mit Dietrich Ritschl fragen, ob wir nicht »eine, wenn auch zeitlich beschränkte, dualistische Weltauffassung unser eigen nennen« sollten. »Denn: noch gibt es neben oder unter dem Geist der Liebe und des Schalom die ungeheure Kraft der bösen, menschenverachtenden und nekrophilen Geister. Einmal den Fernseher für die Nachrichten anstellen genügt schon um dies zu sehen.«[40] Dann zielt aber das Gebet nicht auf die Akzeptanz der Wirklichkeit, wie sie ist, sondern darauf, dass sich in ihr ereigne, was Gottes Willen entspricht.[41]

2. Bezieht man die Bitten Jesu in Gethsemane und auf Golgatha aufeinander, dann erschließt sich durchaus eine Wechselseitigkeit im Gebetsgeschehen. So wie sich Christus im Garten Gethsemane in den Willen Gottes fügt, so fordert der Gekreuzigte Gott mit seinem Klageruf heraus, sich mit der Macht der Sünde nicht abzufinden – also nicht der Gott zu sein, als den ihn Christus am Kreuz erfährt: nämlich als ein Gott, der nun seinerseits die Welt verlässt. Das Kreuz offenbart nicht nur die Macht der Sünde, sondern auch »die Gefahr, dass auch Gott selbst keinen Zugang mehr zur Welt suchen und finden will«[42]. Ich würde deshalb zuspitzend formulieren: Wie Christus sich in der Nacht des Verrats dem Willen des Vaters fügt und seiner Sendung treu bleibt, so fordert der gekreuzigte Christus den Vater heraus, nun seinerseits der Sendung des Sohnes treu zu bleiben – und sich deshalb erneut der Menschheit, die Gott aus der Welt herausgedrängt hat, zuzuwenden. Die Klage Jesu im Markusevangelium entspricht so gelesen der Bitte des Gekreuzigten im Lukasevangelium: »Vater, vergib ihnen, denn sie wissen nicht, was sie tun!« (Lk 23,34). Der Gekreuzigte klagt die Treue Gottes zu seiner eigenen Sendung ein, er bittet den Vater auf Feindschaft mit Vergebung zu reagieren. Die Auferweckung aber verdeutlicht, dass die Klage Jesu in Gott Resonanz gefunden hat.

Eine solche Gegenseitigkeit im Gebet gibt es nicht nur innertrinitarisch. Die Klage des Menschen Jesus findet Resonanz in Gott. Entsprechend erzählt das Alte Testament vielfältig, wie Menschen mit ihren Klagen Resonanz bei Gott finden. Gott ruft Kain zur Rechenschaft, weil die Stimme des Blutes Abels zu ihm geschrieen hat. Gott errettet die Is-

40 Dietrich Ritschl, Gottes Gegenentwurf zur menschlichen Weltgestaltung, in: ders., Theorie und Konkretion in der Ökumenischen Theologie, Münster 2003, 119–142, 134f.; vgl. ders., Bildersprache und Argumente. Theologische Aufsätze, Neukirchen 2008, 3–74, 195–212.

41 Vgl. dazu weiterführend Gregor Etzelmüller, Trauer, Wut, Klage. Warum lässt Gott das Böse zu?, in: Knut Berner / Friederike Faß (Hrsg.), Sichtbares und Unsichtbares, Villigst Profile 17, Münster 2014, 213–232.

42 Michael Welker, Gottes Offenbarung. Christologie, Neukirchen 2012, 176.

raeliten aus Ägypten, weil »er ihr Geschrei über ihre Bedränger gehört« hat (Ex 3,7). Selbstverständlich bringt keines dieser Gebete Gott von seinem Heilswillen ab, aber sie bewegen Gott dazu, sich hier und jetzt gemäß seinem Heilswillen in die Geschichte einzubringen. Ein besonders markantes Beispiel ist dabei das Gebet der Hanna aus 1 Sam 1. Die Erzählung beginnt nicht im Himmel, sondern mit dem Leiden der Hanna. Nichts deutet in der Erzählung daraufhin, dass von Ewigkeit her bestimmt sei, dass diese Frau den Propheten Samuel gebären soll. Aber weil Hanna sich in ihrer Not Gott öffnet, kann Gott in ihr Resonanz finden. So prägt Hanna mit ihrer Bitte die konkrete Gestalt der Erwählungsgeschichte mit. Beter und Beterinnen schreiben sich mit ihren Gebeten in die Geschichte Gottes mit den Menschen ein und prägen diese in ihrem Verlauf. In diesem Sinne gilt: Asking makes a difference.

3. Die Antwort auf die Klage Jesu erfährt der Gekreuzigte nicht am Kreuz selbst. Er stirbt in der Agonie der Gottverlassenheit. Die Antwort auf die Klage des Sohnes, das Bekenntnis des Vaters zur Sendung des Sohnes, vollzieht sich erst in der Auferweckung des Gekreuzigten. In der Auferweckung Jesu setzt sich seine Sendung auf intensivierte Weise fort.

Das heißt für die Lehre vom Gebet: Zwar kann ein Mensch auch bereits im Gebet selbst Antwort auf seine Bitten erhalten, aber die Klage des Gekreuzigten verweist auf die andere Möglichkeit, dass Gott erst jenseits des Gebets antwortet. Auch dies lässt sich alttestamentlich wieder am Gebet Hannas verdeutlichen: Obwohl ein Priester ihr unmittelbar auf ihr Gebet hin die Erfüllung ihrer Bitte zusagt, beantwortet nicht schon dieses priesterliche Heilsorakel, sondern erst die Geburt des Sohnes ihr Gebet[43].

Menschen bitten Gott, dass er sich hier und heute ereigne, gewiss auch im Innerlichen, auch dadurch dass unser Wille in seinen Heilswillen einstimmt, dass wir uns so verstehen, wie Gott uns versteht. Menschen bitten Gott, dass er sich hier und heute ereigne, aber nicht nur im Innerlichen, sondern auch dadurch, dass Kranke gesund werden, dass Unschuldigen Recht gesprochen wird, dass Tyrannen stürzen und Frieden wird. Dankbar nehmen die Gott Bittenden wahr, dass sich solche Verschiebungen zugunsten des Lebens – von Gott initiiert, begleitet und irritiert – beständig ereignen. Klagend erkennen die Gott Bittenden, dass aber auch andere Mächte und Gewalten unsere Welt und unser Leben bestimmen – und Gott sich selbst mit seinem Willen in dieser Welt noch durchsetzen muss. Ihre eigene Verstricktheit in diese Mächte und Gewalten bekennend

43 Vgl. Miller, Lord (s. Anm. 14), 162–164; zudem Rainer Kessler, Der antwortende Gott, in: ders., Gotteserdung: Beiträge zur Hermeneutik und Exegese der Hebräischen Bibel, Stuttgart 2006, 172–190.

bitten Menschen Gott um die Vergebung ihrer Sünden. Gott lobend bringen Menschen ihre Hoffnung vor Gott, dass Gott sich einst mit seinem Willen zum Heil der Welt durchsetzen wird.

Ich wünsche mir eine evangelische Gebetspraxis, die sich an dieser (auch biblischen) Vielfalt des Betens orientiert – und die Beschränkungen der Gebetspraxis durch die gegenwärtige Gebetstheologie getrost überschreitet.

Einbruch ins forum internum

Wie Phänomenologie, Empirie und Systemtheorie das Gebet erforschen

Johann Ev. Hafner

Abstract

Das Gebet hat sich dem empirischen Zugriff lange entzogen, weil es als innerer Vollzug unsichtbar bleibt. Erst ab dem 19. Jahrhundert wurde es zum Gegenstand vergleichender Forschung. Die säkularen Wissenschaften wenden dabei nicht die Logik der Theologie an (z.B. Bewahrung heiliger Tradition, Achtung von Gottes Transzendenz), sondern versuchen, das Beten auf immanente Strukturen zurück zu führen. Drei solcher Zugangsweisen werden geschildert: erstens die vergleichende Phänomenologie, welche das Spektrum aller Religionen zu erfassen sucht; zweitens die medizinischen Studien, welche nach empirisch nachweisbaren Gebetswirkungen suchen; drittens die systemtheoretische Soziologie, welche die Funktion des Gebets innerhalb religiöser Gemeinschaften rekonstruiert. Die drei Wissenschaften kommen zu einem negativen Ergebnis: Unter den Augen der Phänomenologie wird das Gebet ein unerreichbares Mysterium, in der Untersuchung durch die Medizin zu einem unwirksamen Verhalten, in der Analyse der Soziologie zur frommen Metaphysik angesichts unartikulierbarer Voraussetzungen. Will man diese Ergebnisse nicht einfach ignorieren und will man dennoch am Gebet festhalten, bleibt der Theologie nur, eine anspruchsvollere Bestimmung zu finden: Beten hat seinen Sinn als Vermeidung der Überwältigung durch Gott.

Wie wird Religion erforscht? Die Wissenschaften haben sich zu verschiedenen Zeiten unterschiedlichen religiösen Gegenständen zugewandt. Im Humanismus und in der Aufklärung untersuchte die kritische Philologie die Texte des Christentums und Judentums. Im 19. Jahrhundert wurden die Ämter und Rollen des Christentums von der Soziologie aufgeklärt, gefolgt von der Psychoanalyse und Ethnologie, welche die religiösen

Riten neu deuteten, meist in der Absicht, sie auf anthropologische Faktoren und soziale Funktionen zurück zu führen. Das Gebet hat sich dem empirischen Zugriff länger entzogen.[1] Das liegt zum einen daran, dass beim Gebet die Funktion so offensichtlich ist (Der Mensch erbittet etwas von Gott, weil er es benötigt), dass sie nicht aufgeklärt zu werden braucht. Deswegen ist die theologische Kritik am Gebet so alt wie das Gebet selbst: Propheten kritisierten den »Gotteszwang« des Opferns; kirchliche Verlautbarungen zogen unablässig die Grenze zur Magie.[2] Zum anderen liegt es daran, weil das Gebet vor allem seit der spätmittelalterlichen Herzensfrömmigkeit und der protestantischen Entdeckung des allen Dingen überlegenen, inneren Menschen internalisiert wurde. Je weiter das Gebet im *forum internum* angesiedelt wurde, womit eher der Bereich des Psychischen als der des Pneumatischen gemeint ist, desto weniger ließ es sich erforschen. Gebet in Form von Rosenkränzen kann man gut beschreiben und sortieren, Gebet in der Form transzendental-existentialer Offenheit kaum. Und weil das Gebet intimer ist als andere religiöse Praktiken, empfinden es Gläubige als übergriffig, wenn säkulare Wissenschaften sich darüber hermachen, um darin eine Logik zu entdecken. Es ist dennoch passiert und drei solcher Erforschungen sollen im Folgenden geschildert werden. Sie sollen zeigen, wie empfindlich der Gegenstand ›Gebet‹ gegenüber Fremdbeobachtung ist und wie er sich auf jeweils andere Weise verflüchtigt.

1 Im 19. Jahrhundert erschienen nur wenige komparative Abhandlungen zum Gebet: Christoph Meiner, Allgemeine kritische Geschichte der Religionen, 2 Bde., Hannover 1806/1807 beschränkt sich auf antike Kulturen; Carl Friedrich Stäudlin, Geschichte der Vorstellungen und Lehren von dem Gebete, Göttingen 1824 ist eine textwissenschaftliche Studie. Erst Ende des 19. Jh.s gibt es eine Fülle von religionswissenschaftlicher Literatur zum Gebet, meist verbunden mit theologisch inspirierten Entwicklungstheorien von Beschwörungen über Bußgebete zu Lobpreisungen.

2 Die kirchliche Behauptung, dass eine sakramentale Handlung etwas *in der Welt* ändere, trug freilich zu dem magischen Verständnis bei, das Theologie und Lehramt an anderen Kulten kritisierten.

1 Die Entdeckung des Wesens von Gebet – Heilers Phänomenologie

Friedrich Heilers Studie »Das Gebet«[3] markiert den Übergang von der theologisch-normativen[4] zur vergleichenden Betrachtung von Gebet. Um das Phänomen zu verstehen, müsse man im »weiten Felde der außerchristlichen und christlichen Religionsgeschichte die charakteristischen Typen des Gebets überall dort studieren, wo sie uns in typischer Schärfe entgegentreten.«[5]

1.1 Methodische Verortung

Heiler verlangt von jedem Forscher und jeder Forscherin, dass er/sie die Gebetslogik einer Religion mitvollziehe, indem er/sie »in ihr lebt und mit ihr fühlt«, also den Gegenstand begreift, aber zugleich von ihm ergriffen wird. Ein ungläubiger, rationaler Beobachter könne nie in diesen Gegenstand eindringen, er/sie würde allenfalls menschliche Psychologie vorfinden, nicht aber die »Eigenart der Religion«[6] erfassen. Heiler setzt voraus, dass Religion einen Gegenstand *sui generis* bildet und das Gebet ein menschlicher Vollzug ist, der sich dem objektivierenden wissenschaftlichen Zugriff entzieht. Dennoch hält er seine eigene Forschung für objektiv, weil er alle Gebete der Welt mit einbeziehe und sich nicht durch kirchlich-konfessionelle Vorgaben einschränken lasse. »Indem der Verfasser diesem Ziele nachstrebte, glaubte er in gleicher Weise einer lebendigen Religion wie einer die objektive Erkenntnis der Wirklichkeit suchenden Wissen-

3 Friedrich Heiler, Das Gebet. Eine religionsgeschichtliche und religionspsychologische Untersuchung, München 1919. Dieses Buch dominiert die Literatur über Gebet bis heute und zwar sowohl religionswissenschaftliche wie theologische. Vgl. nur Rainer Flasche, Art. Gebet, in: Handbuch religionswissenschaftlicher Grundbegriffe (HrwG), Bd. 2, Stuttgart/Berlin/Köln 1990, 456–468; Juan Martin Velasco, Bitt- und Dankgebet in den Religionen, in: Concilium 26 (1990) Heft 3, 189–196.
Zur Einordnung siehe Udo Tworuschka, Religionswissenschaft. Wegbereiter und Klassiker, Köln/Weimar/Wien 2011, 197–213; Kurt Goldammer, Ein Leben für die Erforschung der Religion, in: Anne Marie Heiler (Hrsg.), Inter Confessiones. Beiträge zur Forderung eines interkonfessionellen und interreligiösen Gesprächs (Festschrift), Marburg 1972, 1–16.

4 Auch Ludwig Feuerbachs Ausführungen zum Gebet folgen noch einem theologisch-normativen Ansatz: Beten sei der falsche Ausdruck eines richtigen Bedürfnisses, die Welt zu verändern und dabei die eigene Individualität zu verobjektivieren. Vgl. Ludwig Feuerbach, Das Wesen des Christentums (1849), Kap. 13: Die Allmacht des Gemüts oder das Geheimnis des Gebets, Stuttgart 1994, 195–203.

5 Heiler, Gebet (s. Anm. 3), VIII.

6 Ebd., vgl. auch a. a. O., 16f.

schaft zu dienen.«[7] Heiler nimmt somit eine Vermittlungsposition ein: Als Theologe will er das Geheimnis des Betens ergründen, als Religionswissenschaftler das Spektrum aller Religionen erfassen. Er erwähnt mögliche Zugänge durch Religionspsychologie, Empirie, Philosophie, beschränkt sich aber auf die Klassifizierung der *kulturellen* Zeugnisse, bleibt also im historischen Bereich. Er meidet sowohl die metaphysische Behandlung des Themas, weil das »immer mehr oder weniger subjektiven Charakter«[8] habe, als auch eine kausalpsychologische Erforschung, weil dann der »lebendige Eindruck von der irrationalen Eigenart des Gebets [...] verwischt würde.«[9] Alles empirische, historische und psychologische Forschen mündet laut Heiler in einer philosophischen Theorie des religiösen Bewusstseins und letztlich in der Frage, ob Beten eine Selbsttäuschung sei oder ob ihm ein Übernatürliches entspreche, das dann über eine »Sonderkausalität« auf die Beter einwirkt.[10]

1.2 Ursprüngliches Beten und Verfallsformen

Obwohl Heiler explizit keine Metaphysik des Gebets betreiben will[11] und obwohl er für sich in Anspruch nimmt, konfessionsunabhängig zu arbeiten, folgt er einem normativen Schema: Das Ursprüngliche ist das Bessere! Das »naive Beten des primitiven Menschen« – so der Titel des ersten Hauptkapitels – sei der »Widerhall echten Betens«.[12] »Das spontane, freie Bittgebet des naiven Menschen stellt den Prototyp alles Betens dar: es ist ein Nachhall jenes Urgebets, das einst – wir wissen nicht, wo und wann – von den Lippen des vorgeschichtlichen Menschen sich losriß und den Gebetsverkehr zwischen dem Menschen und der Gottheit eröffnete; es ist aber zugleich eine Antizipation jener grandiosen Gebetsschöpfungen, die sich auf den Gipfelpunkten des Erlebens der religiösen Genien vollzogen.«[13] Weil Gebet im Innersten aus der freien Ergebung des einzelnen Menschen an die Gottheit bestehe und weil Schriftkulturen diese Freiheit

7 A. a. O., IX.
8 A. a. O., 25.
9 A. a. O., 26. Obwohl das Werk im Untertitel »religionspsychologische Untersuchungen« trägt, kommen keine psychologisch-empirischen Methoden vor. »Psychologie« steht für Erleben, das aber nur von innen her, also mit-erlebend (am besten bei großen Persönlichkeiten) erfasst werden könne. Weil Heiler meist summarisch von Grunderlebnissen spricht (vgl. 255), verschwimmen diese Beschreibungen mit philosophischen Begriffen.
10 Vgl. a. a. O., 25.
11 Vgl. ebd.
12 A. a. O., 38.
13 Ebd.

durch vorformulierte Gebete einschränkten, muss man Heiler zufolge vor allem die sogenannten primitiven Kulturen[14] sichten. Darin steckt ein gehöriges Maß an europäischem Suprematismus, ist doch das Ideal des freien Hingabegebets ein Ausdruck protestantischer Frömmigkeit. Die Myriaden von Gebetsbeispielen sortiert Heiler zu einem breiten Spektrum an Formen: Klage, Frage, Bitte, Fürbitte, Opferspruch, Gruß, Überredung, Bedrohung und Beschimpfung der Gottheit. Trotz dieser Fülle hält er daran fest, dass die eigentliche Gebetslogik in der absichtslosen Hinwendung zu einer Gottheit bestehe, die Seelenruhe nach sich ziehe: »*Alles* naive Beten und Sichaussprechen erhöht damit die Lebenszuversicht dadurch, daß sich in ihm eine seelische Umwandlung, ein Übergang von der bangen Furcht und quälenden Sorge zur frohen, ruhigen Hoffnung vollzieht.«[15] Am Anfang stehe nicht das philosophische Grübeln und Staunen, sondern der einfache Hingabe-Ruf.[16] Die primitiven Religionen bildeten ihrerseits nur einen Nachhall der »Urreligion«, einer reinen Urform. Heiler vermutet, dass die Menschen früher sehr wohl zur höchsten Gottheit gebetet hätten, dass dies aber von diversen Ahnenkulten überwuchert worden sei. Damit stellt er sich in die Tradition der Urmonotheismus-Hypothese. Ursprünglich – so seine Geschichtsvermutung – habe es ein kindliches Vertrauen zu einem persönlichen Gott gegeben. Und nur, weil die Hochgötter durch die Bittreligiosität immer weiter zurück gedrängt worden sei, seien Formen der Fürbitte durch Zwischengötter notwendig geworden. Spätestens hier zeigen sich protestantische Ideale: Das sich seiner existentiellen Abhängigkeit bewusste Individuum richtet sich ergeben, aber auch getröstet an Gott. Ursprünglich sei frei und direkt gebetet worden, und erst im Laufe der Zeit sei es zur Erstarrung gekommen: Gebetformeln, starre Liturgien,

14 »Primitiv« wird zwar öfters mit der niederen Kulturstufe von »Wilden« in Verbindung gebracht, ist aber durchaus wertschätzend gemeint. »Primitiv« bezeichnet das unverstellte, reine Menschsein. Daher kann die von Heiler enthusiastisch beschriebene Hochkultur der Hellenen als »primitiv« bezeichnet werden. Vgl. a. a. O., 200, 250. Ganz ähnlich der Gebrauch von »naiv« als kindlich, ursprünglich, vgl. a. a. O., 17, 38.

15 A. a. O., 92. Vgl. auch 147 oder 150: »Das Gebet ist ursprünglich eine spontane Affektentladung, ein freies Ausschütten des Herzens. Im Laufe der Entwicklung wird es zu einer feststehenden Formel, die der Mensch affekt- und stimmungslos, herz- und gedankenlos rezipiert.«

16 Die ethnologischen Berichte, welche Heiler vorlegt, belegen mit überwältigender Mehrheit, dass kaum Gebete an die höheren Götter (Urväter, Urheber) gerichtet werden. Diese kommen zwar in den Mythen vor und dienen zur Welterklärung, seien aber für die alltäglichen Anliegen keine Adressaten. Die Ahnengeister und Lokalgötter sind näher als die Himmelsgötter, die zu entfernt und dem irdischen Treiben gegenüber zu indifferent seien.

seelenlose Rituale entstehen und münden schließlich in Zaubersprüchen und magischen Formeln.[17] Während Ethnologen seiner Zeit die Magie als ein Kennzeichen primitiver Kulturen sahen, wird sie bei Heiler als spätere Verfallsform eines heilen Anfangs interpretiert: »Wie das Opfer zur Zauberhandlung wurde, so sank der Hymnus aus einem Gebet zum Zauberspruch herab, der auch außerhalb des Kults zu allerlei magischen Praktiken benützt wurde.«[18]

In einem eigenen Kapitel fasst Heiler die Gebetskritik der Philosophen zusammen. Während der naive Mensch für sein Wohlergehen bete, unterzieht der reflektierte Fromme seine Gebetswünsche einer Kritik. »Der urwüchsige Eudämonismus, der alle Äußerungen primitiver Religion beseelt, wie der anthropomorphe Realismus, der die Gottesvorstellung des Primitiven beherrscht, fordern mit innerer Notwendigkeit die philosophische Kritik heraus.«[19] Von Heraklit bis zu Eduard von Hartmann ziehe sich eine Tradition, auf höhere Art zu beten: Nicht um das Angenehme dürfe es gehen, sondern um das sittlich Wertvolle; nicht um Bedürfnisbefriedigung, sondern um Schicksalsergebenheit; nicht um Wohlergehen, sondern um Erkenntnis; nicht um die Überredung der Gottheit, sondern die sittliche Besserung der Betenden selbst. Allerdings habe sich damit ein Virus in das Gebetsleben gefressen, der nicht mehr zu stoppen sei. Wer einmal das naive Verhältnis ›bedürftiger Beter – gewährender Gott‹ aufgegeben habe, der zersetze das Gebet unweigerlich.[20] Zunächst wird – wie in der Stoa – das Gebet zur Bitte um Bedürfnislosigkeit, in der Moderne wird es akzeptiert als hilfreiche Fiktion zur Stärkung der Sittlichkeit, schließlich verdünnt es sich in eine abstrakte Betrachtung der Rätselhaftigkeit des Seins. Die Entwicklung vom Bittgebet zur Kontemplation wird von Heiler nicht als Höherstufung, sondern als Erkalten und Absterben gelesen. »Das rationale philosophische Denken bedeutet die Zersetzung und Auflösung des Gebets.«[21]

1.3 Die Unzugänglichkeit des Phänomens

Heilers monumentale Studie steht ganz auf der Schwelle zwischen der Fremdbeschreibung des Gebets und der teilnehmenden Beobachtung. Daher changiert sie zwischen dem Wissenschaftsideal, die Vielfalt von Ge-

17 A. a. O., 156.
18 A. a. O., 182.
19 A. a. O., 202.
20 A. a. O., 218.
21 A. a. O., 217.

betsäußerungen zu sichten, und dem theologischen Interesse, das »Wesen des Betens« zu finden und zu bewahren. Aus der Sicht der Religionswissenschaft ist Beten irrational. »Die harte Irrationalität der Religion offenbart sich nirgends so überwältigend wie im Gebet.«[22] Wer soll sich auch der Obhut einer Autorität anvertrauen, deren Autorität ja gerade darin besteht, unabhängig von irdischen Einflüssen zu sein? Aber aus der Sicht der Theologie ist das Beten der Kern aller Religion. »Beten heißt mit Gott reden und verkehren.«[23] Das ist nach 500 Seiten und 2.700 Belegen eine bemerkenswert banale Wesensbestimmung und schließt Formen wie die liturgischen Formulare, alles rituelle Beten, die individuellen Pflichtgebete, die kultischen Hymnen aus. Diese seien erstarrt, nachahmend, unfrei und daher nur Sekundärphänomene. Es bleibt allein die intime, persönliche Beziehung zu einem persönlichen Gott. Gebet findet dort statt, wo erstens der Mensch an einen lebendigen Gott glaubt, zweitens dieser Gott für real präsent gehalten wird und drittens mit diesem Gott kommuniziert wird.[24]

Wie lässt sich diese Regression der Datenfülle in ein simples ›Einzelner-Mensch-redet-mit-seinem-Gott-Modell‹ erklären? Dahinter steht Heilers konfessionelle Gesinnungsfestigkeit: Die Wesensbeschreibung von Gebet als Gespräch hat er nicht nach langer Suche aus dem Material der Menschheitsgebete gewonnen, sondern bereits zu Anfang der Studie eingespeist.[25] Alle Berichte, die er verarbeitet, werden nach einem normativen Modell evaluiert: Das Ältere ist besser als das Spätere, das Individuelle ist besser als das Kollektive. Das Wesen des Gebets ergibt sich also nicht als Resultat, sondern bildet eine durch und durch deduktive Kategorie. Im Hintergrund schwebt das Ideal der Individualfrömmigkeit des einzelnen und seinem Gott im trauten Gespräch.

Das erklärt noch nicht, weshalb Heiler an diesem Modell festhält, obwohl er die Rationalität auf Seiten der Gebetskritiker sieht. »Weil der in den Vorurteilen einer rationalistischen Philosophie befangene neuzeitliche Mensch sich sträubt gegen den urwüchsigen Realismus des naiven Betens, ist er geneigt, in vager Andachtsstimmung und in ästhetischer Kontemplation das Wesen und Ideal alles Betens zu erblicken. Aber einem in die Tiefe dringenden psychologischen Studium enthüllt sich das Wesen des

22 A. a. O., 494.
23 Ebd.
24 Vgl. a. a. O., 489 f.
25 Bereits vorab degradiert Heiler ritualisierte und formalisierte Gebete zu vagem Nachhall des echten Betens: »Aber das alles sind nicht echte, spontane Gebete, wie sie aus der tiefsten Not und der innigsten Sehnsucht eines Menschenherzens hervorbrechen.« A. a. O., 27.

Gebets mit unzweideutiger Klarheit: *Beten heißt mit Gott reden und verkehren ...*«[26] Hier bricht sich der Irrationalismus der Jahrhundertwende Bahn, der als Lebensphilosophie oder als philosophische Anthropologie der vitalen Intuition den Vorzug vor dem kalten Intellekt einräumte. Zu Heilers Zeit herrschte das Vertrauen, dass sich das wahre Echte von selbst zeige, wenn der Mensch sich nicht vom rechnenden Verstand verformen ließe.[27] Reflexion zerstört das Beten.

Weil Beten ein vorreflexives Weltverhältnis ist, kann man sich ihm nur mit vorreflexiven Kategorien nähern. Das heißt in der damaligen Logik, dass man hinter die Phänomene blicken muss.[28] Zwar bietet »Das Gebet« eine hochdifferenzierte Untersuchung der Frömmigkeitsformen aller damals zugänglichen Religionen, aber mit dem Vorbehalt, dass sie ihren eigentlichen Gegenstand nie erreichen wird. Die ›Phänomene‹ lassen sich sortieren, dem ›Wesen‹ kommt man nur asymptotisch nahe, weil es nicht aus der Abstraktion des Vorfindlichen formuliert, sondern nur in der Teilnahme am Spontanen mitvollzogen werden kann. Sozialwissenschaftlich gesprochen: Forscher dürfen nicht mit reflexiver, sondern müssen mit teilnehmender Beobachtung arbeiten. Dennoch kommt Heiler nie in den Sinn, Feldforschung unter Betenden zu betreiben, um diese Spontaneität einzufangen. Dahinter steht nicht nur die epistemologische Vorsicht, die er mit der gesamten Lebensphilosophie teilt, dass man etwas Lebendiges, wie es das Beten ist, durch berechnendes Erforschen abtötet (Analogie war damals die Vivisektion), sondern auch eine religiöse Scheu, das intime Gottesgespräch – aus dem das Gebet seiner Meinung nach besteht – nicht erfassen kann. Wissenschaft achtet sozusagen die Vor-Rationalität[29] des Betens.

26 A. a. O., 494.

27 Die Verbindung zeigt sich deutlich in diesem Zitat: Echte Religiosität führe zur »Erhebung und Kräftigung des Lebensgefühls«. A. a. O., 255. Gerade darin sieht er den Vorzug der prophetischen vor der mystischen Religion. Vgl. auch 489.

28 Heiler gehört philosophisch ganz in den Kantianismus. Das Gebet bleibt der theoretischen Vernunft wie ein Ding an sich kategorial entzogen, auch wenn es transzendental vorausgesetzt werden muss. Dass sein Ansatz zur Religionsphänomenologie gerechnet wird, heißt nicht, dass er Phänomenologie im Sinne Husserls betreibt. Dazu müssten die Formen des Betens direkter Ausdruck und nicht nur subjektiver Widerhall des »Phänomens Gebet« sein. Im Husserlschen Sinn zeigen sich die Phänomene, wie sie sind. Man muss ihre Erscheinungen nur in rechter Weise reduzieren.

29 Programmatisch durchgeführt durch den damals bekanntesten europäischen Philosophen Henri Bergson. Er proklamierte eine Einfühlung in lebendige Vorgänge wie das Beten durch intuitives Mitvollziehen, nicht durch intellektuelle Analyse. Vgl. Henri Bergson, Introduction à la métaphysique, (1903), Paris 2011.

Warum soll Beten letztlich nicht empirisch zugänglich sein? Weil stets vorausgesetzt bleibt, dass das Gebet ein Phänomen *sui generis* und nicht ein Aspekt eines anderen (soziologischen oder psychologischen) Zusammenhangs ist. Eine reduzierende Erklärung, dass es sich bei diesen Phänomenen um die Bewältigung sozialer oder individueller Bedürfnisse handelt, kommt kurz in den Blick, wenn Heiler »psychische Motive«[30] der Betenden aufführt, wird aber sogleich zugunsten einer emischen Sichtweise in den Hintergrund gestellt: »Das Streben nach Befestigung, Stärkung und Steigerung des eigenen Lebens ist das Motiv alles Betens. Aber die Aufdeckung der tiefsten Wurzel des Gebets enthüllt uns nicht das eigentliche Wesen desselben. Um dieses zu ergründen, dürfen wir nicht nach dem psychologischen Motiv des Betens fragen, wir müssen vielmehr die Glaubensmeinungen des naiven Beters klären, seine innere Haltung und geistige Zielung erfassen, die ideellen Voraussetzungen begreifen, die dem Gebet als seelischem Erlebnis zugrundeliegen.«[31] Wenn Soziologie und Psychologie ausgeschlossen sind, bleibt nur die Privattheologie der Betenden als letzter Bestimmungsgrund.

Heilers Studie kann als ein erster groß angelegter Ausflug der Theologie in die Kulturwissenschaft gesehen werden, der aber wieder in der Theologie ankommt: Der Mensch spricht mit Gott im Gebet, da Gott mit ihm spricht. Weil das wahre Beten individuell und spontan ist, Gebete aber immer nur in Selbst- oder Fremdzeugnissen vorliegen, kann der Religionswissenschaftler von außen nie zum wahren Gegenstand gelangen.

2 Die Überprüfung von Gebetswirkungen – medizinische Studien

Auf der entgegengesetzten Seite der wissenschaftlichen Ehrfurcht vor dem Thema ›Gebet‹ stehen die medizinischen Gebetstudien. Sie behandeln diese religiöse Praxis wie jede andere menschliche Äußerung. Sie erforschen nur *den* Anteil des Betens, der sich als empirischer Gegenstand modellieren lässt: die Wirkungen. Wie kommt es zu dieser Einschränkung?

[30] Heiler, Gebet (s. Anm. 3), 490. Auch wenn es an dieser Stelle nahe läge, bringt Heiler das theologische Argument gegen Funktionalisierung (Beten wirkt nur dann, wenn es absichtslos geschieht) nicht ins Spiel.

[31] A. a. O., 498.

2.1 Eingrenzung des Gegenstands

Die bekannten Formen des Gebets lassen sich gut auf expressive, propositionale und instrumentelle Sprechakte verteilen: Danken und Klagen sind *expressive* Akte, da sie glücklichen oder unglücklichen Zuständen Ausdruck geben. Es ließe sich empirisch erforschen, welche sozialen Umstände einen Menschen zu religiösem Dank und zu religiöser Klage bringen, allerdings ist von außen nicht zu unterscheiden, warum Menschen nicht mit nicht-religiösem Dank und nicht-religiöser Klage reagieren. Loben und Preisen sind *propositionale* Akte, insofern sie Aussagen über Gottes Wesen und Eigenschaften bestätigen, entfalten, wiederholen. Hier ließe sich empirisch erforschen, welche Attribute verwendet und welche vermieden werden. Aber auch hier gilt: Ein religiöser Lobhymnus bleibt als Sprechakt von profanen Hymnen ununterscheidbar; nur der Adressat hat gewechselt. Anders das Bittgebet, das als *instrumenteller* Akt darauf abzielt, etwas zu erreichen. Je nach Reichweite des Ziels ist zwischen unbestimmten Bitten (zum Beispiel für das Heil der Welt in unbestimmter Zukunft oder Bewahrung vor einem unbekannten Übel) und Bitten um eine bestimmte Gabe zu unterscheiden. Während erstere unüberprüfbar bleiben, da sie in der Zukunft oder im Bereich des Wahrscheinlichen liegen, eignen sich bestimmte Bittgebete vorzüglich für empirische Erforschung.

Solche Bittgebete bilden den größten Teil im Bereich der Volksfrömmigkeit (Wallfahrtswesen, Gelübde, Kerzenspenden) und bei fast allen Religionen. Auf der Ebene dieser ›Anliegenreligiosität‹ bestehen Überschneidungen und Quermigrationen zwischen Religionen, selbst dort, wo deren Hochtheologien sich gegenseitig ausschließen. Gerade Hochtheologien haben versucht, diesen Bereich auf Abstand zu halten. Das antike Christentum gegenüber den Opfern, der spätantike Katholizismus gegenüber dem Pelagianismus, der Protestantismus gegenüber katholischer Werksgerechtigkeit, die Reformierten gegenüber lutherischer Realpräsenz. Die Abwertung instrumentellen Betens hat sich sogar in der Religionswissenschaft fortgesetzt, welche bis Mitte des 20. Jahrhunderts Religion klar von der Magie trennen zu können glaubte. Das Argument war dasselbe wie in der Theologie: »Gotteszwang«[32] – Manipulation der Gottheit für eigene Zwecke.

32 Dieser Begriff wurde geprägt durch Max Weber, Wirtschaft und Gesellschaft. Grundriß der verstehenden Soziologie (1921), Tübingen 1980, 257. In Webers Skizze der Religionsentstehung taucht das Gebet erst spät auf. Bei ihm steht am Anfang die Verbindung des Zauberers mit der Geisterwelt mittels Ekstase und Orgie. Erst nachdem die Geister mit »Kontinuierlichkeit« (A. a. O., 250) ausgestattet

Ein Grund für die Minderschätzung dieses Bereichs ist vor allem das in der europäischen Kultur vorherrschende christliche Gottesbild, wonach es der Souveränität Gottes Abbruch täte, wenn er erwartbare Resultate liefern würde. Ein zweiter Grund ist die Frustrationsanfälligkeit von Bittgebeten. Wer für etwas *Bestimmtes* betet, muss damit zurechtkommen, wenn es nicht eintritt. Das ist besonders dann der Fall, wenn das Erbetene kein interpretierbarer Zustand (Gebet um Zuversicht oder um Bedürfnislosigkeit) und meist noch religiös erwünschter Zustand (Gebet um Gottvertrauen), sondern ein allgemein beobachtbares Faktum ist (Gebet um Rettung aus einer Gefahr). Hier öffnet sich das weite Feld von Mikrobitten um kleinste Gunsterweise, welche in den ›Mainstream-Konfessionen‹ entweder nicht mehr geübt oder toleriert werden. Das Gebet um einen Parkplatz ist im Katholizismus verpönt, in den Büchern von Engelsbegegnungen eine übliche Praxis.[33] Das Gebet um mehr Geld kommt heute zuhauf in den Kirchen des *prosperity gospel* vor, die von den ›Mainstream-Konfessionen‹ theologisch verachtet werden.[34] Ein dritter Grund für die intellektuelle Verachtung des bestimmten Bittgebets ist seine Beobachtbarkeit, da es nicht im *forum internum* verbleibt. Die Anliegen sind nachvollziehbar, ihre Erfüllungen überprüfbar. Wer empirische Wirkungen behauptet, setzt sich empirischer Erforschung aus. Das ist erstmals im 19. Jahrhundert durch Darwins Cousin Francis Galton erfolgt, der vorrechnete, dass die Mitglieder der königlichen Familie nicht länger lebten als andere Personen der Öffentlichkeit, obwohl die anglikanische Bevölkerung in unzähligen Gottesdiensten für das Wohl der Royals betete.[35]

und zu Göttern geworden sind und nachdem die Zauberer ein Instrumentarium von handhabbaren Symbolen entwickelt haben, erweitert sich die gegenseitige Beeinflussung zu einer rationalen Austauschbeziehung. Sie erfolgt als eine Art einvernehmlicher Kommunikation mittels Opfer und Gebete. Weil aber »das eigentliche individuelle Gebet, als ›Bitte‹« stets mit den Zauberformeln vermischt bleibt, seien Religion und Magie bzw. Gottesdienst und Gotteszwang nie sauber zu trennen. Vgl. a. a. O., 259.

33 Aus der Fülle der Engelliteratur vgl. nur Sabrina Fox, Wie Engel uns lieben. Wahre Begebenheiten mit Schutzengeln, München 2000, 95–105; Michael Howard, Finde deinen Schutzengel, München 1997, 55–66.

34 Hier kommt es zu eigenartigen Amalgamen: Freie Prediger sprechen »prayer for results« für finanziellen, in den Gottesdiensten genau bezifferten Erfolg. Erlösung wird ganz im griechischen Wortsinne als »Schuldentilgung« verstanden und für das eigene Konto erbeten. Zudem vertreiben sie Heilwasser wie das »Miracle Spring Water« (Wasserampullen, über die gebetet wurde), welches Sorgen und Krankheit vertreiben könne. Vgl. die mit eigenen TV-Kanal vertretenen Peter Popoff Ministries (http://peterpopoff.org). Es fehlt nie der Hinweis, dass dies nichts mit katholischer Magie zu tun habe.

2.2 Die STEP-Studie

Aber erst im 20. Jahrhundert gibt es methodisch ernst zu nehmende Versuche, die Wirkungen von Fürbittgebeten zu belegen. Der bekannteste ist die »Study of Therapeutic Effects of Intercessory Prayer« für Patienten und Patientinnen von Bypass-Operationen. Sie wandte das gesamte Instrumentarium – randomisiert, doppelblind, prospektiv, placebo-kontrolliert und ortsverteilt – der medizinischen Wirkungsforschung an.[36] 1.802 Patienten in sechs Krankenhäusern wurden nach einem Zufallsalgorithmus in drei Gruppen eingeteilt: Gruppe 1 waren Patienten, für die gebetet wurde und die dies nicht wussten (»prayer but uncertain«). Gruppe 2 waren Patienten, für die nicht gebetet wurde und die dies nicht wussten (»no prayer but uncertain«). Gruppe 3 waren Patienten, für die gebetet wurde und die dies wussten (»prayer and certain«).

Der Vergleich von Gruppe 1 und 2 sollte zeigen, welchen Effekt das Gebet hat, der Vergleich von Gruppe 1 und 3, welchen Effekt das Wissen hat. Drei christliche Gemeinden – eine im selben Bundesstaat, zwei in weit entfernten Bundesstaaten – sprachen Fürbittgebete für die Patienten aus Gruppe 1 und 3, von denen nur die Vornamen und der Anfangsbuchstabe des Familiennamens mitgeteilt wurden.[37] Die Gläubigen sollten für das Gelingen der Operation und für schnelle, möglichst komplikationslose Genesung ihres speziell zugewiesenen Patienten beten.[38]

35 Vgl. Francis Galton, Statistical Inquiries into the Efficacy of Prayer, in: Fortnightly Review 12 (1872), 125–135.

36 Vgl. Herbert Benson, et al., Study of Therapeutic Effects of Intercessory Prayer (STEP) in Cardiac Bypass Patients: A multicenter randomized trial of uncertainty and certainty of receiving intercessory prayer, in: American Heart Journal 151/4 (2006), 934–942.

37 Gegen vorschnelle Kritik an diesem Anonymisierungsverfahren: In vielen christlichen Gemeinden wird für persönlich nicht Bekannte (Neugetaufte, Firmlinge, Kranke, Verstorbene) gebetet. In katholischen Gemeinden gibt es die Praxis, Messen für eine Person auch in weit entfernten Missionsgemeinden lesen zu lassen.

38 Die Studie ist auch von Kritikern für ihre methodologische Sauberkeit gelobt worden. Meines Erachtens wären zwei weitere Kontrollgruppen hilfreich gewesen: Erstens müsste es einen Placebo-Test mit Bezug auf das Gebet selbst geben, also Fürbitten mit gezielt wirkungslosen Formeln. Darauf werden wir gleich zurückkommen. Zweitens fehlte eine dreifach-verblindete Gruppe: Von allen Patienten musste der *informed consent* eingeholt werden, d.h. ihnen wurde die Studie vorgestellt und sie erklärten sich aktiv zur Teilnahme bereit. Allein das Wissen, möglicherweise sich in der Gruppe zu befinden, für die gebetet wurde, könnte die Ergebnisse beeinflussen. Daher wäre eine Gruppe 4 notwendig: Patienten und Patientinnen, für die gebetet wird und die nicht wissen, dass sie Teil einer Untersuchung sind.

Das Ergebnis von STEP war: Gruppe 1 und Gruppe 2 wiesen keine Unterschiede[39] auf, d. h. Fürbittgebet hat unter doppelt verblindeten Bedingungen keinen Effekt. Die Überraschung war: Gruppe 3 wies mehr Komplikationen auf als Gruppe 1,[40] d. h. denjenigen, die wussten, dass für sie gebetet wurde, ging es schlechter als denjenigen, die nicht wussten, dass für sie gebetet wurde. Kurz: Das Wissen, Gegenstand eines Heilungsgebets zu sein, korreliert mit verminderter Heilung!

Danach entbrannte die Debatte: Die Autoren der Studien vermuteten ein Zufallsresultat. Diese Deutung ist von Kollegen und Kolleginnen jedoch scharf kritisiert worden: Wie können signifikante Abweichungen in einer derart sauberen Studie als Zufall abgetan werden?[41] Eher ist mit einem Stresseffekt zu rechnen: Wer vor einer Operation gesagt bekommt, dass im Rahmen einer klinischen Studie für ihn gebetet werde, könnte dies als schlechte Prognose empfinden: Ist es schon so schlimm, dass man für mich beten muss?[42] Diese Deutung rechnet nur mit psychologischen Einflüssen. Wer aber von der Wirksamkeit von Gebeten ausgeht und wer das Forschungsdesign akzeptiert, könnte das Ergebnis mit folgenden *theologischen* Überlegungen erklären:

- Im westlichen Kulturkreis gehen Menschen davon aus, dass Gebete entweder einen guten oder keinen Effekt haben. Aber das ist ein christliches Vorurteil. Es gibt Religionen, in denen Verwünschungen und Flüche selbstverständlich zum Gebetsleben gehören. Wissenschaftlich darf der Effekt, dass Gebete schaden können, so wenig ausgeschlossen werden wie die Möglichkeit, dass der christliche Gott Gebete erhört.
- Da die Patienten zufällig verteilt wurden, muss auch eine Gleichverteilung der Sünder vorliegen. Es kann also ausgeschlossen werden, dass Gott die Patienten in Gruppe 3 extra bestraft für ihr Anliegen, trotz begangener Sünden nun für sich beten zu lassen.

39 »Unterschiede« beziehen sich auf Komplikationen direkt nach der OP und den 30 darauffolgenden Tagen. Die OPs waren nach einem bestimmten Raster in allen drei Gruppen gleich kompliziert verlaufen.

40 In Gruppe 3 erlitten 58,6 % Komplikationen, in Gruppe 1 nur 52,2 %. »Patients in group 3 were consistently more likely to have a complication than those in group 1 across the planned subgroup analyses«. Benson, STEP (s. Anm. 36), 940. Das war umso überraschender, weil die Forscher 30 % für Gruppe 3 und 40 % für Gruppe 1 erwartet hatten.

41 Vgl. Mitchel W. Krucoff / Suzanne W. Crater / Kerry L. Lee, From efficacy to safety concerns: A STEP forward or a step back for clinical research and intercessory prayer?, in: American Heart Journal 151/4 (2006), 762–764.

42 Dann läge ein Nocebo-Effekt vor, bei dem das Bewusstsein von Beeinträchtigung Beeinträchtigungen bewirkt (z. B. Kopfschmerzen unter Hochspannungsleitungen, auch wenn diese abgeschaltet sind).

- Man konnte nicht ausschließen, dass für einige Patienten anderweitig gebetet wird.[43] Wenn Beten einen Unterschied macht, müsste dies das Messergebnis verfälschen (vor allem, wenn für Patienten aus Gruppe 2 gebetet wird). Man kann einwenden, Gottes Antwort hänge nicht von der zahlenmäßigen Menge der Gebete ab, weil bereits *ein* starkes Gebet vor Gott oder das Gebet des Sohnes an Gottvater alle übrigen Gebete einschlössen. Dann aber wäre das gewöhnliche Gebet nur Ausdruck von Betern und nicht Beitrag zu einer Wirkung.
- Bei den Betern handelte es sich um protestantische Christinnen und Christen. Vielleicht hat Gott deren Gebete nicht erhört, da sie ein defizitäres Verständnis von Fürbitte haben.
- In einer konsequent objektivierten Sicht auf die Studie müsste auch die Möglichkeit in Betracht gezogen werden, dass ein fremder Gott die christlichen Heilungsgebete als Beleidigung empfindet und sie in ihr Gegenteil verkehrt.[44] Hier rächt es sich, dass es keine Kontrollgruppe 3b gibt mit Patienten, für die mit gezielt unwirksamen Gebeten gebetet wird (z.B. zu einem erfundenen Gott oder mit Leerformeln) und die wissen, dass für sie gebetet wird, nicht aber dass es unwirksame Gebete sind. Nur so könnte man überprüfen, ob das Gebet oder das Wissen die Verschlechterung bewirkt.

Man kann solche Studien nicht mit dem üblichen Hinweis abtun, dass jede Statistik tendenziös sei, und dass andere Studien einen positiven oder keinen Effekt gemessen hätten.[45] STEP wurde nach *allen* Regeln der Kunst

43 Die Autoren der Studie wollten aus ethischen Gründen den Angehörigen der Patienten nicht das Beten verbieten, obwohl dies die Ergebnisse verfälschen könnte. Vgl. die Kritik aus einer anderen Studie Randolph C. Byrd, Positive Therapeutic Effects of Intercessory Prayer in Coronary Care Unit Population, in: Southern Medical Journal 81 (1988) No. 7, 826–829. Diese Untersuchung stellte sogar sicher, dass die Betenden entschiedene ›*born-again*‹ Christen waren, die aktiv in einer Lokalgemeinde engagiert und im täglichen Gebet geübt waren.

44 Dem könnte die Mantra-Studie (2.242 Patienten!) entgegenhalten, dass sie nicht nur Christen, sondern auch Muslime, Juden und Buddhisten beten ließ und damit der ›richtige‹ Gott dabei sein müsste. Vgl. Mitchell W. Krucoff, et al., Integrative noetic therapies as adjuncts to percutaneous intervention during unstable coronary syndromes: Monitoring and Actualization of Noetic Training (MANTRA) feasibility pilot, in: American Heart Journal 142 (2001), 760–769.

45 Die Byrd-Studie 1988 (s. Anm. 42) beobachtete ca. 400 Herzpatienten während der 10 Monate nach ihrem Klinikaufenthalt. Bei der Gruppe, für die während des Klinikaufenthaltes gebetet worden war, traten bei 14 % der Patienten schlimme Komplikationen auf, bei der Gruppe ohne Gebet waren es 22 %. Das ist bisher der einzige positive Nachweis aus einer wissenschaftlichen Gebetswirkungsstudie. Dagegen: Eine Studie von 1965 an 36 Patienten maß keine Wirkung von Fürbitt-

durchgeführt. Insgesamt muss man also akzeptieren, dass es keinen methodischen Nachweis für die Wirkung von Fürbittgebeten gibt.[46]

2.3 *Theologische Kritikversuche*

Eventuell rollen Theologen und Theologinnen mit den Augen, wie man so naiv sein könne, solche Forschungen zu betreiben. Das Problem der ausbleibenden Gebetserhörung sei spätestens mit dem Buch Hiob und mit der Verschonungsbitte Jesu vor seiner Passion gestellt und beantwortet: Gott schone den Beter nicht und ein gutes Gebet erwarte auch nicht die Erfüllung, sondern unterwirft sich dem höheren Willen Gottes, der das Beste für den Beter bereiten wird. Beten wird dann zum Ausdruck des Vertrauens zum Aufbau von Entschiedenheit.[47] Das alles bezieht sich aber auf die Rückwirkung des Betens auf die Beter, nicht auf die Wirkung des Betens auf andere, wie hier im Fürbittgebet. Ich möchte im Folgenden die Diskussion führen, die meist verweigert wird. Welche theologischen Argumente bleiben, wenn man sich auf die Auseinandersetzung mit Gebetsexperimenten einlässt, um die Wirkung des Fürbittgebets zu retten?

gebeten. Vgl. C. Joyce / R. Welldon, The Efficacy of Prayer: A double blind clinical trial, in: Journal of Chronic Diseases 18 (1965), 367–377.
Ebenso konnte die aufwändige MANTRA II Studie (Vergleich von Gebet, Musik/Handauflegungs-Therapie und Normalbehandlung) bei 371 Herzpatienten keine messbare Verbesserung nachweisen.

46 Freilich ist die Religionsgeschichte voll mit Wundergeschichten von Gebetserhörungen, und freilich beruht das katholische Heiligsprechungsverfahren auf dem Beleg einer Gebetserhörung, die durch die Fürbitte eines Verstorbenen zustande kam (vgl. kritisch, aber gut informiert Kenneth L. Woodward, Die Helfer Gottes. Wie die katholische Kirche ihre Heiligen macht, Gütersloh 1991). Aber der Verweis auf Einzelfälle ist kein Beweis für einen Zusammenhang. Erhörungen können auch als Singularitäten gedacht werden, die wie ein Kometeneinschlag eintreffen; dann jedoch können sie nicht als Beweis für Erhörungen *eines Gebets*, sondern allenfalls für freie Interventionen Gottes dienen. Gott hätte diese Wohltat auch ohne Bitte gegeben.
Sollen Einzelfälle Aussagekraft haben, müssen sie in einen wenigstens ansatzweise erwartbaren Zusammenhang gestellt werden: Heiligsprechungen sind sozusagen Angaben zur Erfolgswahrscheinlichkeit. Der Verweis auf Einzelfälle erfolgt ja immer im Plural. Gott erweist seine Wunderkraft immer wieder, nur eben unvorhersehbar. Ein isolierter Einzelfall wäre gar nicht als Gottes Intervention ausweisbar, er muss – wie die Auferstehung auch – prophetisch angekündigt sein, sonst könnte ihn niemand glauben. Es sei denn, der Glaube ist eine je und je gnadenhaft erweckte Ergriffenheit, die dann aber nicht weiter kommuniziert werden könnte.

47 Vgl. Johann Ev. Hafner, Entschiedenheit. Gebet als Beitrag der Religion zur Frustrationsabsorption, in: Rupert M. Scheule (Hrsg.), Ethik der Entscheidung. Entscheidungshilfen im interdisziplinären Diskurs, Regensburg 2009, 171–190.

- *Gott lässt sich nicht zwingen.* Weil eine Studie zu direkten Gebetswirkungen kein angemessenes Gebetsmotiv sein kann, verweigert er die Erhörung.[48] Diesen Vorwurf hat eine weitere Studie berücksichtigt und folgendes raffiniertes Design angewendet. Bei einem Teil der Patienten wurde in doppelter Weise gebetet: Eine Gruppe betete um die Heilung der Patienten, eine zweite Gruppe betete parallel für die Beter.[49] Allerdings machte das Hinzuschalten von absichtslosem Gebet der zweiten Gruppe keinen Unterschied. Zudem spricht gegen das Argument der Nichtmanipulierbarkeit Gottes, dass die Bibel eine ganze Reihe von Geschichten erzählt, in denen Gott sich wegen der Hartnäckigkeit der Bittenden Wohltaten abringen lässt.[50]
- *Gott widerspräche sich selbst.* Dieses Argument taucht in mehrfacher Version auf: Gott würde den eigentlichen Beweis seiner Macht, nämlich die Auferstehung Christi, entwerten, wenn er sich experimentell nachweisen ließe; Gott würde uns Menschen ablenken vom vielfältigen Wunder seiner Schöpfung; Gott würde den Betern die Zumutung des Glaubens nehmen, wenn er beliebig wiederholbare Evidenz böte. Aber dieses Argument wird nur dann in Anschlag gebracht, wenn die Erhörung ausbleibt. Tritt diese ein, indem Gott einem bestimmten Menschen durch ein Wunder die Gewissheit seiner Existenz gibt, dann wird der Selbstwiderspruch Gottes in Kauf genommen.
- *Gott antwortet auf Gebete anders*, als sie die Beter intendieren. Die Früchte des Gebets kommen zu einem anderen Zeitpunkt, in einer anderen Person oder auf andere Weise zustande. Nur er weiß, was für den Beter bzw. für den Adressat der Fürbitte das Beste ist. Eventuell macht das Durchleiden der Krankheit ihn geduldiger, hoffnungsfroher, liebender. Umgekehrt: Eventuell würde die erbetene Heilung den Patienten in sein altes Leben zurückfallen lassen, anstatt ihm neue Horizonte zu öffnen. Dieses Argument schenkt dem Beter die Frustrationstoleranz, dass alles, was sich nach seinem Gebet ereignet, zu seinem Besten ist, auch

48 Richard Swinburne kritisierte die Studie in diesem Sinne, allerdings kann sein Argument nur die Nichtwirksamkeit dieser Gebete erklären, nicht jedoch die Verschlechterung. Vgl. Richard Swinburne, in: Science and Theology News, 7.4.2006, zit. in: Richard Dawkins, Der Gotteswahn, Berlin 2007, 92.

49 »Previous reports and observations have suggested that prayers not seeking specific ends have more profound effect […]« Mitchell W. Krucoff, et al., Music, imagery, touch, and prayer as adjuncts to interventional cardiac care: The Monitoring and Actualisation of Noetic Trainings (MANTRA) II randomised study, in: The Lancet 366 (2005), 211–217, 216.

50 Vgl. die klassischen Stellen zur *perseverantia*: Gen 18, 22–33 (Abrahams Verhandlung mit Gott); Lk 11, 5–9 (Gleichnis vom bittenden Freund); Lk 18, 1–8 (Gleichnis von der lästigen Witwe).

wenn es sich kontraintentional anfühlt. Mit diesem Argument entzieht man das Gebet der experimentellen Überprüfbarkeit, jedoch wird damit das bestimmte Bittgebet obsolet: Wenn Gott seine Wohltaten ganz, anders oder viel später oder einem Angehörigen oder der Kirche als ganzer oder der Welt als ganzer oder erst in der kommenden Welt zukommen lassen kann, dann zerreißt der Zusammenhang von Gebet und Erhörung. Die Antwort wird immer weniger zurechenbar, die Rede von Er-*hörung* verliert ihren Sinn.

Liegt es da nicht nahe, dass bestimmte Fürbittgebet aufzugeben? Ist das nicht eine Restmagie, die spätestens seit Cherburys Deismus noch als Volksfrömmigkeit belassen, aber ihre theologische Rationalität verloren hat? Die Aufgabe des Fürbittgebets kann aber eine kaskadenartige Konsequenz nach sich ziehen:

- Wer das bestimmte Bittgebet aufgibt, gibt damit auch das allgemeine Bittgebet auf: Selbst wenn man sich auf ein allgemeines Wirken Gottes in der Welt beschränkt, lässt es sich doch nur so denken, dass Gott auf vielerlei Weise, universal, verteilt, untergründig auf die Welt einwirkt, dies aber stets als *bestimmte* Einwirkung gedacht werden muss: Dabei ist es egal, ob Gottes Einwirken als bestimmbar inneres (Festigung des Willens, Stärkung der Hoffnung) oder bestimmbar äußeres (als Besserung der Bedingungen, als Linderung der Beschwerden) verstanden wird.
- Wer aber das allgemeine Bitten aufgibt, der gibt auch das bestimmte Danken auf. Denn warum sollten Menschen Dank sagen, wenn sie es nicht als Zuwendung *Gottes* zurechnen können? Wer das bestimmte Danken aufgibt, dem bleibt nur das unbestimmte Danken, zum Beispiel für die Gabe der Schöpfung, dass überhaupt etwas ist und nicht vielmehr nichts.
- Letztlich bliebe nur der Lobpreis, der unabhängig vom menschlichen Ergehen dargebracht wird. Der Beter preist Gott nicht für etwas oder eine seiner Eigenschaften (erwiesene Güte), sondern dass Gott Gott ist. Es ist gut, dass es dich gibt! Weil es gerade in der Kontrafaktizität besteht, wird dieses Gebet auch von denjenigen gefordert, denen Schlimmstes widerfährt.[51]

[51] Das extremste mir bekannte Beispiel ist der sufische Mystiker Farid ad-Din Attar (ca. 1145 – ca. 1212). In seiner Lyrik stellt er den gefallenen Teufel als Vorbild heraus, weil dieser trotz der totalen Zurückweisung durch Allah an Allah festhält. Der Teufel/Iblis ist den sufischen Mystikern nicht der Täter, sondern das Opfer des Engelfalls (der ja gerade dem Gehorsamstest widerstand, Adam statt Allah zu verehren!) und damit das am meisten leidende und gottverfluchte Geschöpf. Zugleich ist er der unbeirrt Allah Liebende. Vgl. Das Buch des Leidens ›Mosibatnameh‹,

– Wenn der letzte Faden von Kommunikation zerrissen ist, zerreißt auch das Band der *analogia entis*. Was können Existenzaussagen (›Gott, es ist gut, dass es dich gibt‹) noch aussagen, wenn Gott immer weiter ins Transzendente entgleitet? Wozu ihn noch in der Grammatik der menschlichen Sprache fassen?
– Gibt man auch das auf, bleibt nur noch die Invokation seiner Gegenwart durch Wiederholung seines Namens im Jesus-Gebet oder die Wiederholung seiner Hoheit im Trishagion oder die Aufgabe jeglichen Sprechens, der Eintritt ins Schweigen. Das Gebet verliert dann seine bestimmte datier- und formulierbare Form und wird zur vorsprachlichen Zuwendung zu Gott, zu einer Art existentialer Aufgeschlossenheit für das Göttliche.[52] Beten zu Gott wird Denken an Gott. Solche Vorschläge provozieren die Frage, ob man noch von ›Gebet‹ sprechen soll oder nicht von Warten, Schweigen, Mystik, Kontemplation.

3 Keine Kommunikation mit Gott – Luhmanns Funktionalismus

Genau diese Konsequenz zieht Niklas Luhmann, freilich mit anderen Gründen. Seine Auseinandersetzung mit Religion erscheint auf der Oberfläche freundlich mitvollziehend, führt aber in der Konsequenz zu brutalen Ratschlägen, zum Beispiel auf das Dogma der Auferstehung zu verzichten oder – wie im Folgenden –, das Beten aufzugeben.[53]

3.1 Beobachtbarkeit des Betens

Nirgendwo in seinem ganzen Werk hat Luhmann die Theologie so direkt herausgefordert wie in dem Aufsatz »Läßt unsere Gesellschaft Kommunikation mit Gott zu?«: »Ich verkenne nicht, daß es für viele von uns, besonders in Notlagen, das Bedürfnis geben kann, mit Gott zu kommunizieren. Aber wozu? – wenn man ihn weder über etwas informieren kann, was er noch nicht weiß, noch erwarten kann, daß die Kommunikation ihn zu etwas motivieren könnte, was er andernfalls nicht tun würde. Ich

26; Das Buch Gottes ›Elahinameh‹, 8; Hellmut Ritter, Das Meer der Seele. Mensch, Welt und Gott in den Geschichten des Fariduddin 'Attar, Leiden 1978, 566.

52 So zum Beispiel Karl Rahner / Hugo Rahner, Worte ins Schweigen – Gebete der Einkehr, Freiburg im Breisgau 1973, 20–37.

53 Zur Auseinandersetzung der Theologen mit Luhmann vgl. Werner Krawietz / Michael Welker (Hrsg.), Kritik der Theorie sozialer Systeme, Frankfurt am Main 1992; Andreas Kött, Systemtheorie und Religion, Würzburg 2003; Günter Thomas / Andreas Schüle (Hrsg.), Luhmann und die Theologie, Darmstadt 2006.

wähle für diese Fragen bewusst eine Form, die unterhalb der Ebene bleibt, auf der Theologen diese Frage behandeln würden. Es kommt mir aber darauf an, die Theologie zu einer Stellungnahme zu bewegen. Es genügt mir nicht, wenn ich die Antwort erhalte, Kommunikation mit Gott sei etwas ganz anderes als Kommunikation unter Menschen [...]. Weshalb wird trotz aller Bedenken, trotz jener inneren Unwahrscheinlichkeit an der Vorstellung einer Kommunikation mit Gott festgehalten? [...] Es genügt mir nicht, diese Frage durch den Hinweis auf menschliche Bedürfnisse zu beantworten, so als ob die Erfahrungen eines Pfarrers und die praktische Theologie hier das letzte Wort hätten.«[54] Luhmann will den Theologen und Theologinnen die Ausflucht nehmen, die gerne das Gebet als einen sozial unbeobachtbaren Vorgang aus der Diskussion ziehen. Mit anderen Worten: Um mit Gott zu sprechen, muss er ein Teil der Gesellschaft sein. Kommunikation kann nach Luhmann die Gesellschaft nicht transzendieren, sondern geschieht gleichextensiv mit dem Sozialen; Gesellschaft ist das sich selbst generierende Netz aus sprachlichen oder textförmigen Kommunikationen, nicht eine Ansammlung von Menschen.[55] Wenn Beten ein Gespräch zwischen Mensch und Gott sein soll, dann muss es den Gesetzen der Kommunikation von *alter* und *ego* gehorchen.

Nun kann man Gott in die Gesellschaft eingemeinden, wie viele Beispiele aus der Religionsgeschichte zeigen: Man spricht mit Geistern. Sprache ist dabei nur ein Mittel neben anderen, es gibt auch deutbare Zeichen wie Orakel oder deutliche Offenbarungen wie Heilige Schriften. Erst wenn eine Naturkonstellation (Sterne, Vogelflug) oder eine Buchstabenkonstellation (Runen, Texte) so erklärt werden, dass man die Erklärung bestätigen oder bestreiten kann, tritt sie in die Kommunikation ein. Bis dahin ist sie, was sie ist, ein wildes Muster wie die Flecken auf einem Tigerfell.[56] Die Theologie habe sich immer gewehrt gegen eine zu starke

54 Niklas Luhmann, Läßt unsere Gesellschaft Kommunikation mit Gott zu?, in: Ders., Soziologische Aufklärung, Bd. 4, Opladen 1987, 227–235, 231f.

55 Die Religion hält an einem einfachen, anthropomorphen Modell fest, wonach eine Person etwas einer anderen Person sagt (Sprecher – Botschaft – Hörer). Luhmann setzt dagegen sein »Drei-Selektionen-Modell«: Kommunikation gelingt dort, wo erstens ein Geräusch oder Muster einem Autor zugerechnet werden kann, wenn zweitens dies als inhaltlicher Beitrag aufgenommen und wenn drittens dies jemand anderem weitergesagt werden kann. Stets muss man selegieren, ob die Mitteilung eines Autors absichtlich oder unabsichtlich geschah, ob die Information richtig oder unrichtig ist, und ob das so Verstandene unwichtig oder wichtig genug erscheint, um es wieder zu kommunizieren. Erst wenn dies geschieht, kommt Kommunikation ins Laufen. Kommunikation im Luhmannschen Sinne ist also kein Dialog von zwei oder mehreren Gleichgesinnten, sondern eher wie ein Aktenfluss zu denken, der nie mehr dort ankommt, von wo er ausgegangen ist.

Eingemeindung Gottes, da ein allzeit auskunftswilliger Frage-Antwort-Gott zum Götzen würde. Daher wurde im Laufe der gesellschaftlichen Evolution die Kommunikation *durch Gott* immer weiter eigeschränkt. Gott spricht nicht mehr aktuell und zu jedem; Gott *hat* gesprochen, in der Vergangenheit durch eine weise Schöpfungsordnung oder durch eine kanonisierte Schrift, eventuell noch durch autorisierte (dogmatisch entscheidende oder rabbinisch unterscheidende) Deutungen seitdem.

Warum aber hält die Religion am Gebet als der Kommunikation *zu Gott* fest, wenn er heute keine Antworten mehr gibt?[57] Offensichtlich benötigt Religion das Beten als eine Art Vergewisserungshandlung. Wo nur *über* Gott gesprochen würde, würde man ihn der ständigen Negation aussetzen, wo aber *mit* Gott gesprochen wird, da muss man seine Existenz voraussetzen. Dass Religionsteilnehmer andere dabei beobachten, dass sie beten, gibt allen die Hintergrundgewissheit, dass man es mit einem erreichbaren Adressaten zu tun hat. Das ist freilich eine naive Vorstellung, welche sich mehrere Nachteile einhandelt: erstens Kontrollverlust, wenn jeder zu irgendetwas betet, kann das nicht korrigiert werden. Feen, Engel Raguel, die verstorbene Großmutter könnten gleichermaßen durch diesen kommunikativen Gottesbeweis Existenz beanspruchen. Zweitens Inflationsgefahr, wenn das laufend und bei jedem geschieht, wird die Transzendenz der Religion immanent. Drittens Projektionsverdacht, wenn nur aus Gründen existentieller Bedürfnisse um Hilfe gebetet wird, tritt die altgediente Religionskritik auf den Plan. Daher rät Luhmann maliziös, doch auf die Vorstellung einer erreichbaren Transzendenz zu verzichten.

3.2 Funktion des Gebets

Das Gebet ist in Luhmann Theorie die Kehrseite des Vorgangs, wie Religion entsteht. Als religiös könnten solche Kommunikationen betrachtet werden, bei denen die Unterscheidung der Welt in Unvertrautes und Vertrautes als solche in der vertrauten Welt artikuliert wird (der sogenannte *re-entry* der Unterscheidung in das Unterschiedene).[58] Die Religiösen tref-

56 Vgl. Jorge Luis Borges, Die Inschrift Gottes, in: Ders., Labyrinthe, München 1962, 87–88.

57 »Wird die Religion gegen alle Plausibilität an der Möglichkeit einer die Gesellschaftsgrenzen transzendierenden Kommunikation festhalten (was durchaus möglich ist, aber Lasten mit sich bringt) oder nicht?« Luhmann, Kommunikation mit Gott (s. Anm. 54), 233.

58 Vgl. Niklas Luhmann, Die Religion der Gesellschaft, Frankfurt am Main 2000, 83. »Nimmt man die Religion konstituierende Differenz in ihrer ursprünglich-konkreten Form als Differenz von vertraut/unvertraut, dann entsteht Religion erst durch

fen Luhmann zufolge nicht nur auf irgendetwas Fremdes, sondern erleben einen insgesamt unzugänglichen anderen Bereich, welcher eine Realitätsverdoppelung zur bekannten Welt darstellt. Wie diese Welt auf die unsrige einwirkt, bleibe unklar, sicher ist nur, *dass* sie einwirkt. Je reflektierter eine Religion sei, desto klarer werde die transzendente unvertraute Welt als ganze von der vertrauten Welt als ganzer abgeschieden und mache sich damit von Ekstasen und Ordalen unabhängig. Sie bildet einen eigenen geschlossenen (in christlicher Sprache: erbsündlich in sich verkrümmten) Zusammenhang. Gott kann so weit entfernt werden, dass er nur noch über eine einmalig gegebene Offenbarung erreichbar ist, die zukunftsoffen und situationsspezifisch ausgelegt werden kann. Dann stellt sich das Problem, wie sichergestellt werden kann, dass die Glaubenden noch ihren Gott erreichen.[59] Bräche der Kontakt ganz ab und würde die Transzendenz absolut unerreichbar, dann würde auch die Rede darüber sinnlos; die vormals gegebene Weisung würde ihre Autorität verlieren, wie

ein *re-entry* dieser Form in die Form: durch einen Wiedereintritt der Differenz von vertraut/unvertraut ins Vertraute und Umgängliche.«

59 Vorstellbar ist ein Gott, der seine Weisung hinterlässt, aber selbst nie mehr interveniert. Dieses Konzept vertritt Emmanuel Lévinas, freilich mit der drastischen Konsequenz, auf Bittgebet zu verzichten und es mit Verpflichtungsbewusstsein gleichzusetzen: Wer wegen seines eigenen Unglücks betet, vollzieht den *conatus essendi* (den Drang zu sein), der allem Seienden innewohnt und der alle Wesen voneinander trennt. Beten habe nur den einen Sinn, die Seele des Menschen zu Gott zu erheben und sich an ihn zu binden; dies aber nicht in der Absicht, sein eigenes Heil zu genießen, sondern das Für-sich-sein zu einem Für-den-anderen-sein zu öffnen. Letztlich sei Gebet die Seele selbst, also das Organ des Menschen, für andere verantwortlich zu sein. »Beten, das bedeutet für ein Ich: für das Heil der Anderen sorgen, anstatt sich sein eigenes Heil zu schaffen.« Emmanuel Lévinas, Vom Beten ohne zu bitten. Anmerkung zu einer Modalität des Jüdischen, in: Wilhelm Breuning / Hanspeter Heinz (Hrsg.), Damit die Erde menschlich bleibt. Gemeinsame Verantwortung von Juden und Christen für die Zukunft, Freiburg i. Br. 1985, 62–70, 69. Gott brauche dieses Gebet, »um seine Verbindung zu den Welten und ihrer Existenz und Erhabenheit zu ermöglichen.« (a. a. O., 68).
Damit hat Lévinas die Bedürfnislogik ganz und gar verabschiedet. Gebet ist keine Reaktion auf das eigene Unglück, dass Gott es wenden möge. Warum so – fragt Lévinas – soll der Mensch dem Leiden ausweichen, wenn es doch Schuld sühnt? Er hat damit aber auch die Vorstellung von Kommunikation verabschiedet. Gebet besteht nicht aus inhaltlichem Reden eines mitteilungswilligen Subjekts, sondern aus dem Getroffenwerden durch einen vorsprachlichen Ruf, der bei Lévinas gebietet, sich des anderen anzunehmen. Wenn aber alles menschliche Beten der bestimmte Nachhall einer unbestimmbaren An-Sprache des Göttlichen ist, wenn also alle kommunikativen Elemente durch das passivisches Empfangen, Hören, Gehorchen überformt sind, dann ist zu fragen, ob man nicht auf den Begriff ›Gebet‹ verzichten soll.

ein Schuldschein ohne Gläubiger. Religion benötigt also eine Art Letztversicherung, dass man die Transzendenz wenigstens irgendwann irgendwo kontaktieren könnte. In der Theorie funktionaler Systeme nimmt dieser ›symbiotische Mechanismus‹[60] je nach Gegenstandsbereich andere Formen an: die polizeiliche Brachialgewalt bei der Durchsetzung von Recht, der Goldstandard bei der Aufrechterhaltung von Wirtschaftsvertrauen, das augenscheinlich beobachtbare Experiment in der Wissenschaft. Im Religionssystem entspricht dem das Wunder beziehungsweise das bestimmte Bittgebet. Es garantiert sozusagen den *re-entry* des Unterschiedenen in die unzugängliche, transzendente Seite der Unterscheidung. Also nicht: Wie kommt die Unterscheidung vertraut/unvertraut im Vertrauten (im Ritual, im Mythos, im Ethos) vor, sondern: Was bewirken vertraute Rituale, Mythen, Verhaltensweisen im Unvertrauten?

Was bedeutet diese Darstellung für die Religion? Freilich empfiehlt Luhmann den Religionen nicht, wieder auf Naturwunder zu hoffen. Was entspräche dem ›Wunder‹ heute? Religion *ist* das System, in welchem das Paradox kommuniziert wird, dass wir immer weiter kommunizieren. Wenigstens drei Beobachtungen sprechen nämlich dagegen: Es ist ein ›Wunder‹, dass kommuniziert wird, obwohl die Teilnehmer und Teilnehmerinnen nie erfahren, was die anderen denken. Was gibt den Kommunikationsketten Festigkeit? Es ist zweitens ein ›Wunder‹, weil alles Kommunizieren nur immer eine vorhergehende Kommunikation aufnimmt, der Gesamtzusammenhang damit selbsthervorbringend und geschlossen ist. Wo war da der Anfang? Und es ist drittens ein ›Wunder«, weil alle Kommunikation mit Formen (Ordnungen, Unterscheidungen, Kategorien) hantiert, die irgendwoher gewonnen werden müssen.[61] Wer bestückt den Formenpool und woraus werden Formen geschnitten, ohne nicht wieder Formen vorauszusetzen? »Religion kann als Versuch angesehen [werden], dies Unvermeidliche [dass stets ein ununterscheidbarer Rest zurückbleibt] nicht hinzunehmen.«[62] Es muss, bevor die erste Unterscheidung getroffen wird, so etwas geben wie eine Ursuppe des Formbaren. Luhmann nennt dies Sinn. Während in den anderen Systemen der Gesellschaft immer

60 Damit wird garantiert, dass symbolisch generalisierte Medien auch ›wirklich‹, d. h. mit Bezug auf Körper oder Psychen funktionieren.

61 Niklas Luhmann, Vom Sinn religiöser Kommunikation, in: Karl Gabriel (Hrsg.), Modernität und Solidarität, Freiburg i. Br. 1997, 163–174; Ders., Das Medium der Religion, in: Evangelische Theologie 57 (1997), 305–319.

62 Luhmann, Religion der Gesellschaft (s. Anm. 58), 89; vgl. Norbert Bolz, Ratten im Labyrinth. Niklas Luhmann und die Grenzen der Aufklärung, München 2012, 50–65.

schon mit sinnhaft geformten Medien kommuniziert wird, versucht das Religionssystem, die Ungeformtheit vor allem Geformten, das Unentschiedene vor aller Unterscheidung, den *unmarked space* vor jedem *marker* zu ›formulieren‹.[63] Das ist offensichtlich ein Paradox, weil das nur anhand von Formen geschehen kann. Das Paradox lässt sich nicht umgehen, als wollte man Dunkelheit durch schärfere Beleuchtung darstellen. Religion muss einen Gott ansprechen, der zwar in Namen und Gestalten für Kult und Verkündigung adressierbar ist, aber zugleich entzogen bleibt, weil er vor und unabhängig von allem Bestehenden besteht. Sie erfüllt damit die – von Luhmann mehrfach definierte – Funktion, das Unbestimmbare zu bestimmen.[64]

3.3 Abstraktion des Gebets

Aber ist dann ›ansprechen‹ noch die richtige Art zu kommunizieren? Wäre es nicht angemessener den Unbestimmbaren in der Unbestimmtheit zu belassen? Müsste Religion nicht das Paradox performativ entfalten, anstatt es zu invisibilisieren? Tatsächlich hat Luhmann an einigen Stellen angedeutet, dass dem Unbestimmbaren nur durch Nicht-Kommunikation, also Schweigen entsprochen werden kann.[65] Weil jede Kommunikation nur dann verständlich ist, wenn sie als Selektion von anderem geschieht, und

[63] Die Funktion der Religion bestünde dann in der Entfaltung des Paradoxons, das überall zugegen ist, aber von keinem bemerkt wird. Alle verwenden Zeichen, ohne zu bemerken, dass jedes Zeichen auf einem leeren Blatt entstanden ist. Einfach gesagt: Wo immer das leere Blatt zum Thema gemacht wird, ist Kommunikation religiös. Peter Fuchs beschreibt die Entstehung der Schweigeorden als »Versuch, die autopoietische Reproduktion der Gesellschaft an der Wurzel zu kappen.« Peter Fuchs, Die Weltflucht der Mönche, in: Niklas Luhmann / Peter Fuchs, Reden und Schweigen, Frankfurt 1989, 21–45, 37. Reden ist auch deshalb zu fliehen, weil es nach der Auffassung Basilius', Augustinus', Benedikts u. a. in die Welt verstrickt, d. h. im Umkehrschluss: Schweigen führt zu Gott.

[64] Insofern ist Religion nicht noch ein System neben anderen, sondern – dem Anspruch nach – der Versuch, alle Letztunterscheidungen der anderen Systeme (Politik, Ökonomie etc.) auf das Verhältnis eines Erstunterscheiders (Gott) und Unterschiedsloses (Nichts, Chaos, Welt) zu beziehen. Anders gesagt: Religion ist diejenige Kommunikation, die sich nicht damit abfindet, dass die Letztunterscheidungen inkommensurabel sind. Was seit jeher Aufgabe der Metaphysik war, wird von Luhmann der Religion zugemutet.

[65] Weil man den Unterschied von Transzendentem und Immanentem nicht anbeten kann, muss er als Einheit, als Adresse, als Person gedacht und verehrt werden. Religion verkleistert eine Anfangsdifferenz durch eine Anfangseinheit. Vgl. Luhmann, Religion der Gesellschaft (s. Anm. 58), 88–91; Peter Fuchs, Der Sinn der Beobachtung. Begriffliche Untersuchungen, Weilerswist 2004, 130–132.

nur dann mitteilbar ist, wenn sie wieder Anschlussmöglichkeiten bietet, ist Kommunizieren immer auf Differenz und Mehrmöglichkeiten aus. Schweigen – insofern es nicht als Gegenteil von Reden, sondern als Vorfeld von Reden und Nicht-Reden verstanden wird – bringt den Beter zurück in den Zustand, vor dem das Spiel aus Zustimmung und Widerspruch beginnt. Schweigen ist der Raum, wo es keine Zeichen für/von etwas gibt, sondern jedes das bedeutet, was es ist. Hier gilt gerade nicht, womit alle anderen Systeme beginnen »Draw a distinction!«, hier gilt »Verwische jede Unterscheidung!«[66] Anders als das personale Gebet zu einem Gott entfaltet das Schweigen vor einem Gott (besser Urgrund) gerade kein Paradox. Es lässt Paradoxa gar nicht aufkommen. Diese entstehen erst, wenn religiös Schweigende versuchen, ihre Erlebnisse anderen mitzuteilen. Mit anderen Worten: Mystik kann Traditionen nur schwer aufbauen; sie kann methodische Anleitungen zum Nicht-Reden und zur Gedankenkontrolle ausgeben, nicht aber die mystische Erfahrung materialiter weitergeben, sie kann sie nicht durch Kommentarliteratur oder Schulbildungen gesellschaftlich stabil machen. Mystik erfüllt gerade nicht die Funktion der Paradoxieentfaltung.

Kurz: Luhmann zufolge kann man in moderner Gesellschaft nicht mit Gott kommunizieren. Religion muss letztlich zu einer frommen Metaphysik werden, die etwas Absolutes voraussetzt, aber nicht mit ihm spricht. Dennoch sollte das Religionssystem eine kommunikativ nicht erreichbare Transzendenz pflegen. Das Gebet erhält bei Luhmann die Aufgabe der Symbolisierung des Kommunikationsursprungs. Das ist ein abstraktes Problem, welches sich der Gesellschaft stellt, es ist kein biographisches Bedürfnis.[67] Gebet ist keine Handlung, die jemand absichtlich vollzieht, sondern ein alter Name für in der Gesellschaft kursierende Formen, welche das von allen anderen Kommunikationen Ausgeschlossene repräsentieren.

[66] Vgl. Niklas Luhmann, Reden und Schweigen, in: Niklas Luhmann / Peter Fuchs, Reden und Schweigen (s. Anm. 63), 7–20, 9.

[67] Vgl. Luhmann, Religion der Gesellschaft, (s. Anm. 58), 139, wo er ausdrücklich ablehnt, die Funktion der Religion auf menschliche Bedürfnisse zurück zu führen, weil Bedürfnisse erst angesichts religiöser Angebote entstehen.

4 Zusammenfassung

Die drei Ansätze behandeln derart verschiedene Aspekte des Gebets, dass sich die Frage stellt, ob es sich dabei noch um denselben Gegenstand handelt. Zwar beginnen alle drei mit klar umrissenen Materialien: Heiler mit historischen Texten, STEP mit klinischen Heilungsvorgängen, Luhmann mit sozialen Kommunikationen, und ihr Alltagsverständnis von Gebet verbindet sie noch lose,[68] aber in der Kategorisierung ihres Gegenstandes fallen sie auseinander. Heiler vergleicht Gebets*formen*, STEP erhebt Gebets*wirkungen*, Luhmann rekonstruiert Gebets*funktionen*. In Heilers Suche nach dem Wesen des Gebets entschwindet der Gegenstand in das unzugängliche Innere des betenden Menschen. Das Phänomen lässt sich nicht erforschen, weil der Akt des Betens mitvollzogen werden müsste. Bei STEP firmiert Gebet neben anderen Maßnahmen wie Verabreichung von Antibiotika. Die Studie ist nicht am Gebet, sondern an seinen Effekten interessiert. Das Ergebnis war, dass Fürbitte im Heilungsprozess nicht hilft, eventuell sogar schadet, was eine Kaskade von theologischen Rechtfertigungsversuchen auslöst. Während Heiler nach ›wesentlich/deformiert‹ und STEP nach ›wirksam/unwirksam‹ sortieren, fragt Luhmann nach ›stabil/instabil‹. Er beschreibt den Vorgang, wie die Gesellschaft ihre Gebetsadressaten immer weiter abstrahiert hat, um eine stabilere (weniger bezweifelbare) Transzendenz zu erhalten. Weil man nicht mehr mit Gott reden kann, muss man vor dem allgegenwärtigen Pool an Sinnmöglichkeiten als Anfang allen Kommunizierens schweigen.

Ergebnisse: Bei Heiler wird das Gebet unsichtbar, bei STEP unwirksam, bei Luhmann stumm.

Wie kann man das Phänomen ›Gebet‹ noch retten, wenn man sich damit nicht abfinden will? Hier ein Hinweis, der theologische und funktionale Logik verbinden könnte: Die Funktion des Gebets ist es, Gott auf Abstand zu halten. Ohne Gebet wäre das Verhältnis des Menschen zu Gott eine unspezifische vorreflexe Erwartung, wonach Gott alles tut, was der Mensch benötigt. Würde Gott wie ein unsichtbarer Helfer die Welt lenken, bevor beziehungsweise ohne dass sich der Mensch seiner Bedürf-

[68] Das ist das Dilemma interdisziplinärer Forschung. Die beteiligten Disziplinen setzen voraus, dass sie etwas ihnen gemeinsam Vorliegendes untersuchen. Meist wird diese Voraussetzung auf der Basis einer geteilten Alltagswelt der Forscher gemacht; jede/r weiß, was ein Gebet ist. Dekonstruiert man diese Voraussetzung mit den Mitteln der eigenen Disziplin, geht der Gegenstand als *gemeinsamer, interdisziplinärer* Gegenstand verloren. Jede Wissenschaft konstruiert dann nicht nur ihren Gegenstand, sondern auch die Bedingungen, unter denen sie ihn mit andern zu teilen bereit ist.

nisse bewusst wird (und im Gebet artikuliert), so würde er den Menschen bevormunden, überwältigen und letztlich einverleiben. Der Mensch würde zur Amöbe, das sich blindlings in einem Milieu bewegt, das ein intelligenter und wohlwollender Biologe einrichtet. Indem Christen beten, behandeln sie ihren Gott nicht wie ein Schicksal, in das man sich schickt, sondern wie eine Person, der man vertraut. Von außen gesehen ist das ein naiver Anthropomorphismus. Von innen gesehen ist es die Bewahrung der Freiheit.

Providence and Prayer

Beyond the Interventionist God[1]

Teresa Forcades i Vila

Abstract

The autonomy of the world is sustained by two acts of free love. The first is God's: God creates the world and each person as really distinct from God and invites each person to a relationship of love that is unique and peculiar. The second act of love comes from each person and it is her unique and peculiar response to God's invitation. This response is existential, not verbal. Petitionary prayer acknowledges God's active and concrete involvement in the affairs of the world and freely cooperates with it, thus allowing God a greater range of action. When I pray for you and ask God that She protects you, God has some possibilities to bring Her love to you that She didn't have before, because now She can invite you to open up to the concrete love that my prayer for you entails. Petitionary prayer is an act of love. When I pray for myself and ask God that She protects me, I open myself in a concrete and active way to receive Her strength.

1 God as sustainer of the autonomy of the world

What is the relationship between God and the world? Aristotle's metaphysic (4th century BCE) presents God as the *unmoved mover* that originates the world without taking part in its historical development. Plotinus' *Enneads* (3rd century CE) defends that, besides setting the world in motion, God is present in it as the principle of life, unity and beauty that animates it. There are as many ways of conceiving the relationship of God to the

[1] A first version of this article was published in Spanish in the journal *Iglesia Viva*: Teresa Forcades i Vila, La Providencia como Comunión, in: Iglesia Viva 254 (2013), 49–60. www.iviva.org (last accessed Mai 3rd, 2015).

world as notions about God. In what follows, I will unfold a relationship between God and the world that I consider coherent with the Christian tradition and, at the same time, compatible with the notion of ›autonomy‹ born out of Modernity.

What is the relationship of God with the laws of nature? Can God overturn gravity and open up a corridor in the midst of the sea to facilitate the escape of the Israelites (Ex 14,15–31), or can She make Peter walk on the water (Mt 14,22–36)? Did Jesus heal naturally incurable diseases (Mt 9,1–8)? Did he bring dead people back to life (Lk 7,11–17)? I believe that the miraculous actions attributed to God and to the saints are not violations of the rationality of the world performed by an extrinsic power, but potentialities proper to the world and its laws in their relationship to their Creator. These potentialities can only be activated by love and in no case represent a contradiction that annihilates the laws of the world but a development that brings them to fulfillment. The world and its laws are created by love and for love and only the loving interaction with them reveals their deepest potentialities. What is the definition of a miracle? Need it be something contrary to reason, something that the natural forces by themselves could not achieve? According to the Christian perspective, what does it mean to talk of ›natural forces by themselves‹? Isn't nature – in the Christian perspective – always sustained by *grace*, that is, by the gracious and creative love of God? The world has not been created to be submitted to the causal chain as a blind mechanism. The world and the laws that rule it are the result of a loving free act and are daily recreated and sustained by this responsible love with no tyrannical or arbitrary features whatsoever. In the tradition of the Greek patristic theology that John Zizioulas masterfully sums up: »being is communion«[2]. Not only the »personal being« is communion, but »being itself«, »the real« of all there is. The secure foundation that Descartes searched in the thinking capacity (*cogito*, critical reason), is to be found – according to the Christian tradition – in a free loving relationship known as »creative act« that God re-enacts in history once and again and in whose development human beings are called to play a peculiar role, a role of responsibility: »Where is your brother?« (Gen 4,9); »What have you done with the talents I lent you?« (Mt 25,14–30); »How have you treated the vineyard that I rented to you?« (Mt 21,33–42; Mk 12,1–9; Lk 20,9–16). The world is described as a vineyard that has been rented to us in order that we take care of it and bring it to bear fruit. The gospels present God as origin and warranty of »the

2 Zizioulas, John D., Being as Communion. Crestwood/New York 1997.

real«, Jesus' parables lay bare what the theologian Karl Rahner named »the transcendental structure of the created world«, and the one in charge of revealing to us the truth of our world is none other than the incarnated Word: Jesus, the Word of God. Jesus opens up the world's *grammar* to meaningful articulations.[3]

That »being itself« is communion implies that *otherness* is not sub-optimal and that *unity* is not its contrary. The antonym of unity is *division*, not diversity nor otherness. Diversity and otherness are necessary conditions for communion to take place. The contrary of diversity is not unity but uniformity, which is very different. The Christian God is a *triune* God and can be *communion* (common union) precisely because of Her inner diversity. There is in God a relational dynamism that classical Trinitarian theology names »perichorese«, a technical word that can be translated as »to make place (*choreo*) around (*peri*) something or someone«. The Christian notion of God is communional (Trinitarian): God is Father, Son and Holy Spirit. The Trinitarian God includes otherness: the Father is not the Son, the Son is not the Father and neither of them is the Spirit; Christian theology affirms that the distinction among the three divine persons is *real* and not only *conceptual*. There is a »no« in God[4]: the »no« of otherness (the Father is *not* the Son) is the foundation of the autonomy of the world.

Lurianic Kabbalah (Jewish mysticism) describes what God does in Creation with the word *tzimtzum* (contraction): Creation is not for God an act of expansion but an act of contraction. God's creative act cannot be an expansive act: How could God expand? To where or towards what? If *expansion* were possible for God, God would cease to be *absolute*, there would be in God a potentiality, something that God is not yet, a *towards* incompatible with the absence of space proper to the notion of God. Creation is then to be conceived not as an expansion but as a contraction (*tzimtzum*), a gracious *giving out space* that God freely decides in Her sovereignity, in Her full autonomy, in Her absolute capacity for self-determination. The New Testament term that conveys this *retractive* aspect of love is *kenosis* (Phil 2,6–11). »Kenosis« is usually translated as »emptying oneself«. The highest expression of God's freedom is Her action of »serving others« and God invites us to do likewise.[5] In contrast with expansion,

3 Cf. Karl Rahner, Sobre la relación entre la naturaleza y la gracia, Escritos de Teología. Tomo I. Taurus Ediciones: Madrid 1959, 325–347.

4 Cf. Manuel Cabada Castro, Dios como creador del poder autocreador de la realidad creada en Gustav Siewerth. Pensamiento 227 (2004), 177–201.

5 Cf. Mt 20, 25–28: »But Jesus called them to him, and said, You know that the

this voluntary, free, gracious, loving and joyful retraction is indeed compatible with God's full sovereignity: God creates by retraction and only thus can what is created be »truly other« from God. The otherness existing in God grounds the real otherness of the created world and grounds the real freedom (autonomy) of the world and of those of its creatures created to the image and likeness of such a free and sovereign God. In contrast with the »downgrading« that the so-called vulgar Platonism attributes to the Spirit trapped in space and time, the Biblical »creation« of space and time is an authentic act of free love that dignifies what is created and does not allow us to conceive it as »alienated« or »negative«. The Biblical narrative highlights up to nine times that Creation is »good« and even »very good« (Gen 1, 1–31). The world is autonomous in the specific sense of »not being controlled« by God not because God does not exist or lacks the capacity to intervene in it, but because God so wanted it and continues to want it. The autonomy of the world is the result of God's loving act.

2 *The human answer*

The autonomy of the world is a reality in the sense that there is no external force that can impose itself on it or arbitrarily interfere with its laws, but not in the sense that the world gives or has given to itself the laws that regulate its functioning. In this etymological sense (*auto*: self; *nomos*: law), the expression »autonomy« is inappropriate applied to the world or to the whole of Creation. It is however appropriate applied to human beings, created according to the Biblical tradition in God's image and likeness, free, sovereign, self-propelled and able to love. In the relationship between God and the human creature, the quality of the creational *tzimtzum*, the quality of the free love of God, can be fully appreciated: the void that God created with Her retraction has allowed the existence of time and space and of all that exists in time and space, and has also allowed the existence of truly autonomous beings able – by God's grace – to stand in front of Her not as servants, but as friends,[6] as companions able to freely decide

rulers of the Gentiles lord it over them, and their great ones are tyrants over them. It will not be so among you: but whoever wishes to be great among you must be your servant, and whoever wishes to be first among you must be your slave; just as the Son of man came not to be served, but to serve, and to give his life a ransom for many.« Bible version: New Standard Revised Version (NSRV).

6 Jn. 15,14–15: »You are my friends, if you do what I command you. I do not call you servants any longer, because the servant does not know what the master is do-

whether they want to enter in a relationship with God or not. The self-determination of human autonomy is grounded in the fact that we cannot obtain meaning or orientation for our own life from anything or anyone outside of ourselves, not even from God. The meaning of each person's life has to be elaborated by each in a unique way in the concrete of her existence. It is not written nor predetermined. God with Her *tzimtzum* created the space that makes freedom possible and it is our task, the task of each of us, to fill this empty space with vital content. That notwithstanding, there is a characteristic of human freedom that needs to be precisely determined and that Augustine of Hippo expressed with his distinction between *liberum arbitrium* and *libertas*. Augustine's notion of *liberum arbitrium* refers to the human capacity to choose. It is clear that, as a person, I usually have, thought with varying degrees, capacity to choose in the realm of external things (I can choose to sit down or to remain standing, to go to this or that other place ... etc.), and in the realm of internal things (I can choose to respond to somebody in an agreeable manner or with hardness, contempt or indifference; I can choose to pay attention or not ... etc.). The capacity to choose (*liberum arbitrium*) is necessary to obtain freedom (*libertas*) but cannot be identified with it. It is a necessary but not sufficient condition for freedom. In order to be free, it is not enough to activate the capacity to choose. In order to be free, one has to choose well, that is, one has to choose to love. This is why Augustine can advise: *Dilige, et quod vis fac (love and do what you want):*

»Love and do what you want: if you remain silent, you will remain silent with love; if you shout, you will shout with love; if you rebuke, you will rebuke with love; if you forgive, you will forgive with love. May the root of love be in you; from this root only good things will come forth.«[7]

The implicit of this Augustinian argument is that we have been created by Love and for Love and that only out of fear do we choose to perform acts contrary to love. When we fear not, we love. Only in love do we find happiness, because by it and for it we have been created.

Following his predecessor Augustine, Thomas Aquinas affirms that only the Good is able to move our will, because only the Good has a consistent existence. Evil, far from consistently existing as a principle or force

ing: but I have called you friends, because I have made known to you everything that I have heard from my Father« (NSRV).

7 »Dilige, et quod vis fac: sive taceas, dilectione taceas; sive clames, dilectione clames; sive emendes, dilectione emendes; sive parcas, dilectione parcas: radix sit intus dilectionis, non potest de ista radice nisi bonum existere.« (Agustín de Hipona. In epistolam Ioannis ad Parthos, VII, 8, PL 35).

contrary to the Good, is simply the absence of Good. At face value, our daily experience seems to contradict Thomas on this. It is clear that I can actively and positively desire to hurt someone; that is, my will can be moved by something that in itself is evil, for instance, revenge. Let us imagine that somebody has severely and in a voluntary and unjustified manner injured a person whom I love; I might be moved to desire evil to such a person and I can bring myself to action in order to fulfill my desire. Even if we are in agreement in censoring revenge as morally repugnant, aren't we forced to accept that revenge does happen quite often and that this fact demonstrates that Thomas was wrong in saying that only the Good is able to move the human will?

Thomas himself wrestled with this objection and solved it as follows: Even though it seems that we can actively desire evil, when we desire for instance to injure someone in revenge, what really moves our will is not the evil that we want to produce but the good that we expect to obtain from it: What really moves us to avenge ourselves or another person is the expectation that we will feel better afterwards, having fulfilled our duty towards the offended one or towards our own moral code, or after having achieved that a person we love feels better. Thomas claims that the desire »to feel better« or »to make someone else feel better« is in itself something good, and in consequence God is our ally in wanting to achieve it. The problem in seeking revenge is that we blatantly err in the means we choose to achieve the good that we desire: We wrongly believe that hurting another person will do good to us or to the offended initial person we want to honor. The motivation of human will and human action is exclusively – as Thomas would rightly have it – seeking one's own good or the good of others. This is the reason why it is often experienced that »revenge is sour«.[8] Even when it succeeds in hurting the adversary, revenge often fails in achieving its real goal: to return joy to the offended one and/or to the person who performs it. After an initial sweetness, the euphoria wears off, dissatisfaction remains.

Let me use this example to illustrate the meaning of the Augustinian association between freedom and love: *Dilige, et quod vis fac*. Only loving acts are free. In the case where I have been offended, the only free act is forgiveness. Forgiveness does not imply neglecting justice or encouraging

8 See for instance, Goerge Orwell on the futility of revenge: »The whole idea of revenge and punishment is a childish day-dream. Properly speaking, there is no such thing as revenge. Revenge is an act which you want to commit when you are powerless and because you are powerless: as soon as the sense of impotence is removed, the desire evaporates also.« George Orwell, Revenge is Sour, Tribune (1945).

injustice; it does not imply excusing the responsibility of the evildoer or denying the good of having her repair as much as possible the evil done; it does not imply either to waver the need to act as intelligently as possible to avoid that such evil happens again in the future. However, while all needed means of justice and prudence are instituted, the heart of the offended person or of those attached to her might harbor feelings of revenge ... or feelings of forgiveness. Only forgiveness, a loving act, is free and is experienced as such. Revenge is most often experienced as a compulsion, as an inescapable obligation that often brings misfortune upon the person who performs it. This is not the case with forgiveness. When it is authentic and not a hypocritical ritual, forgiveness positively transforms the person who performs it, so that she is the first to benefit from it. Forgiveness frees the heart and brings peace to it. Revenge burdens the heart. Forgiveness is the joyful experience that love is stronger than violence. Revenge is the sad experience that violence is stronger than love. Revenge is never freely chosen. Forgiveness is always free. Evil is never freely chosen. Goodness is always free.

However even if we are in agreement with Augustine and Thomas in associating *freedom* with *love* and in recognizing that only loving acts are free and make us feel free in a deep and joyful way, the following objection does arise: is it always possible for a human being to forgive or to perform free acts of love in the concrete circumstances of her life? What are the conditions necessary to the performance of a free act, a true act of love?

3 Providence as warranty for free loving actions

The central claim of this article and of my thinking about ›God's providence‹ is that God's providence is the warranty for free loving actions. I believe that free loving actions are what brings me to fulfillment as a person and I believe that God is actively committed to guarantee that there will always be in my life the possibility, with no exception, that I perform a free loving act. And this I believe true for each person, independently of what she thinks or believes about God, about freedom or about love. God is provident and in Her providence She does not distinguish between just and unjust. In the narrative of Genesis, before establishing a particular covenant with Abraham (Gen 15, 1–21), God makes a commitment with the whole of humanity: »And the bow shall be in the cloud; and I will look upon it, that I may remember the everlasting covenant between God and every living creature of all flesh that is upon the earth« (Gen 9, 16). This is a unidirectional covenant, a commitment that only affects God: »And I will establish my covenant with you; neither shall all flesh be cut off any more by the waters of a flood; neither shall there any more be a flood to destroy the earth« (Gen 9, 11). God commits Herself independently of our response: She will watch over us and will make sure that our life is never shut to the possibility of meaning, that is to say, to the possibility to love and to be free. However, as already said, what God can grant and grants with Her providence is that the »possibility« of meaning, love and freedom remains open, or better, becomes continuously re-opened by means of Her gracious, loving, free action (*creatio continua*; *creatio ex nihilo*). The »possibility« of meaning is a necessary condition but it is not sufficient. In order that my life has meaning, in order that meaning, freedom and love are real in my life, my personal active response is required and this response cannot be purely verbal, cannot be an assent with no existential consequences, it has to be practical:

»What do you think? A man had two sons; he went to the first and said, ›Son, go and work in the vineyard today‹. He answered, ›I will not‹; but later he changed his mind and went. The father went to the second and said the same; and he answered: ›I go, sir‹, but he did not go. Which of the two did the will of his father? They said, ›The first‹. Jesus said to them, ›Truly I tell you, the tax collectors and the prostitutes are going into the kingdom of God ahead of you. For John came to you in the way of righteousness, and you did not believe him, but the tax collectors and the prostitutes believed him; and even after you saw it, you did not change your minds and believe him.«[9]

God calls all of us with no distinction to work in Her vineyard, to cooperate in Her dynamic to give meaning to life by means of free acts of love. Each of us responds it her own way. The most important aspect of the parable is that it allows us to attribute a response in accordance with the will of God to those who break the law (tax collectors and prostitutes). As it is known, this characteristic is a constant feature in Jesus' preaching: God does not pay attention to external words or gestures, but to the heart and to the interiority of the person, to her authenticity. It is not only Jesus' preaching, but mostly Jesus' life that gives witness to the divine refusal toward hypocrisy and toward religious mediocrity: Jesus dies condemned and excluded by the religious power.

The first characteristic, then, of divine Providence as I conceive it is Her *universality*. God's providence is not selective, it does not discriminate between believers and non-believers, nor between good people and evil

[9] Mt 21,28–32 (NSRV).

people. It is offered to all, watches over all, it worries about all, with no exception: »So that you may be the children of your Father in heaven: for he makes his sun rise on the evil and on the good, and sends rain on the righteous and on the unrighteous.«[10]

The second is the *fostering of human freedom* and human realization. God knocks on our door and waits for us to open: »I am standing at the door, knocking; if you hear my voice, and open the door, I will come in to you, and eat with you, and you with me.«[11]

The power of opening the door or keeping it closed is ours. In no case can God's Providence be conceived as a substitution of human responsibility, as a paternalistic or maternalistic act on God's part, as God mistrusting our abilities or tutoring them from above. No. Providence does not prevent evil. It does not prevent a person from being cause of evil nor does it prevent – and this has been the source of great scandal in the history of theology – an innocent from suffering the consequences of the evil caused by others. This is obvious. Evil (injustice, violence, lies, indifference) exists. Children suffer it and there appears no angel in the last moment to help them. Jesus suffered it and there appeared no angel in the last moment to help him. Jesus died in suffering. And several thousand innocents die each day likewise.

The third characteristic of divine providence is its *concrete and personal character:*

»O Lord, you have searched me and known me. You know when I sit down and when I rise up; you discern my thoughts from far away. You search out my path and my lying down, and are acquainted with all my ways. Even before a word is on my tongue, o Lord, you know it completely.«[12]

God's providence is not a generic non-personal benign cosmic energy that happens to be there and happens to bestow upon all creatures its graces as if per chance. No. Providence is an act of free love intentionally and concretely directed by God to each of Her creatures in a most unique and personal way, in order to make possible in the time and space of each an experience of love. However, claiming as I do that God's Providence is the warranty of free loving acts does not imply to claim that *any* act of love is possible to *any* person at *any* time. God's Providence guarantees that it will always be possible for me to perform *a* loving act, but not that *any* loving act will always be in my reach. Coming back to the example of revenge

10 Mt 5,45 (NSRV).
11 Rev 3,20 (NSRV).
12 Ps 139,1–4 (NSRV).

and forgiveness, God's providence guarantees that I will always be able to forgive, but it does not predetermine nor does allow anyone to predetermine which path I will have to go to make this forgiveness concrete in my life. It might be a short, bright path, public and obvious to all; it might be a long and hidden path inside of me that dwindles and dwindles before reaching its goal and that only God will share in its particularities. Whether long or short, public or hidden, the concrete characteristics of each of my acts of love do not depend on God nor are they determined by Her, but depend on the always unique combination of my biography, my present circumstances and the free choices I make in answering God's promptings in my life. Whatever the path followed, the force allowing me not to respond to evil with evil after having been injured is what I call *providence*. Providence guarantees that *all* my acts can be free and loving, not independently of my circumstances, but rather taking them most fully and most carefully into account. Providence does not force my circumstances, does not disrupt them »from above«, it inspires them from within, taking advantage of all the love already existing in them and inviting me to get through all their negative aspects.

Providence guarantees that I can always break the causal chain, acting from a place of non-determination; it guarantees that I can »create«. Providence allows me to be »like God«: creating from nothing. This is not to be understood as if Providence nullified all determination, but rather as a warranty that determination's rule over me will never be absolute, that there will always be in me a space of true freedom. God's Providence enables me to own my full autonomy, my freedom, my sovereignty, my capacity to act in a self-propelled way and not in a reactive way. And, as in God's case, I exert at its fullest my autonomy in freely making room for another, in behaving in a perichoretic manner, in being ready and free to serve others, to give up my life if necessary.[13]

4 The meaning of petitionary prayer

There are many different kinds of prayer. I might pray in thanksgiving, reaching out to God in joy in the wake of a positive experience. I might pray in quiet awareness or in stillness and deep silence with no intentionality other than »being present« to the here and now of my being together

13 »No one has greater love than this, to lay down one's life for one's friends.« (Jn 15,13) (NSRV).

with God in a loving bond and intimacy. I might pray in surprise or amazement at something that escapes my comprehension and I attribute to God. Or I might pray in order to obtain something from God. Jesus explicitly advises us to take very seriously petitionary prayer:

»Ask, and it will be given you; search, and you will find; knock, and the door will be opened for you. For everyone who asks receives, and everyone who searches finds, and for everyone who knocks, the door will be opened. Is there anyone among you who, if your child asks for bread, will give a stone? Or if the child asks for a fish, will give a snake? If you then, who are evil, know how to give good gifts to your children, how much more will your Father in heaven give good things to those who ask him!« [14]

And also:

»Very truly, I tell you, the one who believes in me will also do the works that I do and, in fact, will do greater works than these, because I am going to the Father. I will do whatever you ask in my name, so that the Father may be glorified in the Son. If in my name you ask me for anything, I will do it.« [15]

It is clear that the gospel exhorts us to »petition«. However, how should this petitionary prayer be theologically understood? It seems clear that any magical understanding of petitionary prayer needs to be flatly refused. By magical understanding I mean the belief that our prayer can somehow force God to do what She does not wish to do, or force reality or somehow master it or control it according to the will of the one who prays. These magical understandings of prayer do not agree with the notion of creation as continuously sustained and cared for by the limitless love of God. If, then, the goal of petitionary prayer cannot be forcing or controlling neither God nor reality, is then petitionary prayer maybe an attempt to *persuade* God to do what I wish Her to do? Is it, then, an issue of trying to convince God, to encourage Her so that She finally brings Herself to do an action that is good according to our judgment? It does not seem compatible with the goodness of God that we humans be the ones in charge of moving Her to do a good action. What then is the goal and meaning of petitionary prayer? If it is not to control and is not to persuade, maybe the goal of petitionary prayer is to *inform* God, to let God know something that She didn't know before? The notion of a partially ignorant God also runs against the presuppositions of logical thinking: having postulated the notion of a Creator God, origin of all there is including time and space, it is contradic-

14 Mt 7,7–11 (NSRV).
15 Jn 14,12–14 (NSRV).

tory to locate this God within time and space, as if somehow limited by them. If God is not subject to time and space, it makes no sense to consider the possibility that She ignores something and needs to be *informed* by us about it.

All these interpretations of the meaning and goal of petitionary prayer are inconsistent. Should we then conclude that petitionary prayer is a childish form of prayer and that the Churches would do well in abolishing it? And yet, confronted with the boldness of the gospel exhortation it is not so easy to discard petitionary prayer and proceed to eliminate it altogether from Christian praxis. What about reducing petitionary prayer to a psychological exercise? According to this approach, petitionary action would have no objective effect, but would be necessary as a means to obtain a change in consciousness, a change at the psychological level in the praying subject: When I petition with sincerity, I open myself to the reception of a gift that God was already intent on giving me. According to this interpretation, it is not my action that causes God to act; God's concrete act on my behalf is independent of my prayer. Here prayer would be the condition that brings me to awareness of God's activity and allows me to welcome it.

My own understanding of petitionary prayer does not reduce its effect to the psychological or intra-subjective level. My interpretation places God's providence acting at the interpersonal or inter-subjective level. Petitionary prayer does not convey »information« to God. It tells God, more with the inner disposition than with the words themselves: »here you have me!« The readiness that my prayer conveys is not generic but concrete: »here you have me, aware of this concrete need, ready and aware!«

I believe that what God in Her providence can do *changes* when She has me at Her side and has me aware of a concrete need. If She has me and has me aware, God can inspire me to go visit this or that person or do this or that thing; God can also inspire this or that person to come to visit me or to do something concretely for me. If I am not by God's side or I am not aware, God cannot do this. If God's being and God's Providence is dialogical (communion), what God can do will vary according to how many people take part in the conversation and in what capacity and with what attitude.

I believe also that God can interact with the natural world without exerting any violence against its laws, so that nature (the landscape, the plants, the animals, the light, the colors, the smells, ...) can also convey messages from God that are real and not the working of one's own imagination. To pray is to invite God to inspire me. God will never force Her inspiration (Her Spirit) on me. Petitionary prayer allows and facilitates that

God's inspiration takes place in the form of an intimate dialogue, and this contains a thousand nuances that are different for each person and in each occasion.

True that God's grace sometimes breaks through in someone's life without having been invited. The well-known example is St. Paul's fall from the horse.[16] God can appear in a surprising way in someone's life, but She never forces. Even St. Paul, after having fallen, needed a period of quiet and intimate discernment, during which Paul confronted the presence of God within him and was invited by God to give a free and personal answer to it.

16 Acts 9, 1–18 (NSRV).

Die Sprache des Dialoges mit Gott und den Mitmenschen

Das hypostatische Gebet als ökumenisches Ereignis

Stefanos Athanasiou

Abstract

Das Gebet als Lebenspraxis ist in der Orthodoxen Tradition und Kirche tief verankert. Die göttliche Liturgie, aber auch das Jesusgebet, spielen im Leben eines orthodoxen Gläubigen eine besonders große Rolle und daraus erschließt sich auch sein Glaube. Das Gebet wird zur kommunikativen Kraft. Es kann genau aus diesem Grund nie als ein Monolog gesehen werden, sondern immer nur als eine Kommunionspraxis zwischen Personen – Hypostasen. Das Gebet kann deshalb als Communio – Koinonia gesehen werden. Aus diesem Grund wird das Gebet zu einem ökumenischen Ereignis. Es ist nicht nur ein Ort der Verbindung zwischen Gott und Mensch, sondern auch zwischen den Menschen unter sich. In seiner vollkommensten Form kann das Gebet nicht nur den unmittelbaren Mitmenschen einschließen, nicht nur ein Ort zwischen Gott und Mensch sein, sondern ein Ort, wo die gesamte Ökumene – die gesamte Welt – sich verbindet.

1 Die Kreuzesform des Gebets

»Unser sehnsüchtiges Verlangen in der Ausübung des Gebets ist unsere Vereinigung mit dem lebendigen und persönlichen Gott der Offenbarung.«[1] Mit diesen Worten beschreibt Archimandrit Sophrony Sacharow in seiner Einführung über das Gebet die Quintessenz des Gebets aus orthodoxer Sichtweise. Das Gebet wird hierbei als ein Topos gesehen, der das menschliche Verlangen nach der Einigung mit Gott ausdrückt. Inwieweit erreichen

[1] Archimandrit Sophrony, Über das Gebet, Freiburg/Schweiz 2012, 9.

solche Aussagen den heutigen Menschen? Was bedeutet die Vereinigung mit einem persönlichen Gott der Offenbarung?

Die Kirche befindet sich heute besonders in der westlichen Welt vor einer neuen Gebets-Herausforderung. Es ist keine Seltenheit mehr, dass das Gebet als eine Seelenkur im Rahmen kirchlicher Häuser angeboten wird. Hierbei spielt die Meditation in jeglicher Form eine wichtige Rolle, die von buddhistischen Übungen bis hin zu psychologisch weitentwickelten Entspannungsübungen reicht. Das christliche Gebet scheint in diesem Rahmen einerseits besonders von interreligiösen Gebetserfahrungen zu profilieren, andererseits der Säkularisierung in den Kirchen gerecht zu werden, was dazu führt, dass das Gebet als ein Beruhigungsmanagement angeboten wird. Oft wird hierbei mit dem Werbespruch »zu sich selbst finden« geworben, um die Menschen vom Alltagsstress zu befreien. Was ist jedoch diese Selbstfindung? Der Mensch wird heute in eine ökonomisch orientierte Welt hineingeboren. Das Credo unserer Zeit basiert auf der Marktwirtschaft; auf einer schnellen effektiven Produktivität des Atoms[2]. Das Atom, der Einzelne fungiert hierbei als Produktionsmonade des gesamten Apparates. Was heißt dann »zu sich selbst finden«, wenn der Mensch heute vor allem für sich selbst wirkt? Die moderne globale Marktwirtschaft tritt als ein eschatologischer Topos auf, der dem arbeitenden Atom in der Zukunft Reichtum und Wohlstand verspricht. Die Energie dieses Wirkens, man könnte sagen das Gebet der Marktwirtschaft, entspringt letztendlich dem Einschließen des Atoms in sich selbst. Dann findet das eigene Seelenheil meistens auf den Schultern der anderen statt. Hierzu dienen die verschiedenen Gebets- bzw. Meditationsworkshops mit eigenen Regeln und passen so in die säkularisierte Kirche und Gesellschaft. Das Gebet, wie es in der Ostkirche gesehen und verstanden wird, distanziert sich deutlich von einem solchen Gebetsverständnis und geht in eine andere Richtung.

Das Gebet besitzt in sich seine eigene Hypostasie/Personalität, die nach der ostkirchlichen Tradition als Verbindung zwischen Gott und den Menschen und den Menschen untereinander gesehen wird. Das Gebet symbolisiert hierbei das Kreuz an sich, das durch den vertikalen Balken die Gott-Mensch-Beziehung und den horizontalen Balken die Mensch-Mensch-Beziehung ausdrückt.

Durch den Kreuzcharakter des Gebets erhält das Gebet seine eigene

2 Ich benutze hier gewollt nicht den Begriff der Person, da der Begriff der Person (Πρόσωπο) nur im Rahmen der Gemeinschaft gesehen werden kann im Gegensatz zu dem Begriff des Atoms (Άτομο-Einzelne), welches das vereinzelte Individuum ausdrückt.

Hypostasie. Gebet darf dann nicht nur als bloße Meditation, als Abwerfen des menschlichen Alltags verstanden werden, in der der Mensch versucht, sich von der *Welt* zu entfernen. Vielmehr verbindet Gebet mit der gesamten Welt. Diese Verbindung setzt Liebe[3] voraus, wie sie in der Kreuzesliebe Jesu Christi sichtbar wurde und Demut und Leid als ihre fundamentalen Elemente enthält.

Um den Leser mit der spirituellen orthodoxen Tradition des 20. Jahrhunderts in Verbindung zu bringen, möchte ich mich im Folgenden besonders auf die theologische Ansicht über das Gebet des Athosmönchs und späteren Gründer des Johannesklosters im englischen Essex, den Archimandriten Sophrony Sacharow stützen. Archimandrit Sophrony betont die erwähnten zwei Hauptelemente der Kreuzesliebe Jesu: die Demut und das Leid.[4] Demut ist für ihn »ein Attribut des Gottes der Liebe, Der in Seiner Offenheit für alle Geschöpfe sanftmütig jede Verwundung von denen annimmt, die Er geschaffen hat.«[5] Die Annahme als Schwachpunkt des anderen kann sicherlich nicht physisch erfolgen, sondern nur als Teilnahme am Leid der Verwundung. Nur wenn man sein eigenes Ich im Ich des anderen wiedererkennt, kann man Mit-leiden. In diesem Mitleid vollzieht sich somit ein Dialog zwischen den Leidenden und den Mitleidenden. Das Einschließen in sich selbst, der Egoismus ist dagegen die Barriere des Mit-leidens und des Dialogs[6]: Das Mitleiden wird somit ein grund-

3 Diese Liebe quellt in der christlichen Tradition nach Udo Kern, der sich auf Max Scheler bezieht, im personalen Gott. So schreibt Kern: »Die Personalität der Liebe verdankt sich nach Max Scheler dem Christentum. Indem dieses die Liebe in Gott selbst verlege und im Gegensatz zum indisch-griechischen Denken einen liebenden Gott kenne, sei für sie die Person in der Liebe konstitutiv. An die Stelle der indisch-griechischen Selbsterlösung durch Erkenntnis tritt also im Christentum die Idee des Erlöstwerdens durch die göttliche Liebe.« Udo Kern, Liebe als Erkenntnis und Konstruktion von Wirklichkeit. »Erinnerung« an ein stets aktuales Erkenntnispotential, Berlin / New York 2001, 43.

4 Sophrony, Gebet (s. Anm. 1), 20.

5 Ebd.

6 Dies ist auch der Grund, warum die Kirchenväter bei ihren spirituellen Weisungen besonders auf dem Aufbrechen des Egoismus beharrt haben. Dieses Aufbrechen geschieht nach ihnen nur in der Gemeinschaft des Wir. In diesem Sinne betont Johannes von Sinai in seinen Klimaxschriften: »Ich bemerkte ein mitleiderregendes Benehmen unter den leicht Erregbaren, welches ihnen aufgrund ihres Hochmuts zustößt, ohne von ihnen wahrgenommen zu werden: In ihrem Zorn erzürnen sie sich erneut über ihre Niederlage, und es befremdete mich zu sehen, wie sie ihren Fehltritt strafen, und verspürte Mitleid zu beobachten, wie sie die eine Sünde mit einer zweiten rächen. Ich staunte also über die Verschlagenheit der Dämonen und verzweifelte beinahe über mein eigenes Leben. Sieht sich jemand leicht vom Stolz, dem Jähzorn, der Bosheit und der Verstellung überwältigt und denkt deshalb daran,

legendes Charakteristikum des Verstehens des anderen. Deshalb betont Archimandrit Sophrony die Wichtigkeit des Mitleidens, da in ihm der wahre Dialog stattfindet. Gott leidet nach Sophrony mit dem Menschen mit, da er ihn versteht. »Göttliche Liebe, das wesentliche Merkmal lebendiger Ewigkeit, vermag eines nicht: in dieser Welt nicht zu leiden. Durch asketische Anstrengung und den Besuch der Gnade weich geworden, wird dem Herzen gewährt und sei es auch nur teilweise, die Liebe Christi zu leben, welche die ganze Schöpfung mit unendlichem Mitleid für alles Seiende umfängt.«[7] Durch das Mitleiden hypostasiert das Individuum das Ich des anderen und wird damit vom einfachen Mitleidenden zum Leidenden. Das Leid des anderen wird zu meinem Leid. Diese Form der christlichen Communio erinnert an die christologische Formel von Chalkedon. Die zwei Personen sind damit durch diese Vereinigung unvermischt, unverändert, ungeteilt und ungetrennt. Jeder behält seine Individualität, sein Personsein definiert sich jedoch erst in der Communio-Vereinigung mit den anderen.

Man könnte sicherlich den Leidenscharakter des Gebets kritisieren, so wie dieser bei Archimandrit Sophrony dargestellt wurde und dies, weil die Gefahr besteht, dass der Mensch keine Freude empfindet und nur das Leid der anderen bei sich verdoppelt. Dies würde zu einem leidvollen Gebetsleben führen. Wenn man das Kreuz aber tiefer studiert, sieht man, dass dieses Zeichen der Verzweiflung und des Todes in der antiken-römischen Welt gleichzeitig für die Christen ein Zeichen der Hoffnung war. In diesem Sinne sollte man das Mit-leiden, so wie wir es bei Sophrony gesehen haben, als ein Mithoffen verstehen. Eine Hoffnung, die sich im Gebet an Christus ausdrückt.[8] In diesem Sinne betonte Paulus: ihr sollt nicht

dagegen das doppelzügige Schwert der Sanftmut und der Langmut zu ziehen, sollte er sich, so wie jemand eine rettende Walkerei aufsucht, in eine Gemeinschaft von Brüdern begeben und zwar den Unnachgiebigsten, wenn er sich von diesen Leidenschaften befreien will, um dort von den Beschimpfungen und Schmähungen gedrückt und den von den Brüdern verursachten Sturmfluten geistig geschlagen [...], den Schmutz, der auf dem Gewand seiner Selle lastet, abzuwaschen.« Johannes von Sinai, Klimax oder Die Himmelsleiter, hg. v. Berg Sinai Stiftung Athen 2000, 147–148. In diesem Sinne ist Demut nur in der Communio möglich, benötigt aber auch die Freiheit des Ichs, zu dieser Demut Ja zu sagen. Somit befreit, nach der Schrift des Sinaiten, die Demut die Selbstbezogenheit des Egos, das sich nun mit dem Wir in Dialog setzen kann.

7 Sophrony, Gebet (s. Anm. 1), 20.

8 Vgl. a. a. O., 25. Hier betont der Archimandrit: »Christi Liebe regt uns zu mitleidvollem Gebet für alle Menschen an«. Somit wird das Gebet zum Topos des Mitleidens. Gleichzeitig wird uns nach Sophrony im Gebet auch das Subjekt der Liebe und damit der Hoffnung offenbart, nämlich Christus.

traurig sein »wie die anderen, die keine Hoffnung haben« (1Thess 4,13). Die Hoffnung also ist ein weiteres Standbein des Gebets, das mit dem Leiden zusammen gesehen werden muss, da ansonsten tatsächlich das Leiden jemanden zerdrücken könnte.

Papst Benedikt XVI. hat in seiner Enzyklika Spe Salvi die Bedeutung der Hoffnung für die Christen betont: »Erst wenn Zukunft als positive Realität gewiss ist, wird auch die Gegenwart lebbar.«[9] Damit spielt das Gebet als Ort der Vereinigung von Zukunft mit der Gegenwart und der Vergangenheit eine wichtige Rolle. Im Gebet erfährt der Mensch die Zukunft als gewiss. In diesem Sinne ist auch für Sophrony die Zeit *»der Ort unserer Begegnung mit dem Schöpfer«*.[10] Im Ewigkeitsmoment des Gebets verbinden sich die drei Zeitsphären, weil der Dialog des Gebets mit dem zeitlosen Herrn[11] stattfindet.

Betrachtet man die Kreuzbalken, könnte man im horizontalen Kreuzbalken den Leidenscharakter des Gebets und die Liebe zu den Mitmenschen symbolisiert sehen. Der vertikale Balken könnte wiederum als Hoffen auf den auferstandenen Herren verstanden werden. Wichtig ist in der orthodoxen Theologie, dass es sich in beiden Fällen um eine Personengemeinschaft handelt und das Gebet an sich eine *communio* bildet. Es hat zwei Energierichtungen. Einerseits ist das Gebet auf der horizontalen Ebene ein *Gebet für* … und der vertikalen Ebene dagegen ein *Gebet an* … Als Beten für den Kosmos zu Gott wird jegliche Art von Idolatrie ferngehalten. Deshalb hat auch für Archimandrit Sophrony die Gott-Mensch-Ebene des Gebets einen besonderen Charakter, da das »Gebet eine Energie besonderer Art ist. Es ist die Vereinigung von zwei Energien – der unsrigen (geschaffenen) und derjenigen Gottes (der ungeschaffenen). Als solches wirkt es sowohl im Körper als auch außerhalb des Körpers, sogar außerhalb von Raum und Zeit.«[12]

Das Gebet ist also nicht nur ein Akt, eine Energie des Menschen, sondern ein Ereignis, das die »Grenzen unserer Existenz«[13] übersteigt. Was heißt das? Für ihn kann wahres Gebet nur durch die Gnade des Heiligen Geistes gewährleistet werden. Alle anderen Gebetsversuche, die nicht in der Gnade geschehen, sind für ihn zwar temporär beschränkte Beruhi-

9 Benedikt XVI., Auf Hoffnung hin gerettet. Die Enzyklika Spe Salvi, ökumenisch kommentiert von Wolfgang Huber, Augoustions Labaridakis, Karl Lehmann, Freiburg/Basel/Wien 2007, 12.

10 Sophrony, Gebet (s. Anm. 1), 22.

11 Vgl. Offb 10, 5–6.

12 Sophrony, Gebet (s. Anm. 1), 62.

13 A. a. O., 16.

gungswege, jedoch nicht mit dem eigentlichen Gebet gleichzusetzen.[14] Das Gebet erhält dadurch einen kosmischen und eschatologischen Charakter, der als Geschehnis Ort und Zeit sprengt. Man könnte sagen, dass die Gebetsenergie des Menschen durch die Gnade des Heiligen Geistes eine Theosis erfährt. Das Gebet wird dadurch zum Band zwischen Gott und den Menschen. Das gipfelt im orthodoxen Verständnis in der Eucharistiefeier, die als Göttliche Liturgie Zusammenfluss von Vergangenheit (Anamnese), Gegenwart (Parontologie) und Zukunft (Eschatologie) ist. Diese höchste Ausdrucksform des Gebets drückt die Hypostasie des Gebets an sich aus. Gebet ist die Harmonie des gesamten Kosmos.[15]

2 Die Form des liturgischen Gebets

Gebet ist im liturgischen Sinne ein Dialog zwischen Gott und den Menschen und den Menschen mit Gott. Friedrich Heiler hat die Eigenart der orthodoxen Liturgie versucht zu erklären: »[...] vor allem aber in den sa-

[14] »Wahres Gebet, das uns mit dem Allerhöchsten vereint, ist nichts anderes als Licht und Kraft, die aus dem Himmel auf uns herabkommen. Seinem Wesen nach geht es über die Grenzen unserer Existenz hinaus. In dieser Welt gibt es keine Energiequelle für das Gebet. Wenn ich gut esse, damit mein Körper stark ist, so wird mein Fleisch aufbegehren und seine Ansprüche werden sich mehren: Ihm ist nicht nach Beten zumute. Wenn ich mein Fleisch durch übermäßiges Fasten demütige, so erzeugt die schmerzhafte Enthaltsamkeit eine Zeit lang einen günstigen Boden für das Gebet, dann jedoch ist der Körper erschöpft und weigert sich, dem Geist zu folgen. Wenn ich mit guten Menschen verkehre, so mag ich seelische Befriedigung empfinden und zuweilen eine neue psychologische oder intellektuelle Erfahrung erwerben, doch äußerst selten erhalte ich meinen Antrieb für das tiefe Gebet. Wenn ich begabt bin für wissenschaftliche Arbeit oder künstlerisches Schaffen, so wird mein Erfolg mir Anlass zur Eitelkeit geben, und es wird mir unmöglich sein, das tiefe Herz zu finden, den Ort des geistigen Gebetes. Wenn ich materiell begütert und damit beschäftigt bin, die mit Reichtum verbundene Macht auszuüben, oder die Gelegenheit nutze, einige meiner Ideen zu verwirklichen oder meine ästhetischen und psychischen Verlangen zu befriedigen, so wird meine Seele sich nicht zu Gott erheben, wie wir Ihn durch Jesus Christus kennengelernt haben. Wenn ich mich von Hab und Gut lossage und in die Wüste zurückziehe, so wird auch dort der Widerstand aller kosmischen Kräfte mein Gebet lähmen. Und so fort, ohne Ende. Wahres Gebet zum wahren Gott ist Gemeinschaft mit dem heiligen Geist, Der in uns betet.« A. a. O., 16–17.

[15] Michaela C. Hastetter setzt die orthodoxe Gebetstheologie mit den Kompositionen von Arvo Pärt in Verbindung und analysiert gleichzeitig die Komposition des Gebets. Vgl. Michaela C. Hastetter, Mit Tönen gezeichnetes Beten, Theologisch-spiritueller Blick auf die Passio von Arvo Pärt anhand der orthodoxen Gebetslehre des Archimandriten Sophrony, in: Beate Kowalski / Michaela C. Hastetter, Die Johannespassion von Arvo Pärt, Stuttgart 2015, 91–126.

kramentalen Elementen empfangen die Gläubigen ein Unterpfand der wahren Gegenwart Christi. In den Preisworten der Gebete und Gesänge wie in der stummen Zeichensprache der Gesten, des Sich-Beugens und Sich-Niederwerfens und des Kusses findet die anbetende Haltung der Seele ihren natürlichen Ausdruck. Die himmlische Welt senkt sich herab auf diese arme Erde; der Lichtglanz des ewigen Gottes leuchtet herein in das Dunkle der Welt, die Königsherrlichkeit Christi durchstrahlt die Finsternis der gefallenen Menschheit. Die Kluft, die zwischen dem sündigen Menschen und dem heiligen Gott gähnt, schließt sich; Gott kehrt im Sakrament ein in die Seele des Menschen, heiligt, verwandelt, verklärt und vergottet sie.«[16] Durch diese dyophysitische Eigenart des Gebets, also seine göttliche und die menschliche Doppelnatur, muss man das Gebet als Communio/Κοινωνία verstehen, als gottmenschliche Beziehung. Es kann also nicht aus einem *In-sich-Hineingehen*, sondern muss aus einem *Aus-sich-Heraustreten* bestehen.

Archimandrit Sophrony betont, dass »das Gebet ein schöpferisches Werk ohne Ende ist«.[17] In dieser schöpferischen Kraft des Gebets reinigt dieses alle Zeitebenen und wird dadurch die kommunikative Kraft des gesamten Kosmos. Hierbei versteht sich das Gebet als diese harmonisch schöpferische Kraft des Kosmos und der gesamten Geschichte. Geschichte drückt sich jedoch wieder durch die Bewegung also durch Zeit aus. Die Heilsgeschichte – Heilszeit – bzw. die Heilsökonomie ist somit in diesem einen Punkt des Gebets, wo sich die beiden Ebenen kreuzen, vereint. Jegliche physikalische Barriere wird gebrochen und der Mensch trägt dadurch den gesamten Kosmos in sich. Das präsentische Gebet dient dadurch zur Heilung der Vergangenheit und der Zukunft bei.

Der russische Philosoph Berdiajew erläutert in seiner Philosophie der Zeit, dass das Präsens der Tod der Vergangenheit und die Zukunft der Mörder der Gegenwart ist.[18] Man erkennt in dieser Zeit- bzw. Geschichts-

16 Friedrich Heiler, Die Ostkirche, München 1971, 226.

17 Sophrony, Gebet (s. Anm. 1), 13.

18 »Die Gegenwart ist lediglich irgendein Augenblick von unendlich kleiner Dauer, der statthat, wenn es die Vergangenheit schon nicht mehr und die Zukunft noch nicht gibt, welcher aber, an sich, einen gewissen abstrakten Punkt darstellt, der keine Realität besitzt. Die Vergangenheit ist gespenstisch, weil es sie schon nicht mehr gibt. Die Zukunft, weil es sie noch gibt. Der Faden innerhalb der Zeit ist in drei Teile zerrissen, es gibt keine reale Zeit. Die Auffressung eines Teiles der Zeit durch den anderen führt zu einem Schwinden jeglicher Realität und jeglichen Seins in der Zeit. In der Zeit tritt das böse Prinzip hervor, das todbringende und vernichtende, weil, wahrlich, der Tod der Vergangenheit, den jeder folgende Augenblick mitbringt, ihr Versinken in die Finsternis des Nichtseins, das von jedem Geschehen in der Zeit mitgebracht wird, ja auch das Prinzip des Todes ist. Die Zu-

philosophie einen Kampf der Zeiten, wo die neuere gegenüber der älteren Zeit vorherrschend sei und die andere durch ihr Neuaufkommen zerstören möchte. Diese kämpferische Auffassung von Zeit ist der orthodoxen Gebetszeitauffassung entgegen gesetzt, wonach in der Eucharistiefeier die drei Zeitperioden harmonisch ineinander laufen. Das Gebet ist die Kraft, wodurch die Zeitperioden nach der zeitphilosophischen Auffassung von Berdiajew ihren Antagonismus verlieren und zur Einheit werden. Das Aufbrechen dieses Zeitantagonismus geschieht dadurch, dass der vertikale Querbalken des »Kreuzgebets« die horizontale Zeitlinie unterbricht. Ohne das Gebet zu Gott hin (vertikaler Balken), würde damit die Horizontale eine Zeitlinie darstellen, die man mit der Zeitphilosophie Berdiajews vergleichen könnte. Das Gebet braucht also diese zwei Dimensionen, damit dieser Bruch stattfindet. Die Communio zu Gott hin und zu den Mitmenschen ist dabei die reinste Form des Gebets. Ohne die beiden Richtungen des Gebets bleibt das Gebet unvollkommen.

2.1 Die grundsätzlichen Ebenen des Gebets

Die Orthodoxe Liturgie ist, wie Friedrich Heiler schon gesehen hat, dafür das beste Beispiel. Sie vereint diese Ebenen vorbildlich. Die vertikale Ebene (Gott-Mensch) und die horizontale Ebene (Mensch-Mensch). Beide Ebenen müssen intern noch einmal unterteilt werden:

A) Die vertikale Ebene:
1. Unerschaffene Ebene (Gott)
2. Erschaffene Ebene (Mensch)

B) Die horizontale Ebene:
1. Vergangenheit
2. Gegenwart
3. Zukunft

Ich möchte einige Beispiele aus der Orthodoxen Liturgie beibringen. Die vertikale Ebene wird in der Liturgie unter anderem durch den Dialog zwischen Gott und den Menschen dargestellt. Einerseits lobt oder bittet die Gemeinde den Herrn, auf der anderen Seite äußert sich der Herr durch

kunft ist der Mörder jedes vergangenen Augenblickes; die böse Zeit ist in Vergangenheit und Zukunft zerrissen, in deren Mitte ein gewisser ungreifbarer Punkt steht. Die Zukunft frisst die Vergangenheit, um sich hernach in ebensolch eine Vergangenheit zu verwandeln, welche selbst wieder von der weiteren Zukunft gefressen werden wird«. Nicolai Berdiajew, Der Sinn der Geschichte: Versuch einer Philosophie des Menschengeschickes, Otto Reichl Verlag, Tübingen 1950, 111.

seine Präsenz nicht zuletzt im Abendmahl der Gemeinde selbst. Das Abendmahl, die Kommunion, ist damit der Höhepunkt der Vereinigung zwischen Gott und den Menschen. Das Gebet dient hierbei als vorbereitende Kommunion für diese Vereinigung. Man könnte sagen, dass die Kommunion das vollkommene Gebet widerspiegelt. Bevor jedoch diese Einigung in der Kommunion stattfindet, bedarf es in der Liturgie auch der horizontalen Ebene. Die Liturgie ist hierbei sowohl a) anamnetisch als auch b) präsentisch und c) eschatologisch.

Wie drücken sich diese drei Dimensionen der Liturgie aus? Während der Umwandlungsgebete der Gaben, in dem Moment, in dem nach orthodoxer Auffassung der Wein und das Brot sich in Blut und Leib Christi verwandeln, spricht der Priester unter anderem die Worte: »Eingedenk also dieses heilbringenden Gebotes und all dessen, was für uns geschehen ist, des Kreuzes, des Grabes, der Auferstehung am dritten Tage, der Auffahrt in die Himmel des Sitzens zur Rechten und der zweiten und hehren Wiederkunft«[19]. Die Zeitbarrieren haben sich in der göttlichen Liturgie vollkommen aufgelöst. Der oben erwähnte Gebetssatz des Priesters wird mit dem Gedenken eingeleitet und bezieht sich auf die präsentische Situation des Beters, auf die vergangenen Geschehnisse der Passion und Auferstehung, aber auch des eschatologischen Ereignisses der Wiederkunft Christi. Die Liturgie befindet sich in einem zeitlosen Vakuum und blickt anamnetisch sowohl in die Vergangenheit als auch in die Zukunft.

Ein anderes wichtiges Bild des orthodoxen Eucharistieverständnisses ist das Zusammenkommen des gesamten Kosmos während der Liturgie an einem Ort.[20] In den Orthodoxen Kirchen werden viele Heilige bildlich dargestellt, die zwar einerseits als pädagogische Beispiele dienen, als entschlafene Vorbilder der Vergangenheit, andererseits jedoch auch als reale Personen, die in diesem Zeitmoment in der Liturgie zusammen mit den Gläubigen in der Kirche in Richtung Altar beten, welcher den Himmel versinnbildlicht. Auch hier wird das Zusammenkommen der verschiedenen Zeitperioden in der orthodoxen Liturgie deutlich.

19 Aus der Umwandlungspassage der göttlichen Liturgie des Hl. Johannes Chrysostomos. Die Vorliegende deutsche Fassung ist die von der zuständigen Arbeitsgruppe der orthodoxen Bischöfe Deutschlands unter der Leitung von Priestermönch Benedikt Schneider vorgelegte Übersetzung.

20 Bezüglich der kosmischen Dimension der orthodoxen Eucharistiefeier siehe Daniel Munteanu, Homo eucharisticus. Die anthropologische und kosmische Dimension der Eucharistie, in: International Journal of Orthodox Theology 2:3 (2001), 188–202.

2.2 Das Jesusgebet

Während die göttliche Liturgie die Höchstform des Gebets darstellt, ist das tägliche Gebet die Grundform in der spirituellen Tradition. Sie wird im Klassiker der orthodoxen Gebetspraxis entfaltet, den »Aufrichtigen Erzählungen eines russischen Pilgers«.[21] Dieser Text eines unbekannten Verfassers berichtet über einen Pilger auf den weiten Wegen Russlands und über sein Bemühen, das Pauluswort »Betet ohne Unterlass«[22] im täglichen Leben in die Praxis umzusetzen. Dabei spielt das sogenannte Jesusgebet eine wichtige Rolle.

Mit Recht betont Emmanuel Jungclaussen: »Der entscheidende Schritt zur Einigung der Christenheit ist die Erkenntnis, dass die verschiedenen christlichen Kirchen und Gemeinschaften in der Verwirklichung des Christusgeheimnisses voneinander lernen und sich dadurch im geistlichen Leben gegenseitig bereichern können.«[23] In diesem Sinne ist das Jesusgebet ein besonderer Beitrag in diese Richtung. Das Jesusgebet bildet neben dem Tagesgebetszyklus eine der wichtigsten Gebetspraxen des geistlichen Lebens in den orthodoxen Kirchen. Das Jesusgebet wird durch seine prägnanten, aber höchst theologischen Worte zu einem Eckpfeiler des Gebets, da es überall und immer gebetet werden kann. Die einfachen Worte: »Herr Jesus Christus, Sohn Gottes erbarme dich meiner/unser« drücken in ihrer Einfachheit den gesamten christologischen Glauben der Kirche aus und sind dabei für jeden Gläubigen verständlich. Sowohl der Glaube an Jesus Christus als den Herrn und Sohn Gottes als auch die Erlösung durch ihn werden in diesem kurzen Ausruf verdeutlicht.

Während ein orthodoxer Mönch seine monastische Profess ablegt, wird ihm bei der Verleihung der Tonsur gesagt: »Unser/e Bruder/Schwester, empfange das Schwert des Geistes, das ist das Wort Gottes, um ohne Unterlass das Jesusgebet zu sprechen; denn du sollst den Namen des Herrn Jesus ständig in Gedanken, im Herzen und auf den Lippen haben und ohne Aufhören sprechen: Herr Jesus Christus, Gottes Sohn, sei mir Sünder/Sünderin gnädig.«[24] Dabei erhält sie beziehungsweise er eine Gebetskette (Κομποσκοίνι-Knotenband), die als Waffe des Mönchs beziehungs-

[21] Emmanuel Jungclaussen (Hrsg.), Aufrichtige Erzählungen eines russischen Pilgers, Freiburg/Basel/Wien 2012. Zur Entstehungsgeschichte siehe die Einführung von Jungclaussen, a. a. O., 7–22.

[22] 1 Thess 4,17.

[23] Jungclaussen, Aufrichtige Erzählungen, (s. Anm. 21), 7.

[24] Vgl. dazu Archimandrit Symeon, Mysterium der Person, Grundzüge einer geistlichen Anthropologie im Geiste des Heiligen Siluan, Vorträge und Antworten 1992–2008, hrsg. v. Xenia Schröder, Geilnau 2012, 12f.

weise der Nonne gilt. Auch wenn das Jesusgebet besonders für das monastische Leben eine Gebetsgrundlage darstellt, so hat dieses auch bei den Laien eine große Beliebtheit in der Gebetspraxis.[25] Zwar hat das Jesusgebet in der offiziellen orthodoxen liturgischen Praxis keinen kanonischen Platz gefunden, doch wurde es von den Gläubigen besonders außerhalb des regulären Gebetszyklus praktiziert. Das Kloster des Heiligen Johannes des Täufers im englischen Essex bei Maldon hat als erstes das Jesusgebet in den Abend- bzw. Morgengottesdienst eingebunden. Es war der erste Abt und Gründer des Klosters, Archimandrit Sophrony, welcher oben schon erwähnt wurde, der diese Gebetsform in den Gebetszyklus des Klosters eingeführt hat. Archimandrit Symeon, ein geistliches Kind von Archimandrit Sophrony, stellt dazu fest: »Man kann natürlich die Worte des Gebets kommentieren, beschreiben, wie das Jesusgebet durch die Jahrhunderte hindurch Gestalt angenommen hat und bis zu uns gelangt ist, die Autoren vorstellen, die darüber geschrieben haben und was sie darüber gesagt haben; doch all das ist auf der spirituellen Ebene nicht wirklich bereichernd. Was dagegen wichtig ist, ist zu wissen, was uns beim Gebet hilft, wie man es in die Praxis umsetzt, welches die Hindernisse sind, was es unfruchtbar und unwirksam macht.«[26] Für den Archimandrit hat das Jesusgebet zwei Voraussetzungen, Demut und Feindesliebe. Ersteres schütze den Gläubigen vor dem Stolz, der Sünde Luzifers und Adams. Dann erst könne Liebe wachsen, in der man sich dem Nächsten zuwendet. Dies werde dann die andere Seite derselben Medaille herbeiführen, nämlich die Feindesliebe. Ohne Demut sei keine Feindesliebe möglich und damit kein eigentliches Gebet.[27] Wenn man das Gebet sowohl mit der Feindesliebe als auch mit der Demut verbindet, wird das Gebet zu einer ethischen Handlungsleitung. Rosemary Edmonds zeigt, wie Sophrony fest daran glaubt, »dass der Mensch verbesserungsfähig ist [...]. Immer wieder erklärt er rundweg, dass das Gebet der sicherste Weg sei, Gott zu erkennen.«[28] Gebet wird demnach zum Grundsein der Erkenntnis Gottes nach dem Archimandriten, und diese Erkenntnis gewährleistet erst die Ethik einer Gesellschaft. Somit wird das Gebet zu einer ökumenischen Bewegung im weiten Sinne.

[25] Der Thessaloniker Liturgiker Nekodemus Skrettas hat die Beliebtheit des Jesusgebets bei allen kirchlichen Gruppen in der Orthodoxen Kirche betont herausgestellt. Vgl. Nekodemus Skretas, Η Διδασκαλία του Γέροντος Σωφρονίου για την προσευχή του Ιησού, in: Ιερά Μεγίστη Μονή Βατοπαιδίου, Γέροντας Σωφρόνιος. Ο Θεολόγος του Ακτίστου Φωτός, Berg Athos 2008, 471–510, hier besonders 495–499.

[26] Symeon, Mysterium der Person (s. Anm. 25), 23.

[27] Ebd.

[28] Rosemary Edmonds, Einführung, in: Archimandrit Sofronij, Sein Leben ist mein, Basel 2010, 13.

Das Gebet kann nach Archimandrit Symeon nur gelingen, wenn es in sich die gesamte Menschheit in der Person des Mitmenschen aufnimmt. Wer die Feindesliebe praktiziert, kann die gesamte Menschheit in sein Herz einschließen. Somit wird das Gebet zu einem ökumenischen Topos. Das Gebet ist damit die wirkende Kraft der gesamten Menschheit, da Gebet zur vertikalen und horizontalen Communio wird. Somit trägt das Gebet zur Humanisierung des Menschen bei. Der liberale Theologe Hans Küng geht in seiner Humanisierungstheorie in dieselbe Richtung, wenn er betont: »Jesus erwartet einen anderen, neuen Menschen: ein radikal verändertes Bewusstsein, eine grundsätzliche andere Haltung, eine völlig neue Orientierung im Denken und Handeln. [...] Der eigentliche Feind einer solchen Veränderung bin ich erfahrungsgemäß selber, ist mein eigenes Selbst.«[29] Küng zufolge ist die Metanoia, die Umkehr, nicht nur »ein intellektuelles bestimmtes oder gefühlsbetontes religiöses Erlebnis«.[30] Der Mensch kann nur in der Communio als dialogisierendes Wesen seine Menschheit finden. Damit ist die Überwindung des eigenen Selbst, wie Küng es nennt, die Überwindung des getrennten eigenen Ichs. Dieser Schritt kann jedoch nur geschehen, wenn die Demut, wie oben beschrieben, die energische Quelle der Umwandlung bildet. Demut wird demnach die treibende Kraft der Metanoia. Somit ist das Gebet die Erfüllung des Menschen, da das Gebet den vertikalen und den horizontalen Dialog des Menschen beinhaltet. Somit vervollständigt sich der Mensch, wenn er sein Herz für den unmittelbaren Anderen bis hin zu der gesamten Menschheit im Gebet aufschließen kann. Die Bereitschaft der Öffnung des Herzens ist ein grundlegendes Charakteristikum für den Dialog. »O Ihr Korinther!«, betont Paulus, »Unser Mund hat sich zu euch aufgetan, unser Herz ist weit.«[31] Die Weite des Herzens führt zum Dialog. Das Herz wird somit das Gefäß des Gebets und das Gebet ein ökumenischer Topos.

Für Archimandrit Zacharias Sacharow, ebenfalls ein geistlicher Schüler von Archimandrit Sophrony, ereignet sich die reinste Vereinigung des Menschen mit Gott im Gebet: »Prayer is the spiritual man's work par excellence, by which the fact of his creation in the image and after the likeness of God is brought to light. Aside: We pray because we are created in the image and after the likeness of God (Gen 1:26). End of aside. So inti-

29 Hans Küng, Jesus, München 2012, 141f.
30 Ebd.
31 2Kor 6, 11.

mately is man's union with God realized in prayer, that he mirrors the divine perfection in his corporeal existence, and reflects it in his imitation of God s life.«[32] Für ihn wird diese Einigung im Gebet mit Gott die eigentliche Grundlage des Personseins des Menschen. »In the heart, which is the place where God's communion with man is cultivated the Spirit of God is revealed, operates and prays, the heart is opening up to prayer and heals man's personhood.«[33] Diese Personalgemeinschaft wird für Archimandrit Zacharias dann der Topos, an dem der Einzelne zur Person und damit zur Kirche wird. Personsein bedeutet für ihn Kirche sein, und nur so kann man verstehen, dass Kirche im analogen Sinn Person ist.[34] Letzten Endes führt die Einigung in der Kirche, die von den Kirchenvätern als Leib Christi gesehen wird, zur Einigung mit Jesus Christus selbst. Dies ist nach Joseph Ratzinger/Papst Benedikt XVI. diese neue Dynamik der Einheit, welche die Kirche bringen muss und soll: »Das Sein Jesu Christi und die Botschaft Jesu Christi haben eine neue Dynamik in die Menschheit getragen, die Dynamik des Übergangs aus dem zerrissenen Sein der vielen einzelnen in die Einheit Jesu Christi, in die Einheit Gottes hinein. Und die Kirche ist gleichsam nichts anderes als diese Dynamik, dieses In-Bewegung-Kommen der Menschheit auf die Einheit Gottes hin. Sie ist ihrem Wesen nach Übergang. Vom zerrissenen, gegen den anderen gewendeten Menschsein zum neuen Menschsein, zur Vereinigung des Zerscherbten hin.«[35]

Es wird aus dem Gesagten verständlich, dass das hypostatische Gebet, das personale und nicht das atomare Gebet, dazu führt, dass Gebet ein wahrhaftiges ökumenisches Ereignis wird. Überall dort, wo Gebet stattfindet, befindet sich die Gemeinschaft der Kirche und zwar der gesamten Kirche. Somit ist klar geworden, dass Gebet Kommunion und Kommunikation nach außen bedeutet und nicht das Einschließen in ein inneres atomares Ich. Gebet kann deshalb immer nur im Wir stattfinden.

32 Archimandrite Zacharias, The enlargement of the heart, Be ye also enlarged (2 Corinthians 6:13) in the Theology of Saint Silouan the Athonite and Elder Sophrony of Essex, Mount Thabor Publishing, South Canaan 2006, 114.

33 A. a. O., 115.

34 Vgl. a. a. O., 114–127.

35 Joseph Ratzinger, Die Einheit der Nationen, Eine Vision der Kirchenväter, Salzburg, München 2005, 34.

4 Zusammenfassung

Die Öffnung des Herzens zu Gott hin eröffnet – wie wir gesehen haben – das Herz so weit, dass in ihm doch zuletzt die gesamte Menschheit hineinpasst; so findet die eigentliche Metamorphose des Ichs statt und das Atom wird zur Person. Damit wird das hypostatische Gebet zum ökumenischen Ereignis. Gebet wird damit die treibende Kraft für die *Einheit aller,* da dieses einerseits hypostatisch ist, also zwischen Hypostasen/Personen stattfindet, andererseits jedoch genau aus diesem Grund ökumenisch ist.

Die Liturgie als Topos des Gebets vereinigt – wie wir gesehen haben – darüber hinaus die Zeiten an sich. Das Gebet wird dadurch zeit- und ortlos. Die Verbindung des gesamten Kosmos findet durch die vertikalen und horizontalen Dimensionen des Gebets statt, weil sie die Einlinigkeit unterbrechen. Diese Dynamik muss der Betende in sich tragen, damit er wirklich sagen kann, dass er betet und nicht monologisiert. Es braucht im Rahmen des heutigen Dialogs zwischen den christlichen Konfessionen mehr dialogisierende Betende, die die Ökumene in sich tragen, als monologisierende Apologeten, die letztendlich im Gefangensein ihres Ichs nur mehr spalten als einen. Der betende Dialogisierende trägt in sich die Ökumene und macht diese Ökumene – die gesamte Welt – zu seinem eigenen Ich.

Interzession

Dogmatische Erwägungen zum stellvertretenden Fürbittgebet

Martin Hailer

Abstract

Für andere zu beten, gilt in allen christlichen Konfessionen als Selbstverständlichkeit. Genau deshalb aber lohnt der Blick auf das Momentum von Stellvertretung, das dieser Tätigkeit innewohnt. Der Aufsatz analysiert zunächst die Struktur des stellvertretenden Gebets und benennt dafür u.a. differenzierte Öffentlichkeiten und das mitgesetzte priesterliche Amt der Beterinnen und Beter. Im nächsten Schritt wird das Thema »Stellvertretung« phänomenologisch und theologisch analysiert: Ausgehend von dem Geschehen des großen Versöhnungstages (Lev 16) wird gezeigt, dass nach jüdischer und christlicher Überzeugung Gottes Handeln am und für den Menschen wesentlich stellvertretungstheologisch auszusagen ist. Eilfertige Vermeidungen des Themas, weil es vorgeblich schwer zu verstehen sei oder ein rückständiges Gottesbild transportiere, erweisen sich demgegenüber als falsch. Das stellvertretende Gebet selbst zeigt sich dann als eine von mehreren menschlichen Möglichkeiten, in Gottes stellvertretendes Handeln hineingezogen zu werden.

Der Vorgang ist allsonntäglich: Gegen Ende des Gottesdienstes oder – je nach liturgischer Üblichkeit – vor Beginn des Eucharistie-/Abendmahls-Teils fordert der Priester oder die Pfarrerin die Gemeinde auf, sich zur gemeinsamen Fürbitte zu erheben. Die Gemeinde betet um Gottes Gegenwart und Behütung in der anbrechenden Woche. Das Gebet thematisiert aber eben nicht nur die Anwesenden und das, was sie vor Gott bringen und worum sie ihn bitten: Fürbitte, die nicht stellvertretende Fürbitte für andere ist, würde kaum als Fürbitte verstanden werden. Der Gebetsakt kurz vor dem Segenszuspruch oder vor Beginn der Mahlfeier ist wesentlich einer, der Ort und Zeit derer, die zu ihm versammelt sind, überschreitet. Menschen, die möglicherweise wissen, dass für sie gebetet wird, werden in die Bitte der versammelten Gemeinde eingeschlossen, genauso aber solche, die davon gewiss keine Kunde haben, ausdrücklich auch manche von denen, die dies für sich gar explizit ablehnen würden.

Dieser Vorgang mag als Vorgang im Gottesdienst einer Kirchengemeinde und für die kleineren Gebetsformen im Alltag selbstverständlich sein, so selbstverständlich sogar, dass manche Fürbitten arg routiniert klingen oder aber als ›Katastrophentourismus‹ Ausweis der mehr oder weniger wachen Zeitgenossenschaft ihres Verfassers sind. Freilich haftet dem Fürbittgebet eine Eigentümlichkeit an, die bei aller Wohlvertrautheit eigene Aufmerksamkeit verdient: Warum und mit welchem theologischen Recht wird Gott um Menschen willen angegangen, die diese Bitte selbst nicht vorbringen oder – mehr noch – sie gar für sich ablehnen würden? Wir haben es hier offenkundig mit einem Spezialfall des Bittgebets zu tun.

Dem Bittgebet allgemein wird im vorliegenden Band auf teils kontroverse Weise Aufmerksamkeit zuteil, so dass ich die Frage nach seiner Begründung und Eigenart weitgehend außer Acht lasse – die inner-evangelische Positionsmarkierung, dass mir die u. a. von Friedrich D. E. Schleiermacher und Albrecht Ritschl vorgebrachte Skepsis am Sinn des Bittgebets überhaupt nicht einleuchtet, muss hier genügen, und wird, wenn Nachstehendes irgendwelche Plausibilität hat, einleuchten können. Auch außen vor bleibt die praktisch-theologische Perspektive auf das Phänomen.[1] Vielmehr soll schlaglichtartig beleuchtet werden, was vor sich geht und wer die Betenden sind, wenn für andere gebetet wird. Ich benenne dafür zu Beginn eine fundamentaltheologische Implikation des Themas und entwickle sodann die theologische Struktur des fürbittenden Gebets. Im dritten Schritt wird das dahinterliegende Phänomen der Stellvertretung in theologischer Hinsicht entwickelt und im Schlussabschnitt auf die Frage bezogen, wie das Fürbittgebet im Rahmen von Gottes Stellvertretung für Menschen zu stehen kommt.

1 Die fundamentaltheologische Funktion des Gebets

»So gewiß die Dogmatik nicht selbst Doxologie ist, so gewiß kann sie als Lehre von Gott sich nicht von der Doxologie lösen und verselbständigen, ohne Schaden zu nehmen. Die Lehre von Gott ist zwar nicht Doxologie,

[1] Informationen und Verweise bei Corinna Dahlgrün, Christliche Spiritualität. Formen und Traditionen der Suche nach Gott, Berlin 2009, bes. 423 ff.; Magnus Striet (Hrsg.), Hilft Beten? Schwierigkeiten mit dem Bittgebet, Freiburg 2010; Winfried Eisele (Hrsg.), Gott bitten? Theologische Zugänge zum Bittgebet, Freiburg 2013.

aber sie hat zur Doxologie hinzuführen und hat ihr zu dienen. Sie sollte darum in der Nähe der Struktur doxologischer Aussagen bleiben.«[2] – Mit diesen Sätzen gibt Edmund Schlink eine Meinung wieder, die quer durch die Konfessionen anschlussfähig ist:[3] Dogmatik beginnt nicht bei sich selbst, sondern erhält ihre Themen aus dem Lob Gottes. Sie ist eine abkünftige Disziplin, die vom menschlichen Vernehmen und Lob Gottes herkommt und ihre Arbeit dann gut macht, wenn sie dies Vernehmen und Lob in rechter Weise orientiert und also wieder zu ihm zurückführt.

Dogmatik spricht nicht nur über das Gebet, aber alles, was sie verhandelt, kommt aus dem Reden zu Gott und führt wieder zu ihm zurück. Wenn das Gebet selbst thematisch wird, so handelt es sich also um eine Übung, die die Bedingungen dogmatischen Sprechens selbst in den Blick rückt und also ein Stück Fundamentaltheologie betreibt. Das ermöglicht zunächst Feststellungen eher allgemeiner Art, etwa die, dass Dogmatik, so sehr sie eine intellektuelle Disziplin darstellt, letztlich »nur als Glaubensakt möglich« ist.[4] Das zeitigt die unmittelbare Konsequenz, dass zur Selbsteinsicht des Glaubens stets die des eigenen Unvermögens gehört, wenn denn richtig ist, dass das Gebet »der Ausdruck menschlichen Wollens des Willens Gottes« ist.[5] Gebet und Dogmatik, obschon im Aktionsmodus unterschieden, haben dann dieselbe Form: dass der Mensch »Gott recht und sich selbst unrecht gibt«.[6] Diese Feststellung ist weit mehr als ein rasch geäußerter Ausdruck von Bescheidenheit und Demut. Sie besagt vielmehr, dass die intellektuelle Anstrengung der Dogmatik von der Art sein muss, dass sie auf nachvollziehbare Weise spricht und also im Gestus ihres Sprechens Recht haben möchte, dies aber so, dass sie zu jeder Zeit ermöglicht, dass der, von dem sie spricht, sie ins Unrecht und sich selbst ins Recht versetzt. Dogmatik ist also immer uneigentliche, sich selbst durchstreichende Rede und präzise *in* ihren Äußerungsformen ein Denken aus der Umkehr heraus. Die Frage, ob diese Form dogmatischen Sprechens in der in diesen Tagen und Jahren fröhlich anschwellenden Flut dogmatischer Lehrbücher immer gesehen und geachtet wird, darf durchaus gestellt werden.

2 Edmund Schlink, Ökumenische Dogmatik. Grundzüge, Göttingen ³2005, 65.

3 Vgl. aus methodistischer Sicht Geoffrey Wainwright, Doxology. The Praise of God in Worship, Doctrine, and Life. A Systematic Theology, Oxford 1980, bes. 8–10, 62–79, 274–283. Dass an diesem Punkt von der Orthodoxie Wesentliches zu lernen ist, zeigen Karl Christian Felmy, Einführung in die orthodoxe Theologie der Gegenwart, Berlin 2011, 1–26 und John D. Zizioulas, Lectures in Christian Dogmatics, London / New York 2008, 1–39.

4 Karl Barth, Kirchliche Dogmatik I/1, Zollikon-Zürich ⁵1947, 23.

5 Ebd.

6 Ebd.

Freilich ist dies allein hier nicht das Thema. Das Gebet bestimmt auch dann die Form der Dogmatik, wenn es nicht um die basale Form, die Grundhaltung der Dogmatik allein geht. Hierzu hat der eingangs zitierte Edmund Schlink wichtige Beobachtungen beigesteuert. Zunächst konstatiert er eine relative Nähe zwischen Doxologie einerseits und Sätzen theologischer Lehre andererseits: Die Doxologie preist Gott und ruft ihm zu, wie Menschen ihn in seiner Fülle erfahren, verstehen und erhoffen. Indem sie dies tun, blenden sie ihre eigene Situation weitgehend ab. Doxologie ist also im relativen Gegensatz zu anderen Formen des Gebets eher objektivierende Anrede Gottes. Darin liegt ihre durchaus greifbare Nähe zu den Sätzen theologischer Lehre.[7] Beim trinitarischen und beim christologischen Dogma etwa ist diese Nähe mit Händen zu greifen – auch wenn der gottesdienstliche Sitz im Leben der Dogmenformulierungen zu oft vergessen wurde und wird. Freilich, und das ist Schlinks zweiter Schritt, wäre es eine problematische Vereinfachung, nur diese eine Form des Gebets als Formbestimmung für die Dogmatik zu benennen. Das »würde nicht nur eine morphologische Verarmung, sondern auch eine inhaltliche Verkümmerung und darüberhinaus Ungehorsam gegen Gott bedeuten«.[8] Das ist nun nicht eben wenig! Grund des Vorhalts ist dieser: »Doxologie ohne Bittgebet bleibt nicht mehr wahre Doxologie [...]. Wo Gott nur als Er anerkannt, aber nicht mehr als Du angerufen wird, wird er nicht mehr als Vater geehrt. Wo nur die geschichtliche Heilstat gelehrt, aber nicht als gegenwärtige Heilstat dem Nächsten zugesprochen wird, wird Gottes Tat nicht mehr als eschatologische rettende Tat bezeugt.«[9]

Das wird man so verstehen dürfen: Die mehrfache Gestalt des Gebets ist nicht zufällig, sondern sachhaltig. Es ist richtig, Gott für seine Fülle und seine Taten zu preisen und entsprechend in der Dogmatik zu Lehrsätzen zu kommen, die dies diskursiv und zugleich bußfertig zu beschreiben suchen. Wer auf diese Gestalt des Gebets aber allein vertraute, würde einen unverzichtbaren Anteil der theologischen Sachlichkeit nicht in den Blick bekommen. Das Bittgebet macht deutlich, dass Gottes Vatersein darauf aus ist, hier und heute absichtsvoll, unterscheidend und wirksam gegenwärtig zu sein. Gott darf und will angegangen, ja bestürmt werden. Wer dies außer Acht ließe, bekäme entscheidende Facetten der Welt- und Menschenzuwendung Gottes nicht in den Blick. In diesem Sinne weist der Ausgang der Dogmatik vom Gebet ihr die Sachlichkeit an: Es ist nicht nur so, dass die Dogmatik weder bei sich beginnt noch bei sich endet, es

7 Schlink, Dogmatik (s. Anm. 2), 46.
8 A.a.O., 40.
9 Ebd.

ist darüber hinaus so, dass der Beginn der Dogmatik beim Gebet die Sache der Dogmatik *inhaltlich* präformiert. Die Bitte ist essenzieller Teil des Gebets, ins Dogmatische übersetzt: Gottes Vatergüte ist von der Art, dass sie sich von Menschen in die Gegenwärtigkeit rufen lassen will. Die von Friedrich Schiller aufgezeichnete Mutmaßung: »Brüder, überm Sternenzelt muss ein lieber Vater wohnen«, zeigt – in Form bürgerlicher Religiosität – genau die Halbierung an, die entstünde, verließe man sich allein auf die Doxologie.

»Freilich: Kann man denn sagen, dass von den Formen des Gebets her das Themenspektrum der Dogmatik vollständig erfasst wird? Das wird wohl kaum gelingen. Vielmehr stellt die lex orandi die für die Dogmatik eigentümliche Erkenntnisordnung sicher: Im Gegensatz zu eingespielten Gliederungsprinzipien der Dogmatik, die sich an der – vermuteten – Begründungsordnung orientieren, macht sie klar, dass der Entdeckungszusammenhang in Lob und Bitte unüberspringbar ist. Das allein ist noch keine Inhaltsangabe, wohl aber die Eröffnung des spezifischen kommunikativen Zusammenhangs: »Bitte und Klage, Lob und Dank setzen das kommunikative Geschehen in Gang, in welchem das Gebet das theologische Erkennen leitet. Im Gebet als einem Vorgang, in dem Gott und Mensch füreinander erschlossen werden, werden menschliche und göttliche Wirklichkeit so zusammengesprochen, daß die menschliche Wirklichkeit im Lichte der göttlichen Wirklichkeit neu zur Erfahrung kommt.«[10]

Diese fundamentaltheologische Funktion des Gebets für die Dogmatik ist allerdings Grund genug, nicht nur das Bittgebet, sondern auch seinen Spezialfall des stellvertretenden Fürbittegebets genauer zu betrachten. Hierfür liegt es nahe, den Spieß gleichsam umzudrehen: Wenn es die fundamentaltheologische Funktion des Gebets im eben beschriebenen Sinne gibt – welche materialdogmatischen Aspekte sind denn ihrerseits von Belang, wenn es recht oder gar geboten ist, stellvertretend für andere bittend vor Gottes Angesicht zu treten?

2 Die Struktur der Interzession

Stellvertretende Fürbitte (Interzession) hat vier Strukturelemente: Sie (1) ruft Öffentlichkeiten auf, sie (2) beansprucht fürbittwürdige Not zu benennen und sie (3) setzt performativ mit, dass es Menschen gibt, die zur Fürbitte geeignet sind. Schließlich (4) behauptet sie, dass Fürbitte sinnvolles Tun sei, also auf einen Adressaten treffe, der höre.

[10] Doris Hiller, Art. Gebet VII. Fundamentaltheologisch, RGG4 Bd. 3, 499f., 499.

2.1 Die mehrfache Öffentlichkeit der Stellvertretung

Wer stellvertretende Fürbitte leistet, muss der Meinung sein, es sei sowohl möglich als auch geraten, an Stelle eines anderen zu treten und für ihn zu sprechen. Der Fürbittende ruft dabei *mehrfache Öffentlichkeiten* auf: Er eröffnet die Öffentlichkeit (a) der Zwiesprache zwischen sich selbst und dem, für den er eintritt. Ob letzterer das weiß oder nicht: Spricht einer für ihn, so hat er ihn in einen kommunikativen Zusammenhang gestellt. Zunächst besteht dieser Zusammenhang aus diesen beiden, denn es könnte ja schließlich sein, dass sonst niemand weiter an der kommunikativen Handlung beteiligt ist.

Nehmen wir aber die eingangs geschilderte Situation der gemeindlichen Fürbitte, so steht die stellvertretende Fürbitte in der (b) gemeindlichen Öffentlichkeit. Wer mitbetet, macht sich die Interzession zu eigen und ist also Teil des Kommunikationszusammenhangs; wer – wie und aus welchen Gründen auch immer – ›nur‹ zuhört, ist gleichwohl Teil dieses Zusammenhangs, nun in Kenntnis darüber, wen oder was andere der Fürbitte für würdig halten. Dieser Öffentlichkeitsaspekt kann durchaus prekärer Natur sein, weil er die, für die gebetet wird, in eine Öffentlichkeit stellt, die zur Interzession aufgefordert wird, aber nicht verpflichtet werden kann: Es wird öffentlich kund, wer nach Meinung eines Fürbittenden dieser Fürbitte bedürftig ist. Das ist bereits (c) die zu informierende Öffentlichkeit. Das kann mit dem Anspruch geschehen, diese Öffentlichkeit zum Handeln aufzufordern oder aber sich der Fürbitte anzuschließen. Freilich ist in dieser Öffentlichkeit der Weg von der Fürbitte zum Pranger nicht sonderlich weit. Mehr als einmal wurde er gewiss absichtlich begangen, und das kaum aus Motiven, die ex post für alle Zuschauer als schätzenswert durchgehen. Ein Beispiel nur: John Lennon tat im Jahr 1966 den gewiss nicht rühmlichen Ausspruch, die Beatles seien populärer als Jesus Christus. Darauf kam es in mehreren Städten der USA zu empörten Versammlungen, in denen bekennende ex-Fans ihre Beatles-Platten zerstörten und öffentlich für die Beatles um Verzeihung und Bekehrung beteten. Diesen Vorgängen wird man schwerlich allein altruistische Motive nachsagen können.[11]

[11] Nicht ohne Pikanterie ist, dass der Vatikan John Lennon posthum und zum 40-jährigen Jubiläum des »White Album« den inkriminierten Ausspruch in einer offiziellen Mitteilung verzieh (Süddeutsche Zeitung online vom 17.5.2010): Er beansprucht damit, diejenige Öffentlichkeit zu sein, der diese Verzeihung stellvertretend für alle Christusgläubigen zukommt, was ja durchaus diskussionswürdig ist. Die gönnerhaft klingende Begründung, es habe sich eben um den Übermut eines Jungen aus der englischen Arbeiterklasse gehandelt (ebd.), macht die Sache nicht besser: Vergebung ist eben – Vergebung, und sollte füglich von der nachträglichen Er-

Die Prangerfunktion der zu informierenden Öffentlichkeit einmal beiseite hat es die stellvertretende Fürbitte mit (d) der definitiven Öffentlichkeit zu tun, weil sie wesentlich nicht ein allgemeiner Appell ist, sondern Gott damit in den Ohren liegt. Damit ist zugleich gesetzt, dass die Interzession kein geschickter Appell an die Selbstheilungskräfte dessen ist, für den gebetet wird, so als erschöpfe sich ihr Sinn darin, dass es jemandem gut tue, weil er weiß, für ihn werde gebetet. Auch verfängt die manchmal zu lesende Interpretation des Bittgebets nicht, nach der sein Sinn sei, den Beter zu verändern und ihn z. B. sensibel für soziale Not zu machen. An letzterem ist durchaus Wahres, nicht zuletzt, weil das Bittgebet ja zur Einsicht in zuvor unbegriffene Abhängigkeiten und Verstricktheiten führen kann. Setzte man allerdings allein hierauf, so wäre die Gebetsanrede und damit die Situierung des gesamten kommunikativen Aktes nichts weniger als zynisch: Wer Gott anruft und doch sich selbst und den, für den er betet, meint, macht die definitive Öffentlichkeit zur Funktion seines eigenen Bewusstseins. So billig sollte man einer Religionskritik Feuerbach'schen Zuschnitts besser nicht das Feld überlassen.

2.2 Fürbittwürdige Not

In diese Öffentlichkeiten nun wird die Situation eines Menschen oder einer Gruppe getragen, von der der Beter annimmt, sie sei der Fürbitte würdig und bedürftig. Es muss sich im weitesten Sinne des Wortes um eine Situation des Mangels handeln, wenn anders Bitte und Dank im Gebet nicht unterscheidbar wären. Bei der Auswahl der einer Interzession würdigen Mangelsituation ist – und sei es implizit – bereits dogmatisches Regelwerk im Einsatz. Denn es ist doch wohl so, dass nicht alles, was jemand als Mangel und Übel empfindet, unter christlich-theologischen Auspizien als ›fürbitt-würdig‹ erscheint. Es gibt hybride Wünsche, eingebildete Krankheiten und Zustände, vor denen bewahrt werden zu wollen im Rahmen des Erzählzusammenhangs der jüdisch-christlichen Bibel als absurd erscheint.[12] Auch gibt es Zustände, die, wer sich in ihnen findet, als hin-

klärung des Inkriminierten unterschieden werden. URL: http://www.sueddeutsche.de/kultur/beatles-beruehmter-als-jesus-vatikan-verzeiht-lennon-1.362978 (Stand: 17.07.2015).

12 An dieser Sachstelle setzt die klassische Theodizee den Unterschied zwischen physischen und metaphysischen Übeln an: Nach Leibniz sind metaphysische Übel – die der Unvollkommenheit der Welt entspringen, zu der das unabweisbare Erleiden des Todesschicksals gehört – hinzunehmen, weil sie zur Schöpfung qua Schöpfung gehören; physische Übel hingegen gehen auf den verderblichen Einfluss falschen Freiheitsgebrauchs, i. e. der Sünde zurück, vgl. Gottfried Wilhelm Leibniz, Die

zunehmen oder angemessen betrachtet, was aber aus der Sicht der Fürbittenden gerade falsch ist. Die Fürbitte wendet sich gegen falschen Heroismus genauso wie gegen die Abstumpfung der Wahrnehmung. Im Strukturaspekt (2) zeigt sich also eine *Kriteriologie*. In ihr wird ausgehandelt, was in bittender Hinsicht vor Gott zu tragen ist, und was nicht. Stellvertretende Fürbitte ist also durchaus nicht die Verlängerung von Wünschen, sondern vollzieht sich als Antwortverhalten auf den Anruf des Evangeliums hin. In seinem Licht zeigt sich allererst, was der Fürbitte würdig ist und was nicht.

2.3 Das Subjekt der Stellvertretung

Wer nicht beliebige, sondern der Kommunikation des Evangeliums geschuldete Inhalte in eine mehrfache Öffentlichkeit trägt, zu der die definitive Öffentlichkeit Gottes gehört, muss dafür in irgendeiner Weise geeignet sein. Deutlich wird dies etwa im katholischen Brauch der Meßstipendien: Gläubige überreichen dem Priester eine Gabe, der im Gegenzug dazu die Messe in einer bestimmten Meinung feiert, d. h. das vom Gläubigen genannte Anliegen – häufig das Andenken Verstorbener – fürbittend vor Gott trägt.[13] Hier ist deutlich, dass es eine eigens ausgebildete und geweihte Person ist, der die Interzession im Rahmen einer ihr vorbehaltenen liturgischen Handlung übertragen wird. Die evangelische Erwiderung, man sehe hier den Dünkel eines Weiheverständnisses, das auf einen ontologischen Unterschied zwischen Laien und Klerus heraus wolle, der biblisch nicht gedeckt sei, lässt meist nicht lange auf sich warten. Sie sagt etwas

Theodizee I. Philosophische Schriften, hrsg. von Herbert Herring, Bd. 2.1, Frankfurt/M. 1996, 221; 239–257. Eine biblisch-theologisch angereicherte Theodizee bestreitet den Sinn dieser Unterscheidung nicht rundheraus, sie bezweifelt aber wohl, dass die beiden Übelklassen sich an Hand des Selektionsfaktors vollkommen/unvollkommen trennen lassen. Vgl. hierzu u.a. Werner Brändle, Thesen zu einer ›theologischen Theodizee‹, in: Worüber man nicht schweigen kann. Neue Diskussionen zur Theodizeefrage, hrsg. von Willi Oelmüller, München 1992, 203–208; Walter Dietrich / Christian Link, Die dunklen Seiten Gottes, Bd. 2, Neukirchen-Vluyn 2000, 93–134; Martin Hailer, Glauben und Wissen. Arbeitsbuch Theologie und Philosophie, Göttingen 2006, 93–111, bes. 106–109; Klaus von Stosch, Theodizee, Paderborn 2013, 56–69; 87–111; 127–148; Martin Hailer, Religionsphilosophie, Göttingen 2014, 119–125.

[13] Die Einzelheiten sind in CIC cc. 945–958 geregelt, wobei c. 945 §2 einschärft, dass Messen auch dann nach Meinung der Gläubigen zu feiern seien, wenn diese kein Meßstipendium aufbringen können, vgl. Codex Iuris Canonici. Codex des kanonischen Rechtes, Kevelaer [7]2012, z. St. Papst Paul VI. hat das Meßstipendium als bewährte Tradition im Motu proprio Firma in traditione vom 13. 6. 1974 ausdrücklich bekräftigt.

Wahres, da die Betonung des Priestertums aller Getauften in der Tat zum evangelischen Kernbestand gehört. Freilich betont auch die evangelische Theologie des kirchlichen Amtes, dass die öffentliche Predigt und Sakramentsverwaltung von ordinierten Personen zu vollziehen seien. Damit kommt der von Geistlichen formulierten und vor Gott gebrachten stellvertretenden Fürbitte faktisch eine Sonderrolle zu, auch wenn die Extrastellung des Meßstipendiums evangelisch ausgeschlossen ist und sicher bleiben wird.

Einig sind sich beide Seiten – um der Übersichtlichkeit halber beim katholisch-evangelischen Diskurs zu verbleiben – dass Interzession jedenfalls ein *priesterlicher Dienst* ist. Die reformatorische Kritik am Weihesakrament und der Behauptung eines mit der Weihe einhergehenden character indelebilis besagt genau nicht, dass es die priesterliche Funktion des stellvertretenden Eintretens für andere vor Gott nicht gebe! Sie wird allerdings auf alle getauften Angehörigen des Volkes Gottes erweitert. Das geht mit der direkten Aufforderung an alle Getauften einher, von dieser priesterlichen Vollmacht nun allerdings zu Gunsten des anvertrauten Nächsten auch Gebrauch zu machen. In der an Deutlichkeiten gegenüber Rom nicht sparsamen Adelsschrift von 1520 stellt Luther dies klar: »Dan was ausz der tauff krochen ist, das mag sich rumen, das es schon priester, Bischoff und Bapst geweyhet sey, ob wol nit einem yglichen zympt, solch ampt zu uben. Dan weyl wir alle gleich priester sein, musz sich niemant selb erfur thun und sich unterwinden, an unszer bewilligen und erwelen das zuthun, des wir alle gleychen gewalt haben, Den was gemeyne ist, mag niemandt on der gemeyne willen und befehle an sich nehmen.«[14] Spätestens seit dem Konzilsdokument Lumen Gentium 31f (CIC c. 204 § 1) besteht kein Anlass mehr, hier eine evangelisch-katholische Unterscheidungslehre zu sehen. Der Stellvertretungsdienst der Fürbitte ist dem gesamten Volk Gottes aufgetragen und qualifiziert dieses Volk als priesterlich. Das ist die ekklesiologische Implikation der stellvertretenden Fürbitte und, nebenbei, es dürfte lohnen, von ihr her die dornigen Probleme einer ökumenischen Verständigung in Sachen des ordinierten/geweihten Amtes der Kirche anzugehen.

14 Martin Luther, An den christlichen Adel deutscher Nation von des christlichen Standes Besserung, WA 6, 381–469, 408.

2.4 Der Adressat der Interzession

Die Struktur der stellvertretenden Fürbitte setzt mit, dass es die unter Aspekt (1.d) genannte definitive Öffentlichkeit Gottes gibt und dass es sinnvoll ist, sich in Form der Bitte an sie zu wenden. Wie in Abschnitt 1 kurz benannt, präformiert dies ein gewichtiges Stück der Gotteslehre. Gottes Vatersein wird so interpretiert, dass er nicht nur Adressat des Lobes ist, sondern dass es sowohl sinnvoll als auch nötig ist, sich mit inhaltlich entsprechend abgewogenen – Aspekt (2) – Bitten an ihn wenden zu dürfen. Der Sprachform der Bitte entspricht dabei keine Erwartungssicherheit – denn gäbe es diese, so müsste man eben nicht bitten. Wohl aber suggeriert die inhaltlich durchgeprüfte Bitte, es sei im Bereich des Erhoffbaren, Gott um dieses oder jenes anzugehen. Er hat sich auf benennbare Weise selbst zu erkennen gegeben, entsprechend ist es möglich, vor ihn mit Bitten zu kommen, die ihn auf eben diese benennbare Weise ansprechen.

Ohne dies hier weiter ausführen zu können: Die semantisch dichteste Quelle für Bitte, Lob und Klage auf ›benennbare Weise‹ dürften die Psalmen sein. In ihnen kommt die Benennung Gottes aufgrund seiner Selbstkundgabe zum einen und die sowohl konkreten als auch verallgemeinerbaren Situationen der Beterinnen und Beter in dichtester Weise zusammen. Bereits die innerkanonische Verwendung des Psalters zeigt an, wie die hier nur obenhin genannte Kriteriologie, angemessenen von nicht angemessenen Bitten zu unterscheiden, durchgeführt wurde und tagtäglich durchführbar ist. Mit dem Psalter ist man tatsächlich »an der Quelle des Gebets«.[15]

3 Stellvertretung

Von dieser ersten Sichtung der Struktur der Interzession ist noch nicht deutlich genug in den Blick genommen worden, zu welchem Zweck und Ende jemand meint, an eines anderen Statt vor Gottes Angesicht treten zu sollen – und zu dürfen. Aufmerksamkeit dafür ist aber vonnöten. Denn zumindest für den etablierten Diskurs des souveränen Subjekts hält die Rede von der Stellvertretung durchaus eine Kränkung bereit: Wer der Stellvertretung bedarf, ist offenkundig nicht in der Lage, seine Dinge allein

[15] Manfred Oeming, An der Quelle des Gebets. Neuere Untersuchungen zu den Psalmen, ThLZ 127 (2002), 367–384. Vorzüglich durchgeführt wird dies in Bernd Janowski, Konfliktgespräche mit Gott. Eine Anthropologie der Psalmen, Neukirchen-Vluyn [4]2013.

zu regeln und den Verantwortlichkeiten im angemessenen Umfang nachzukommen. Tritt jemand für begrenzte Zeit und/oder an begrenztem Ort an dessen Stelle, so ist das durchaus ausweispflichtig: Jemanden ›um nichts‹ zu vertreten, wäre offenkundig sinnlos, und da, wo Stellvertretung in bloßen Paternalismus und in Verhinderung von Souveränität umschlägt, würde sie zu Ersatz und/oder Verdrängung, was bei Strafe des Themaverlusts mit Stellvertretung auch nicht gut gemeint sein kann. Was also ist Stellvertretung?

3.1 Allgemeine Anthropologie der Stellvertretung: Stelle und Wesen

In einer wichtigen Untersuchung hat Christof Gestrich für diese Sachlage vorgeschlagen, zwischen *Stelle* und *Wesen* zu unterscheiden. Ein Seiendes/Wesen ist nicht nur durch die ihm zukommenden Wesensattribute ausgezeichnet, sondern auch dadurch, wo und in welchen Konstellationen es sich befindet. Will man über es reden, so muss man immer über beides sprechen, über Wesen und Stelle: »Das Sein ist gebildet vom Seienden *und* von den Stellen, Örtern, Plätzen oder Ge-legenheiten (lateinisch *loci*, altgriechisch *topoi* oder, noch treffender: *chōrai*), wo Seiendes jeweils entstehen, präsent sein, vergehen, und von wo es weggehen und wohin es zurückkehren kann.«[16] Ein Wesen hat zunächst einmal eine Stelle, der es sich verdankt und die es ermöglicht und umgekehrt lässt sich denken, dass es Stellen gibt, die ohne das Seiende, für das sie da sind, leer und verödet erscheinen müssen. Stellen bestehen ihrerseits aus Wesen, so wie – in Luhmann'scher Terminologie – die jeweilige Umwelt eines Systems selbst aus Systemen besteht: »Jede Stelle ist eine bestimmte Konstellation verschiedener (vergehender) Wesen. Die Stelle (eines Wesens), die bei allen Akten des Vertretens eine zentrale Rolle spielt, ist also definiert als *dargereichtes Leben* oder als *verliehene Lebensgrundlage*.«[17]

[16] Christof Gestrich, Christentum und Stellvertretung. Religionsphilosophische Untersuchungen zum Heilsverständnis und zur Grundlegung der Theologie, Tübingen 2001, 233.

[17] Gestrich, Stellvertretung (s. Anm. 16), 234. Vgl. die Formulierung von Bernd Janowski: »Der Stellvertreter ist eine intermediäre Instanz, [...] die für den sozialen Zusammenhang sorgt.« Die Handlungen des Stellvertreters haben »zwei unterschiedliche Sachverhalte zum Ziel: Zum einen die *Repräsentation* einer Person oder Instanz, zum anderen die *Entlastung* einer Person(engruppe) von bestimmten Pflichten für eine begrenzte Zeit.« Bernd Janowski, An die Stelle des anderen treten. Zur biblischen Semantik der Stellvertretung, in: Bernd Janowski / J. Christine Janowski / Hans P. Lichtenberger (Hrsg.), Stellvertretung. Theologische, philosophische und kulturelle Aspekte. Bd. 1, Neukirchen-Vluyn 2006, 43–68, 44f.

Die Basisunterscheidung zwischen und zugleich Zuordnung von Stelle und Wesen dient dazu, eine ontologische Reduktion zu vermeiden: Informationen über ein Wesen sind zureichend nicht nur als Informationen über die ihm eigenen Attribute zu erhalten. Was ein Wesen ist, wird erst klar, wenn man beschreiben kann, wo es sich befindet und in welchen Konstellationen.[18] Zugleich verhindert die Charakterisierung von Stellen als Konstellation verschiedener endlicher Wesen ein statisches Verständnis der Stelle: Es ist ausdrücklich nicht an ein prästabilisiertes System der Dinge und Menschen gedacht, in dem jedes Wesen einen und nur einen Ort hat, den es aufzusuchen und in den es sich zu fügen hätte. Die konservative lutherische Ordnungstheologie ist es also genau nicht, vielmehr eine Vorstellung der dynamischen Interaktion von Stellen und Wesen, viel eher am Verständnis der actual entity bei Alfred N. Whitehead orientiert.[19] Mitgesetzt ist allerdings, dass Wesen – und Gestrich denkt hier nicht nur, aber vor allem an menschliche Wesen – nicht ohne die Stelle existieren könnten, die ihnen die Lebensgrundlage verleiht, die sie selbst sich nicht verschaffen können. Der Gedanke zeigt sich, wendet man ihn theologisch, also vor allem als Schöpfungsaussage: Dass Leben sich als verdanktes vorfindet, heißt, dass die Geschöpfwelt von der Art ist, dass einem Wesen die Stelle tatsächlich bereitet ist.

Mit dieser ontologischen Leitunterscheidung im Hintergrund lässt sich zumindest anfangshaft plausibel machen, was bei Akten der Stellvertretung vor sich geht. Es gibt sie gleichsam in beide Richtungen:

»[...] daß im Leben selbst ein *doppelter Vertretungsbedarf* entstehen kann: Bald sollen für Wesen, deren Bezug zu ihrer Stelle irgendwie gefährdet ist oder noch fehlt, passende Stellen durch einen Vertreter freigehalten oder eröffnet werden. Bald aber soll für vorhandene Stellen, deren Bezug zu dem oder den zugehörigen Wesen in Frage gestellt ist [und die dadurch nicht mehr ausgefüllt sind, zur Wüste werden oder krebsartig degenerieren], durch ein sie vertretendes bzw. ›versehendes‹ Wesen erreicht werden, daß sie nicht untergehen. Diese beiden Aspekte – nämlich Ver-

18 Hier zeigt sich eine gewisse Nähe zu Charles Taylors Konzeption des Selbst, welches auch erst als eingebundenes zureichend thematisch wird: »Wissen, wer ich bin, ist eine Unterart des Wissens, wo ich mich befinde. Definiert wird meine Identität durch die Bindungen und Identifikationen, die den Rahmen oder Horizont angeben, innerhalb dessen ich von Fall zu Fall zu bestimmen versuchen kann, was gut oder wertvoll ist oder was getan werden sollte bzw. was ich billige oder ablehne. Mit anderen Worten, dies ist der Horizont, vor dem ich Stellung zu beziehen vermag.« Charles Taylor, Quellen des Selbst. Die Entstehung der neuzeitlichen Identität, Frankfurt/M. 1996, 55.

19 Gestrich, Stellvertretung (s. Anm. 16), 233.

sorgung des Wesens mit einer Stelle und Versorgung der Stelle mit einem Wesen – weist das Phänomen der Stellvertretung grundsätzlich auf.«[20]

Stellvertretung findet nun so statt, dass jemand die Stelle eines Wesens freihält, auf der dies Wesen gerade nicht oder noch nicht ist. Der Stellvertreter vertritt auf der Stelle, aber er besetzt sie nicht. Er handelt nicht anstatt des anderen, er repräsentiert den, der auf Zeit nicht anwesend sein kann. Man kann sogar noch einen Schritt weiter gehen: Stellvertretung kann auch heißen, dass einem Wesen eine Stelle gewährt wird, an der es derzeit noch nicht ist, weil es sie noch nicht gibt:

»Ein anderes Wesen *hält* mir nicht nur die Stelle, sondern es *schafft* mir eine Stelle. Oder gar: Es selbst wird mir zur Stelle, es selbst wird meine Stelle. […] Eben diese ›Wesensvertretung‹ geschieht aber dadurch, daß ein anderer *sich selbst* – sein Wesen, seine Person – *uns* zur Stelle werden läßt. Menschen brauchen in erheblichem Maße andere Wesen als Stellvertreter, bei denen sie *sich* unterbringen können.«[21]

Stellvertretung, so verstanden, ist anders als strikt personal nicht möglich. Man könnte etwa an das Zusammenleben von Eltern und ihren Kindern denken. Im eben beschriebenen Sinn halten Eltern ihren Kindern tatsächlich die Stelle, und noch mehr, sie versuchen zumindest, die künftige Stelle ihrer Kinder (mit) zu schaffen. Das ist weit mehr als ein mechanischer Vorgang ersetzender Vollzüge und deshalb ist die Metaphorik des ›zur-Stelle-werdens‹ zurecht eingesetzt. Dass Menschen Stellvertreter brauchen, die ihnen selbst zur Stelle werden, ist Ausweis des Humanum, denn gnadenlos wäre eine Welt und Gesellschaft, in der jede/r nur der eigene Stellvertreter und Anwalt des eigenen Wesens sein dürfte.

Zugleich liegt die Theologizität des hier kurz Angerissenen auf der Hand: Was in der traditionellen Sprache der Soteriologie als Gnadenhandeln Gottes beschrieben wird, zeigt sich bei näherem Hinsehen als Geflecht von Akten stellvertreterischer Art. In der evangelischen Lesart: Spricht Gott jemanden gerecht, der es nach Maßstäben des Gerichts doch nicht ist, so hält er ihm die Stelle frei, die derjenige nach Maßgabe seines Wesens besetzen könnte, es aber kraft seiner Sündhaftigkeit nicht tut. Mehr noch: die Gerechtsprechung hat kreative Funktion, weil sie den so Angesprochenen zu dem werden lässt, der er vor Gott sein darf. Auch und gerade die effektive Rechtfertigung ist in eminentem Sinn ein Akt der Stellvertretung.

[20] A. a. O., 235.
[21] A. a. O., 238.

3.2 Die Katastrophen der Stellvertretung

Hierzu ist kein ausführlicher, aber doch ein Hinweis vonnöten: Es gibt Stile und Kulturen von Stellvertretung, die als fatal, ja katastrophisch bezeichnet werden müssen. Sie sind Legion. Schon rhetorisch naheliegend ist der Hinweis auf Stellvertreterkriege, bei denen ja offenkundig nicht einer dem anderen die Stelle frei hält; vielmehr wird der Konflikt ersatzweise auf nicht unmittelbar Beteiligte verschoben, deren Leid billigend in Kauf genommen wird. Ersetzungsfiguren dieser Art gibt es nun nicht nur in der großen Politik und ihrem Versagen, sie lassen sich auch in den privaten Katastrophen finden: In übertribunalisierten Beziehungen, im Drogenmissbrauch oder in lähmenden Ritualisierungen. Bei katastrophischen Stellvertretungen wird regelmäßig die Logik von Stelle und Wesen verdreht und es kommt zu keiner echten Stellvertretung mehr. Wo etwa Drogenmissbrauch die Zukunft eines Heranwachsenden zerstört, geschieht Folgendes: Das Wesen ist noch auf seine künftige Stelle hin aus. Die Droge erlaubt in der kurzen Phase intensiven Glücks, sich an der künftigen Stelle zu wähnen und also schon dort zu sein. Freilich ist nach Abklingen des Glücks die Einsicht, eben nicht dort zu sein, nicht vermeidlich, was in den nur zu bekannten Teufelskreis der Ersatzkonfigurationen führt. Was geschehen war, ist dies: Der ›falsche Stellvertreter‹ Droge ist in Wahrheit kein Stellvertreter. Denn ein solcher repräsentiert das Wesen an seiner künftigen Stelle. Es hält die Stelle dem Wesen offen und sagt damit zugleich, dass das Wesen an dieser seiner künftigen Stelle noch nicht ist. Das ist gleichbedeutend mit der Eröffnung einer zeitlichen Dimension: Das Wesen erfährt sich als auf die Stelle hin angelegt, an der es sich noch nicht befindet. Im Falle unseres Beispiels fällt exakt die Repräsentationslogik der Stellvertretung dahin, und mit ihr die Eröffnung der zeitlichen Dimension.

Verfehlte Stellvertretung führt regelmäßig zu *Opfern*. Beim eben gewählten Beispiel wird das Wesen selbst zum Opfer: Der Drogenkonsum ist verfehlte Repräsentation auf der eigentlich zugedachten Stelle, das Wesen zahlt den Preis, zu ihr nicht voranzukommen und die psychischen und physischen Zumutungen des trügerischen Repräsentanten ertragen zu müssen. Freilich muss durchaus nicht dem Wesen, um das es geht, die Opferrolle zukommen. So gibt es eine Vielzahl von Stellvertretungen, die auf die Stigmatisierung eines Fremdopfers hinauslaufen. Immer da, wo Gruppierungen ihre eigene Stabilität zu sichern versuchen, indem sie ein Drittes ausmachen, das zum Opfer erklärt und abgeschoben wird, tritt die Übertragung der Opferrolle in Kraft.[22] Wo etwa die städtischen Gesellschaften des hohen Mittelalters ihre Stabilität durch die Vertreibung der jüdischen Mitbürger sicherten, geschah genau dies: Das Wesen meint, die ihm zukommende Stelle durch die Aussonderung des Repräsentanten erreichen zu können. Der Preis ist freilich die kühl kalkulierte Inkaufnahme des Opfers. Unter Beteuerung des Gegenteils verfehlt das Wesen sich damit freilich selbst.

Die Beispiele lassen sich, leider, vermehren. Gewiss würde es lohnen, die christliche Lehre von der Sünde als Panorama verfehlter Stellvertretungen anzulegen.

3.3 Die Stellvertretung Christi

Die Diskussion ist verzweigt,[23] ihr Ertrag aber relativ klar: Es ist möglich, ja geboten, Gottes Handeln in Christus an uns in Kategorien der Stellvertretung zu begreifen. Stellvertretend, eine Stelle via Repräsentation frei-

22 Das wird eindrücklich beschrieben bei René Girard, Der Sündenbock, Zürich/Düsseldorf 1988; vgl. Ralf Frisch / Martin Hailer, Ich ist ein Anderer. Zur Rede von Stellvertretung und Opfer in der Christologie, NZSThRPh 41 (1999), 62–77.

23 Vgl. a) aus den exegetischen Wissenschaften: Hartmut Gese, Zur biblischen Theologie, München 1977, 85–106; Martin Hengel, The Atonement. A Study of the Origins of the Doctrine in the New Testament, London 1981; Bernd Janowski, Sühne als Heilsgeschehen, Neukirchen-Vluyn 1982; Ders., Stellvertretung. Alttestamentliche Studien zu einem theologischen Grundbegriff, Stuttgart 1997; Ders., Ecce Homo. Stellvertretung und Lebenshingabe als Themen biblischer Theologie, Neukirchen-Vluyn ²2010; Ders., Ein Gott der straft und tötet? Zwölf Fragen zum Gottesbild des Alten Testaments, Neukirchen-Vluyn 2013; Günter Röhser, Stellvertretung im Neuen Testament, Stuttgart 2002; Jörg Frey / Jens Schröter (Hrsg.), Deutungen des Todes Jesu im Neuen Testament, Tübingen ²2012.
b) Begriffsgeschichtlich und systematisch-theologisch: Gunther Wenz, Geschichte der Versöhnungslehre in der evangelischen Theologie der Neuzeit, München 1984; Eberhard Jüngel, Wertlose Wahrheit. Zu Identität und Relevanz des christlichen Glaubens, München 1990, 243–260; Sigrid Brandt, Opfer als Gedächtnis, Münster 2001; Gestrich, Stellvertretung (s. Anm. 16); Karl-H. Menke, Stellvertretung. Schlüsselbegriff christlichen Lebens und theologische Grundkategorie, Einsiedeln/Freiburg 1991; Stephan Schaede, Stellvertretung. Begriffsgeschichtliche Studien zur Soteriologie, Tübingen 2004; Dorothea Sattler, Erlösung? Lehrbuch der Soteriologie, Freiburg 2011, 126ff.
c) Sammelbände mit Beiträgen verschiedener Provenienz: Werner H. Ritter (Hrsg.), Erlösung ohne Opfer?, Göttingen 2003; J. Christine Janowski / Bernd Janowski / Hans P. Lichtenberger (Hrsg.), Stellvertretung. Theologische, philosophische und kulturelle Aspekte. Bd. 1, Neukirchen-Vluyn 2006; Bernd Janowski / Michael Welker (Hrsg.), Opfer. Theologische und kulturelle Kontexte, Frankfurt/M. 2000; Beatrice Acklin Zimmermann / Franz Annen (Hrsg.), Versöhnt durch den Opfertod Christi? Die christliche Sühnopfertheologie auf der Anklagebank, Zürich 2009; Volker Hampel / Rudolph Weth (Hrsg.), Für uns gestorben. Sühne – Opfer – Stellvertretung, Neukirchen-Vluyn 2010.

haltend, handelt Gott beileibe nicht nur in Christus an uns, es handelt sich vielmehr um ein biblisch-theologisches Generalsignum. Im vom Christusbekenntnis Benannten zeigt es sich freilich besonders deutlich.

Im Gegensatz zu einem ärgerlicherweise zählebigen Missverständnis ist es mitnichten so, als sei das Phänomen der Stellvertretung darauf aus, dass Gott für menschliche Sünde Genugtuung und Rache fordere und statt unserer zu seiner Gnädigstimmung das Opfer seines eigenen Sohnes annehme.[24] Vielmehr ist die biblische Rede von Stellvertretung und Sühne durchzogen von dem, was in der Diskussion mittlerweile *inklusive Stellvertretung* genannt wird. Hier zeigt sich die Logik, dass der Stellvertreter = Repräsentant den, dessen Stelle er vertritt, in den Vorgang Stellvertretung hineinnimmt und also bewegt und verändert, in aller Deutlichkeit. Zugleich wird klar gemacht, dass es sich bei Gottes stellvertretendem Handeln um eines handelt, das aller menschlichen Stellvertretung zu Grunde und voraus liegt. Der Blick auf zwei klassische biblische Zusammenhänge kann das verdeutlichen. Zum einen ist die Liturgie des Großen Versöhnungstages nach Lev 16 hier einschlägig:[25] Die Passage berichtet von zwei miteinander zusammenhängenden Sühneriten. Zum einen wird Aaron aufgefordert, das Heiligtum durch einen Blutritus zu entsühnen und so als Ort des Kontakts zwischen Gott und seinem Volk wieder möglich zu machen, zum anderen wird mit dem als ›Sündenbock-Ritus‹ bekannt gewordenen Vorgang dasjenige, was zwischen Gott und seinem Volk steht, sinnbildlich in die Wüste gejagt: Der Hohepriester stemmt seine Hände auf die Hörner des Opfertiers und bekennt sich zu den Sünden des Volkes. Nicht also wird Gott etwas gegeben, was er bräuchte, um sich seines Zorns entledigen zu können – vielmehr handelt es sich um den »Vollzug von

d) Weitgehend außen vor bleiben muss hier die an Emmanuel Levinas' Konzeption von Stellvertretung anschließende Debatte. vgl. Emmanuel Levinas, Jenseits des Seins oder anders als Sein geschieht, München [4]2011, 219–288; dazu Dietmar J. Wetzel, Diskurse des Politischen zwischen De- und Rekonstruktion, Paderborn 2003, 60ff; Erwin Dirscherl, Grundriss Theologischer Anthropologie. Die Entschiedenheit des Menschen angesichts des Anderen, Regensburg 2006, 109–155; Hans Peter Lichtenberger, Stellvertretung und Verantwortung bei Dietrich Bonhoeffer und Emmanuel Levinas, in: Janowski, Stellvertretung, (s. Anm. 23), 287–312; Eva-Maria Heinze, Einführung in das dialogische Denken, Freiburg/München 2011, 137ff; Urs Espeel, Erwachsene Nähe. Stellvertretung nach Emmanuel Lévinas. Stellvertretung und Sühne, Ethik und Erzählen, Würzburg 2011.

24 Besonders deutlich ist die Verkennung bei Klaus-Peter Jörns, Notwendige Abschiede. Auf dem Weg zu einem glaubwürdigen Christentum, Gütersloh [2]2005; dazu Martin Hailer, Quousque tandem …? Klaus-Peter Jörns' Simplifizierungen zuwider, Deutsches Pfarrerblatt 110 (2010), 269–271.

25 Details nach Janowski, Gott (s. Anm. 23), 290–311.

Gemeinschaft mit Gott«,[26] die wieder möglich wird, weil das, was menschenseitig zwischen Gott und seinem Volk stand, dort nicht mehr steht, sondern wortwörtlich in die Wüste gejagt wurde. Dadurch hält Gott seinem Volk die Stelle frei, für die es gedacht war, an die es aus eigener Kraft nach dem Vorgefallenen aber nicht mehr gelangen kann: sein Volk zu sein, bei dem er gerne wohnt.

Der Sündenbockritus nun ist – auch in der narrativen Struktur von Lev 16 – umfasst vom Ritus zur Entsühnung des Heiligtums/Lagers. Der Hohepriester besprengt mit dem Blut eines geschlachteten Stiers die kapporæt, also den zentralen, unberührbaren Kultgegenstand. Das Blut steht kultsymbolisch für das Leben Israels, es symbolisiert die Lebenskraft und Vitalität. Durch den Ritus des Besprengens also wird eine Zeremonie des ultimativen Nahekommens durchgeführt: An Gottes Ort, der unberührbaren kapporæt, darf Israel realsymbolisch leibhaft anwesend sein, weil der Hohepriester als Individuum die kapporæt nicht berührt, aber das Unterpfand von Israels Leben darauf sprengen darf.[27] – Auch hier ist es Gott, der Israel die Stelle gewährt und freihält: Es stünde beileibe genügend zwischen dem geheiligten Ort seiner Anwesenheit und seinem Volk. Aus seinem freien Entschluss aber darf das Volk wiederum am Ort seiner Präsenz sein:

»Während der ›Sündenbock‹ die Verschuldungen Israels aus dem Heiligtum in die Wüste hinausträgt und damit buchstäblich ›entsorgt‹, erwirkt der Hohepriester Versöhnung für Israel, indem er das Blut eines anderen Bocks an das ›Sühnemal‹ [*kapporæt*] im Innersten des Allerheiligsten sprengt und damit in die unmittelbare Nähe Gottes bringt. Beide Riten – der Sündenbock wird *nach außen* in die Wüste geführt und das Sündopferblut wird *nach innen* an die *kapporæt* gebracht – verhalten sich komplementär zueinander und propagieren zusammen die Botschaft vom versöhnungswilligen Gott, der seinem Volk die Gabe kultischer Versöhnung schenkt.«[28]

Inklusiv ist diese Form der Stellvertretung, dass in der Tat durch Vermittlung des Priesters *an* und *für* Israel gehandelt wird – dies aber stets so, dass es *unter Hereinnahme* des Volkes geschieht. Nicht anders als von Gott her ist die Neueröffnung der Beziehung und damit das Freihalten der Stelle denkbar, dies aber ist kein distanzierter Akt, sondern einer, der den Kontakt zwischen JHWH und seinem Volk erneuert und es so in das Leben in seiner Nähe hineinzieht.

26 A. a. O., 286.

27 Details bei Friedhelm Hartenstein, Zur symbolischen Bedeutung des Blutes im Alten Testament, in: Frey, Deutungen des Todes Jesu (s. Anm. 23), 119–137.

28 Janowski, Gott (s. Anm. 23), 311.

Die Logik der inklusiven Stellvertretung ist auch für die neutestamentlichen Texte zentral, die das Werk Gottes in Christus mit der Metaphorik des Sühnopfers lesen. In Lev 16 sind die ineinander verschränkten Kulthandlungen der Ort, an dem das Nahekommen Gottes anschaulich gemacht wird. »Dieser ›Ort‹ ist nach Paulus Jesus Christus, den Gott als ›Sühnmal‹ und damit als Ort seiner Gegenwart öffentlich hingestellt hat.«[29] In Röm 3,21–26 wird dies in besonders dichter Weise ausgesagt.[30] Freilich ist das zu kombinieren mit den Aussagen des Apostels, die ein Mitsein der Gläubigen mit Christus aussagen (Röm 6,4.8; 2Kor 5,14f.). Dass Jesus für uns und unsere Sünden starb, ist also wahr genau darin, dass er uns darin inkludiert: »Hier geht es um eine Stellvertretung, die uns mitnimmt und nicht draußen stehen läßt.«[31]

In der Logik des Römerbriefs ist das zunächst das Mitsein Jesu im Schatten des Todes, welcher – anschaulich genug – die Folge der universalen Sündverfallenheit ist. An dieser Stelle vertritt Christus die Gläubigen, weil sie nach Karfreitag wissen, dass auch dieser Ort vorgeblich größter Gottverlassenheit genau nicht gottverlassen ist. Zugleich vertritt der Auferweckte die Gläubigen am Ort des neuen Lebens, zu dem sie mit ihm auferstanden sind. (Röm 6,4) Noch ist nach der Logik von Röm 8,18ff. die Zeit des Heils nicht unverwandt angebrochen: Es gibt die Leiden dieser Zeit, so dass die Schöpfung seufzende Schöpfung ist. (Röm 8,18.22) Weil aber Christus die Stelle der Gläubigen auch in der Auferstehungswirklichkeit und der ungebrochenen Gottesnähe vertritt, scheint ein definitives anderes Licht auf Bedrängnisse: Noch manches Übel wird kommen, seine endgültige Überwindung aber ist so gewiss, dass sich das Leid für die, die zu Gott gehören, zum Besten verwandelt.[32] (Röm 8,28) Die inklusive Stell-

29 A. a. O., 315.

30 Thomas Söding weist darauf hin, dass der Passus die Vorstellung von Lev 16 nicht einfach übernimmt, sondern von der Abendmahlsparadosis her neu arrangiert, vgl. Thomas Söding, Sühne durch Stellvertretung. Zur zentralen Deutung des Todes Jesu im Römerbrief, in: Frey, Deutungen des Todes Jesu (s. Anm. 23), 375–396, 378–383. Entsprechend ist auch die Frage, ob Jesu Leib mit der Entität der kapporæt gleichzusetzen sei, müßig. Es geht vielmehr um eine starke Metaphorik – die das zu Sagende nicht ausschmückt, ohne die das zu Sagende vielmehr nicht präsent wäre – für Jesu Weg und Werk insgesamt.

31 Gisela Kittel, Die Folgen der Sünde und das Geschenk des neuen Lebens. Zwei Hinweise zum Verständnis des Sühnetodes Jesu, in: Hampel, Für uns gestorben (s. Anm. 23), 117–134, 131. Diese Sachlichkeit geflissentlich zu ignorieren gehört zu den Hauptfehlern derer, die meinen, hier ein archaisches Ritual zur Zufriedenstellung der zürnenden Gottheit sehen zu sollen.

32 Für eine Analyse der zeittheologischen Implikationen dieser Hoffnungsaussagen vgl. Martin Hailer, Gott und die Götzen. Über Gottes Macht angesichts der lebensbestimmenden Mächte, Göttingen 2006, 316–326.

vertretung ist in der paulinischen Logik also eine, die Christi Stellvertretung für uns an zwei Stellen denkt: An der Stelle, an der niemand zu sein und bleiben sich denken kann und an der weiteren, die kraft ihrer eschatologischen Fülle über Denken und Wünschen himmelweit hinaus ist. Die Wirklichkeit der Partizipation an dieser Offenhaltung der Stelle nennt Paulus *pistis*/Glaube. »›Glauben‹ bedeutet zum einen: empfangen und wahr sein lassen, was Christus für uns getan hat. ›Glauben‹ bedeutet dann aber auch: sich mitnehmen lassen in sein österliches Leben und als solche, die Sünde und Tod bereits im Rücken haben, erste Schritte tun.«[33]

Glaube ist nun, wie die neuere Paulusforschung wahrscheinlich gemacht hat, nicht das Existenzial eines Einzelnen, sondern wesentlich *gemeinschaftliches Ereignis*. Die Einladung zur offen gehaltenen Stelle hat eine unabweisbar soziale Dimension, weil sie in die Gemeinschaft des Volkes Gottes führt. Der »paulinische Glaube [zeigt sich] als *soziale* Kraft des Anteilgebens und Anteilnehmens«.[34] – An dieser Sachstelle sollte der Schlüssel für die hier abschließend zu beleuchtende Frage liegen, wie das stellvertretende Gebet der Christinnen und Christen im Rahmen des stellvertretenden Handelns Gottes verortet ist.

4 Interzession als Hineingenommensein in Gottes Stellvertretung

Interzession ist etwas anderes als Gottes stellvertretendes Handeln. Aber sie ist eben auch stellvertretendes Handeln, was eine Relationsbestimmung der beiden nötig macht. Wer für einen anderen betet, hält ihm vor Gott die Stelle frei, an die er nach seiner – des Betenden – Absicht gehören darf. Der andere kann oder will nicht selbst vor Gott treten, aus welchen Gründen auch immer. In einem Akt geschwisterlicher Vertretung wird gesehen: Da aber darf, da aber soll dieses Wesen seine Stelle haben, weshalb die Interzession diese Stelle freihält. Der grundlegende Unterschied zur

33 Kittel, Folgen (s. Anm. 31), 132.

34 Kristlieb Adloff, Paulus – Prophet des Gottesreiches, Stuttgart 2013, 45. Die Arbeiten der ›New Perspective on Paul‹ kreisen zumeist um die Interpretation des Gesetzesverständnisses, das hier abgeblendet bleiben muss. Gemeinsam ist ihnen aber, dass sie der spätestens seit Rudolf Bultmann dominant gewordenen Paulushermeneutik eine Konzentration auf die Rechtfertigung des Einzelnen vorhalten, was sie als Eintrag einer konfessionell-lutherischen Perspektive werten. Dagegen gilt es die soziale Dimension der Hauptinteressen des Apostels wiederzugewinnen: Nicht die Rechtfertigung des (individuellen) Sünders steht im Zentrum des Interesses, sondern die Frage, wie auch die Heiden zum (gemeinschaftlichen) Heil des Volkes Gottes gelangen. Vgl. programmatisch James D. G. Dunn, The New Perspective on Paul. Revised Edition, Grand Rapids 2008, 99–120; 469ff.

Stellvertretung Gottes besteht im Charakter der Stelle, die durch die Interzession freigehalten wird, von der, die Gottes Stellvertretungen freihalten. Die Stellen der Interzession sind menschliche Möglichkeit und Wirklichkeit: Krankheit etwa, Scham, Zorn, Verantwortung, Irrtum, auch Siechtum, Tod und Trauer, Dank und Freude nicht minder – und wie die fürbittwürdigen Anlässe mehr heißen mögen. Sie alle sind Stellen, von denen gilt: *homo sum, homini nil alienum a me puto*. Nicht alle sind sie leicht erschwinglich, so dass der stellvertretende Akt der Fürbitte auch die Fürbittenden affiziert und sie das für sich selbst sehen lehrt, was sie als Fürbittanlass für andere entdeckt zu meinen glauben. Es ist doch wohl so, dass etwa das lebenslange Erlernen des eigenen Sterbens da beginnt und geübt wird, wo das auf den Tod zugehende Leiden anderer wahrgenommen und vor Gott gebracht wird. Das Freihalten solcher Stellen vor Gott ist also mitnichten heldisches Tun souveräner Subjekte, vielmehr seinerseits Einübung der Fragmentarität der eigenen Identität, die sich einzugestehen nie eine leichte Übung ist: Die Fürbitte ist allemal auch Buße derer, die sie vorbringen.[35]

Freilich verbleibt das alles im Möglichkeitsbereich derer, die die Fürbitte vollziehen. Und das unterscheidet diese Stellen gänzlich von denen, an denen Gottes Stellvertretung stattfindet. Um es noch einmal kurz christologisch zu benennen: Auf den Tod zuzulaufen, ist eine Stelle aller Menschen. Im Tod als Sold der Sünde aber, und damit als Ort der größtmöglichen Gottverlassenheit zu sein, ist keines Menschen souveräne Möglichkeit und – so er denn mit der Semantik des Christlichen in Berührung kam – jedes Menschen namenloser Schrecken. Keine Stelle für Menschen! Dasselbe gilt vice versa für die Stelle in der unbedingten Gottesnähe, die Christus für die Seinen offenhält und zu der er sie verlockt. Auch sie ist als sie selbst nicht zu denken und je über unsere Köpfe hinaus. Deswegen bleibt nur, bei aller Parallelität der Stellvertretungsvorgänge, den im Wortsinne Grund-legenden Unterschied zwischen Interzession und Gottes eigener Stellvertretung für uns einzuschärfen.

Theologische Fehler entstehen sofort, wenn das nicht gesehen wird. In einer frühen Studie im Rahmen der sog. Theologie nach dem Tode Gottes entwarf Dorothee Sölle ein reziprokes Modell göttlicher und menschlicher Stellvertretung. In christologischer Zentrierung sah sie eine doppelte Stellvertretung, nämlich unsere vor Gott und Gottes bei uns: Christus vertritt den abwesenden Gott bei uns. Zurecht kann man mit Nietzsche sagen, dass Gott tot sei, weil dies ein naives Gottesbewusstsein

35 Vgl. Henning Luther, Religion und Alltag. Bausteine zu einer Praktischen Theologie des Subjekts, Stuttgart 1992, 22–60, 160–182.

unmittelbarer Zugehörigkeit meinte. Freilich verschiebt sich dies Wort hin zu: »Gott muß vertreten werden«.[36] Das Verhältnis sieht Sölle reziprok: »Als die Zeit erfüllt war, hatte Gott lange genug etwas für uns getan. Er setzte sich selber aufs Spiel, machte sich abhängig von uns und identifizierte sich mit dem Nichtidentischen. Es ist nunmehr an der Zeit etwas für Gott zu tun.«[37]

Nicht nur, dass diese Theologie offenbar ohne das Osterkerygma und ohne eine Pneumatologie auszukommen schien, die den Namen verdient: Setzt man Gottes und der Menschen Stellvertretung derart auf eine Stufe, verkehrt sich das Leben im Glauben – auch ausweilich des letzten hier zitierten Satzes – in eine neue Gesetzlichkeit. Ganz zu Recht legt Helmut Gollwitzer in seiner von viel Sympathie getragenen Erwiderung an dieser Sachstelle energischen Widerspruch ein, und betont, dass die endgültige Erfüllung in Christus bei denen bleibend und wirksam präsent ist, die sich in seinem Namen aufmachen. Wohl vertreten sie Gott vor den Menschen, aber eben so: »Christlicher Glaube ist Einstimmen in das Bekenntnis der Gegenwart Gottes in Jesus Christus, d. h. der endgültigen, vollgenügsamen, unüberbietbaren und bleibenden Erfüllung des Versprechens ›Ich werde da sein‹ durch den Verheißenden in der Erscheinung, dem Geschick und der Auferstehung Jesu von Nazareth.«[38] – Die ›Theologie nach dem Tode Gottes‹ war bekanntlich nicht Dorothee Sölles letztes Wort. Mit ihrem frühen Debattenbeitrag aber zeigte sie eine Aporie, in die die Theologie der Stellvertretung besser nicht gerät.

Die Interzession ist eine von mehreren menschlichen Stellvertretungsmöglichkeiten im Rahmen des dem Glauben wesentlichen Gemeinschaftsaspekts. Weil Glaube nie nur ›mein Glaube‹ ist, sondern vielmehr in die Gemeinschaft des Volkes Gottes führt, eröffnen die kategorial eigenen Stellvertretungen Gottes den Raum für die Stellvertretungen der Nachfolge. In dem Maß, in dem die Kirche als Dienstgemeinschaft begriffen werden kann, ist sie auch als Gemeinschaft der zu Handlungen der Stellvertretung Gerufenen begreifbar. Das Inventar der Formen ist vielfältig. Interzession steht neben diakonischen, lehrenden, prophetisch-rufenden, missionarischen Stellvertretungen als diejenige, die dem der Kirche zugemuteten Dienst der *leitourgia* am ehesten entspricht. Die Liturgie geht nicht auf in ihr, sie wäre ohne sie jedoch unvollständig. Denn Gottesdienst, der nicht

36 Dorothee Sölle, Stellvertretung. Ein Kapitel Theologie »nach dem Tode Gottes«, Stuttgart Neuauflage 1982, 150.

37 A. a. O., 173 (Schlusswort).

38 Helmut Gollwitzer, Von der Stellvertretung Gottes. Christlicher Glaube in der Erfahrung der Verborgenheit Gottes, München 1967, 114.

über die Grenzen der gottesdienstlichen Gemeinde hinausblickte, liefe akute Gefahr der Selbstgenügsamkeit und würde so dem Gemeinschaftscharakter des Glaubens widersprechen. Glaube partizipiert an der Heilsgegenwart Gottes hier und jetzt, so dass Interzession als Hineingenommensein in Gottes Stellvertretung im Rahmen des Menschen Möglichen bestimmt werden kann.

Diese Verortung dürfte quer durch die Konfessionen geteilt werden können und stellt damit ein gemeinsames Gut in der an ökumenischen Problemen ja nicht armen Ekklesiologie dar. Es ist eine abschließende Überlegung wert, ob sich bei näherem Zusehen jeweils unterschiedliche Dialekte dieser gemeinsamen Sprache zeigen. Zumindest der Blick in die Werke zweier namhafter Diskutanten in Sachen Stellvertretung scheinen das nahezulegen: Karl-Heinz Menke und Christof Gestrich teilen die Annahme, dass Stellvertretung eine unverzichtbare christliche Zentralmetapher ist und sind sich auch in ihrer Basis-Interpretation als inklusiver Stellvertretung einig. Die ekklesiologischen Konsequenzen fallen jedoch durchaus unterschiedlich aus. Menke stellt zunächst einmal klar, dass es Stellvertretungskonzeptionen gibt, die schlicht abzulehnen sind, und nimmt zugleich den regelmäßig mehr gescholtenen als gelesenen Anselm von Canterbury gegen Fehlinterpretationen in Schutz. Auch grenzt er sich klar gegen eine Sicht des Bußsakraments ab, die es als Handel von Leistung und Gegenleistung versteht und damit den Aspekt der Umkehr des Pönitenten aus dem Blick verliert.[39] Insbesondere letzteren Aspekt gilt es nach seiner Meinung unbedingt wiederzugewinnen, soll die Rede von der inklusiven Stellvertretung irgend einen Sinn haben. Die Konkretionen, die er sodann anbietet, verstehen Inklusion vorrangig als *Partizipation am Christusgeschehen:* Menke zitiert die grundstürzende Erfahrung des Ignatius von Loyola, das Bekenntnis der Therese von Lisieux und andere namhafte wie anonyme Glaubenszeugnisse und schließt: »Die inklusive Stellvertretung verähnlicht die Erlösten mit dem Erlöser. Man kann die gesamte Spiritualitätsgeschichte des Christentums als Geschichte der inklusiven Stellvertretung lesen.«[40] Die Lebenshingabe Christi provoziert und ermöglicht die stellvertretende Lebenshingabe derer, die zu ihm gehören. – Dieser Gedanke ist nichts anderes als die sakramentstheologische Grundlegung der Ekklesiologie: Der eucharistische Christus wird der Welt zum Sakrament und zieht diejenigen, die zu ihm gehören, in diese Sakramen-

[39] Karl-Heinz Menke, Musste einer für alle sterben? Eine kritische Bilanz der Opfer-Christologie, in: Hampel, Für uns gestorben (s. Anm. 23), 191–222, 193–196, 201.

[40] A. a. O., 218.

talität hinein.[41] Präzise darin besteht ihre Stellvertretung Gottes, woran die Interzession einen unverzichtbaren Anteil hat.

Anders die Gewichtung bei Christof Gestrich. Anders freilich im Rahmen der gemeinsamen Prämisse, dass menschliches Stellvertreten-Können durch die göttliche Stellvertretung ermöglicht wird und also eine Figur der Partizipation vorliegt! Bei Gestrich klingt es im Rahmen einer abendmahlstheologischen Reflexion so: Es geht um Adressaten, »die durch das Repräsentiertwerden des ›einen‹ durch ein ›anderes‹ (Jesu Christi durch das ›Element‹ Brot, durch das ›Element‹ Wein), gestärkt und in einen anderen Machtbereich einbezogen werden.«[42] Für die Fürbitte gilt dann analog: Interzession ist tatsächlich ein priesterliches, weniger ein prophetisches Motiv.[43] Freilich soll das prophetische Motiv nicht vergessen werden, so dass sich der Blick eben nicht nur auf die priesterliche Funktion der Stellvertretung richtet, sondern auf Vorfindlichkeiten in der nicht mit der Kirche identischen *Kultur*. Es gibt doch gelingende Stellvertretung auch anderswo und es gibt Ansätze einer Kultur der Stellvertretung, die benannt, gefördert und zurechtgebracht werden können. Das ist im Blick zu behalten: »Zum Zustandekommen solcher guten Stellvertretungen können exakte naturwissenschaftliche Forschungen ebenso beitragen, wie es religiöse und philosophische Motivationen tun können. Auf solche Synergismen müssen wir heute zugehen!«[44]

Das – mit der nötigen Vorsicht gesagt – evangelische Movens scheint also darin zu bestehen: Bei allem Recht der partizipativen und letztlich priesterlichen Verankerung der Interzession darf sie nicht zu einer kirchlichen Binnensicht verleiten, so als sei nur die hier statthabende Stellvertretung wahr und recht. Von einer flotten Heiligung der Kultur ist auch der weit entfernt, der es zur essenziellen Aufgabe zählt, in ihr Modelle von Stellvertretung zu finden, die sich ihres Gelingens womöglich gar nicht bewusst sind. Das zu loben und voran zu bringen, ist auch eine Aufgabe der Interzession.

41 A. a. O., 215. Ausführlicher und mit dezidiert kontroverstheologischer Ausrichtung ders., Sakramentalität. Wesen und Wunde des Katholizismus, Regensburg ²2013, bes. 87 ff., 129 ff., 277 ff. Ob es sich bei der abschließenden (320–327) Kontraposition zwischen Sakramentalität und Postmoderne nicht um eine Vereinfachung handelt, die beiden Seiten nicht gerecht zu werden droht, muss bei anderer Gelegenheit erwogen werden. Es war nie hilfreich, den Konfessionsgegensatz als Epochengegensatz zu definieren.

42 Gestrich, Stellvertretung (s. Anm. 16), 180.

43 Christoph Gestrich, Das ontologische Fundament und das Potential der Stellvertretungs-Kategorie, in:, Janowski, Stellvertretung (s. Anm. 23), 149–176, 155.

44 A. a. O., 169.

»Christen sollen Beter sein, Baptisten aber ganz besonders.«

Anmerkungen zur Gebetskultur im deutschen Baptismus

Volker Spangenberg

Abstract

Eine intensive individuelle und gemeinschaftliche Gebetspraxis gehört zum Selbstverständnis der deutschen baptistischen Gemeinden seit ihrer Entstehung im 19. Jahrhundert. Zu den Merkmalen baptistischer Gebetskultur lassen sich insbesondere das freie Gebet im Gottesdienst, die Hochschätzung des gemeinsamen Gebets und das Bekenntnis zum Gebet für den Staat zählen. Mit Blick auf Vergangenheit und Gegenwart des deutschen Baptismus werden die Stärken und Schwächen des freien Gebets, die oikodomische Bedeutung des gemeinschaftlichen Gebets und die Rolle des Fürbittengebets für den Staat im Kontext des baptistischen Prinzips der Trennung von Staat und Kirche erörtert. Hinsichtlich der Frage der Gebetserhörung lassen die Äußerungen aus baptistischer Feder eine nicht kausalmechanisch verstandene, an der Gebetshaltung Jesu orientierte und der Fürsorge Gottes vertrauende Erhörungsgewissheit erkennen, die auf das Einverständnis mit dem in seiner Freiheit bewegbaren Willen Gottes gerichtet ist.

Im ersten gemeinsamen Glaubensbekenntnis des 1849 gegründeten Bundes der Baptistengemeinden in Deutschland (und Dänemark) werden im sechsten Artikel als »Gnadenmittel« in der Tradition reformatorischer Theologie das Wort Gottes, die Taufe und das Abendmahl genannt.[1] Unmittelbar anschließend heißt es dann: »Doch ist *das Gebet* die Seele aller dieser Mittel und des Gnadenstandes überhaupt. Es beginnt mit dem ersten Moment des neuen Lebens und hört nicht wieder auf.«[2] Zwar wird man

[1] Vgl. Das Glaubensbekenntnis der deutschen Baptisten (1847), in: Hans Steubing, (Hrsg.), Bekenntnisse der Kirche. Bekenntnistexte aus zwanzig Jahrhunderten, Wuppertal 1985, 272–282, 275.

die Bedeutung von formulierten Glaubensbekenntnissen für eine kongregationalistisch verfasste Kirche sicherlich mit Zurückhaltung beurteilen müssen.[3] Dennoch darf die hier im ersten Bekenntnis des neu gegründeten Gemeindebundes zum Ausdruck gebrachte Hochschätzung des Gebets als ein wichtiges Charakteristikum baptistischer Frömmigkeit gelten. Dabei verknüpft sich ein genuin protestantisches Erbe mit Wurzeln des deutschen Baptismus in der »evangelikalen Erweckungsbewegung des frühen 19. Jahrhunderts«.[4] Im Folgenden sollen einige Beobachtungen zur baptistischen Gebetskultur aus Vergangenheit und Gegenwart vorgestellt werden, ohne dabei den Anspruch auf ein Gesamtbild zu erheben. Sie verdanken sich – wie so oft beim Versuch der Beschreibung von Theologie und Glaubensleben des deutschen Baptismus – einer schmalen und zudem disparaten Quellenbasis, die durch das Wagnis eigener Wahrnehmung von »mündlicher Tradition« ergänzt werden muss.

1 »Baptisten aber ganz besonders«?

In Deutschland wie im gesamten europäischen Raum bilden Baptisten eine kirchlich-religiöse Minorität. Minoritäten definieren sich über ihre Gruppenzugehörigkeit und deren (positive) Merkmale.[5] Als besondere Gruppenmerkmale galten den ersten deutschen Baptisten unter Berufung auf die Bibel insbesondere die »persönliche Frömmigkeit, erwachsen aus der Wiedergeburt als persönlicher Heilserfahrung« und das dem »apostolischen Muster« entnommene Gemeindeprinzip.[6] In veränderter Form und Begrifflichkeit wird man diese Merkmale auch gegenwärtig in zahlreichen Selbstbeschreibungen baptistischer Gemeinden finden können. Da beide Merkmale in starkem Maß mit der Praxis des individuellen und gemeinschaftlichen Gebets verbunden sind, ist die Hochschätzung eines intensiven Gebetslebens unmittelbar mit dem baptistischen

2 Ebd.

3 Vgl. dazu Edwin Brandt, Vom Bekenntnis der Baptisten, in: Günter Balders (Hrsg.), Ein Herr, ein Glaube, eine Taufe. 150 Jahre Baptistengemeinden in Deutschland 1834–1984, Wuppertal/Kassel ³1989, 175–232.

4 Günter Balders, Vom Verhältnis des deutschen Baptismus zum historischen Pietismus, in: Theologisches Gespräch 27 (2003) 4, 135–165, 137.

5 Vgl. zur Problematik der Definition von Minoritäten Hans-Peter Erb / Gerd Bohner, Minoritäten. Minorities, in: Hans-Werner Bierhoff / Dieter Frey (Hrsg.), Handbuch der Sozialpsychologie und Kommunikationspsychologie, Göttingen u. a. 2006 (Handbuch der Psychologie Bd. 3), 494–503, bes. 498.

6 Balders, Vom Verhältnis, (s. Anm. 4), 146.

Selbstverständnis verbunden. Die bereits früh einsetzende und bis heute spürbare baptistische »Ermahnungskultur«, das gemeinsame Gebet und das Gebet des Einzelnen nicht zu vernachlässigen, dürfte hier einen, freilich nicht den alleinigen Grund haben. Ein eindrückliches historisches Beispiel für solche Ermahnung zum Gebet im Zusammenhang des eigenen Selbstverständnisses findet sich in einem Vortrag von Julius Köbner, einem der Gründerväter des deutschen Baptismus.[7] Köbner referiert 1882 auf der »Bundeskonferenz«, wie die synodale Zusammenkunft der deutschen Baptisten bis heute genannt wird, über das Gebet als »den verborgenen Umgang und die Gemeinschaft mit Gott«.[8] Das Referat gliedert sich in die beiden Teile: »1. Christen sollen Beter sein, 2. Baptisten aber ganz besonders.«[9] Die erste Auskunft erstaunt kaum, die zweite ist erklärungsbedürftig. Warum sollen ausgerechnet Baptisten »ganz besonders« Beter sein? Die Antwort wird entfaltet über die Frage, welche »Stellung« Baptisten unter den »wahren Christen« einnehmen: »Wir theilen mit ihnen reine Begriffe von Christi Gottheit, von Sünde und Gnade, von Erlösungsbedürftigkeit und vollgültiger, geschehener Erlösung durch Jesum Christum, von Wiedergeburt und Umkehr zu Gott, wie von Glauben zur Gerechtigkeit. Aber in den biblischen Begriffen von der Gemeinde Christi und von seinen Gemeinden, von der Taufe und vom Abendmahl sind wir allen überlegen.«[10] Die Folge dieses hier volltönend vorgetragenen Unterscheidungsmerkmals aber ist bezeichnenderweise die (in eine rhetorische Frage gekleidete) Ermahnung, nun auch »oben an unter ihnen [sc. den wahren Christen] im Gebetsleben« zu stehen.[11] Denn das intensiv geübte Gebet ist für Köbner eine natürliche Folge der rechten Erkenntnis vom Wesen der christlichen Gemeinde. Das, was Baptisten nach Köbners Auskunft von anderen Christen unterscheidet und was er die »besondere Gabe«[12] der Baptisten nennt, erfordert daher die Ermahnung zum intensiven Gebet, um diese Gabe in Demut zu bewahren und lebendig zu erhalten.

7 Vgl. zu Person und Werk von Julius Köbner Erich Geldbach / Markus Wehrstedt / Dietmar Lütz, Religions-Freiheit. Festschrift zum 200. Geburtstag von Julius Köbner, Berlin 2006, 13–98.

8 Julius Köbner, Referat über den verborgenen Umgang und die Gemeinschaft mit Gott, in: Protokoll der XII. Bundes=Konferenz der vereinigten Gemeinden getaufter Christen (Baptisten) in Deutschland, abgehalten vom 14. bis 17. August 1882 zu Altona und die bei derselben gehaltenen Referate, Hamburg 1882, 68–75.

9 A. a. O., 68.

10 A. a. O., 72.

11 Ebd.

12 A. a. O., 73.

Die Forderung, dass Baptisten in Sachen des Gebets »ganz besonders« sein sollen, wird gegenwärtig wohl niemand mehr in dieser problematischen Form erheben. Zu Recht, denn: »Beten ist *das* charakteristische Tun der Christen«[13] – und zwar *aller* Christen. Nur dann, wenn die Praxis eines intensiven persönlichen wie gemeinschaftlichen Gebets und die gegenseitige Ermahnung dazu Ausdruck dieser Einsicht sind, wird das Gebetsleben nicht separatistisch funktionalisiert, sondern ist Merkmal eines *gesunden* christlichen Selbstverständnisses.

2 Das »freie« Gebet im Gottesdienst

Zu den Eigentümlichkeiten eines baptistischen Gottesdienstes gehören frei formulierte Gebete. Sie werden von denjenigen Personen, die bei der Gestaltung des Gottesdienstes mitwirken, gesprochen, aber auch spontan von Gottesdienstbesuchern im Rahmen von sogenannten »Gebetsgemeinschaften«. Zwar dürfte das Urteil der 1977 als De-Gruyter-Lehrbuch erschienenen Konfessionskunde überzogen sein, dies sei *schockierend* »für die an volkskirchliche Disziplin gewohnten Christen«.[14] Aber ein von vielen Besuchern baptistischer Gottesdienste aufmerksam registriertes Merkmal bildet das freie Gebet durchaus.

Die Abneigung gegen vorformulierte Gebete im Gottesdienst lässt sich im Blick auf die Anfangszeit des deutschen Baptismus einerseits als Ausdruck des Widerstandes gegen staatskirchlich verordnete Liturgien verstehen. Insofern enthält sie auch ein Moment der Befreiung von obrigkeitlichem Zwang. Vor allem aber steht dahinter das Bestreben, nicht dem Verdikt von Mt 6,7 zu verfallen, wonach dem »Plappern« von Gebeten keine Erhörung beschieden ist. Das jedoch unterstellt man allen Gebetsformeln und setzt ihnen – häufig unter Verweis auf Röm 8,26 – das geistgewirkte spontane Gebet entgegen. Dies führt dann nicht nur zu steilen Abgrenzungsformulierungen, sondern auch zu aus heutiger Sicht kurios anmutenden Diskussionen. Ein eindrückliches Beispiel dafür bietet die auf der ersten Bundeskonferenz des neu gegründeten Gemeindebundes

13 Wolf Krötke, Beten heute, München 1987, 9.

14 Friedrich Heyer, Konfessionskunde, Berlin / New York 1977, 628: »Schockierend ist für die an volkskirchliche Disziplin gewohnten Christen das [...] freie Gebet. Wäre die gottesdienstliche Zeit nicht begrenzt und die Zahl der Anwesenden zu groß, brächten wohl alle ihren persönlichen Dank vor Gott dar.« Der Beitrag zum »Weltbund der Baptisten« (a. a. O., 615–632), aus dem das Zitat stammt, wurde von dem baptistischen Kirchengeschichtler Herbert Stahl verfasst.

1849 geführte sehr ernsthafte Debatte um den Gebrauch des Vaterunsers im baptistischen Gottesdienst. Einer der Abgeordneten hatte seiner Betrübnis darüber Ausdruck verliehen, dass das von Christus selbst seinen Jüngern gegebene Gebet nicht gesprochen worden sei. Ihm wird von dem bereits erwähnten Julius Köbner geantwortet: »Obwohl ich gegen alles kirchliche Wesen bin, das heißt gegen Alles, was durch seine Uebereinstimmung mit dem geistlosen unbiblischen Treiben der großen Namenkirche auffällt, insbesondere gegen alle Gebetsformeln; so haben sich doch meine Ansichten in Beziehung auf das Gebet des Herrn etwas geändert«.[15] Um der »Ordnung« willen, »welche wir in diesem Gebete finden«, wünsche er sich, dass das Vaterunser »zuweilen [...] in den Versammlungen gebetet werde«.[16] Ein weiterer Abgeordneter schließt sich dem Anliegen an, indem er darauf verweist, dass auch das (von Bibelworten begleitete) »Abendmahl [...] gewissermaaßen, wie das Vaterunser, eine heilige Form« sei. »Dies wie jenes ist mir gesegnet gewesen.«[17]

Der kurze Ausschnitt aus dieser Diskussion der Anfangszeit zeigt bereits ein gewisses, durchaus heilsam zu nennendes Dilemma, das auch die nachfolgende baptistische Debatte um freie und vorformulierte Gebete zumindest untergründig begleitet hat. Zum einen nämlich wendet man sich gegen alle Gebetsformeln, sofern deren Gebrauch nun eben als »geistlos« angesehen wird und als Ursache dafür, dass »die Gebetsergießungen aus dem Herzen beim Gottesdienste verschwunden« sind.[18] Zum anderen aber gibt es (zumindest im Blick auf das Herrengebet) auch ein Bewusstsein dafür, dass eine gegebene Gebetsform nicht eo ipso zu verwerfen ist, da man auch hierdurch »gesegnet« werden kann und der Missbrauch den Gebrauch nicht aufhebt.[19] Sowohl für die Betonung der einen wie auch für die der anderen Seite lassen sich in der Folgezeit Beispiele anführen. So liest man in der ersten (und bislang einzigen) deutschen baptistischen Pastoraltheologie von 1908 aus der Feder von Johann Georg Fetzer, Lehrer am 1880 in Hamburg gegründeten Prediger-Seminar der deutschen Baptisten, als Anweisung für das »freie« Gebet des Predigers im Gottesdienst: »Es erfordert viel Nachdenkens und ebensowohl der Vorbereitung wie die Predigt.«[20] Hier wird zwar nicht zu vorformulierten Gebeten angeregt,

15 Protocolle der Conferenz-Verhandlungen zu Hamburg im Januar 1849 von den Abgeordneten der Gemeinden getaufter Christen in Deutschland und Dänemark, Nachdruck der Ausgabe Hamburg 1849, Wuppertal/Kassel 1982, 38.

16 Ebd.

17 A.a.O., 39.

18 Ebd.

19 Vgl. ebd.

20 Johann Georg Fetzer, Pastoral = Theologie, Kassel 1908, 92. Das Buch verdankt

aber doch zumindest das Wirken des Geistes nicht einfach nur als Akt der Spontanität gedacht. Etwa eine Generation später wird dann ein anderer Seminarlehrer das entgegengesetzte Paradigma stark machen: »Agenden und gottesdienstliche Formulare, besonders für Gebete, entsprechen nicht dem Sinne der Schrift und dem Wirken des Geistes, sind auch dem gesunden Sinne einer gläubigen Gemeinde zuwider«.[21]

Mit der Zeit nach dem Zweiten Weltkrieg hat in der Frage nach dem freien und vorformulierten Gebet ein allmähliches Umdenken eingesetzt, durch das historisch gewachsene Abgrenzungsmechanismen, vor allem aber der theologisch unhaltbare Gegensatz von Wirken des Geistes und geprägter Form überdacht wurden. Solche Reflexion erfuhr einerseits eine Förderung durch die Erfahrung, dass das freie Gebet im Gottesdienst sich häufig genug zu starren Formen verfestigte. Zum anderen aber lässt sie sich auch und nicht zuletzt einer ökumenischen Öffnung des deutschen Baptismus zuschreiben. So wird in der 1967 veröffentlichten und in mehrfachen hohen Auflagen verbreiteten Gebetslehre eines baptistischen Autors, die den bezeichnenden Titel trägt »Nicht plappern wie die Heiden«, mit großer Selbstverständlichkeit darauf hingewiesen: »Nicht nur in der Bibel, sondern auch in der Geschichte der Gemeinde Jesu finden wir bis heute eine Fülle von Gebeten überliefert, die einzelnen und auch ganzen Gemeinden die Möglichkeit gaben, vor Gott Anliegen zu äußern und darin vor ihm eins zu werden. Im Anhang dieses Buches sind eine Reihe von Gebetssammlungen aus den verschiedenen Epochen und Konfessionen angeführt, die sich eignen, nachgebetet zu werden.«[22]

Das gottesdienstliche Gebet auf vorformulierte Gebete einzuschränken, widerspräche der baptistischen Auffassung von einem Gottesdienst als einem Gemeinschaftsgeschehen, in dem der von Gott angesprochene Mensch die Freiheit zur Anrufung Gottes auch öffentlich *mit eigenen Worten* zum Ausdruck bringen kann. Dass dieses »Können« jedoch nicht mit einem »Müssen« verwechselt werden darf, wenn die christliche Freiheit nicht in Unfreiheit umschlagen soll, kann mittlerweile auch zur gewachsenen Erkenntnis des deutschen Baptismus gerechnet werden. Die Konsequenz dieser Erkenntnis äußert sich gegenwärtig nicht nur darin, dass das Vaterunser in den meisten baptistischen Gottesdiensten seinen festen

sich nach eigener Auskunft im Vorwort (a. a. O., 5) der vom Autor »seit zirka zwanzig Jahren vorgetragene[n] Pastoraltheologie«. Die hier vorliegenden Überlegungen dürften daher die erste Studentengeneration nicht unerheblich geprägt haben.

21 Carl Schneider, Die schönen Gottesdienste des Herrn. Ein Beitrag zu ihrer Geschichte, ihren Grundsätzen und ihrer Gestaltung, Kassel o. J. [1925], 50.

22 Wilhard Becker, Nicht plappern wie die Heiden, Hannover 1967, 144.

Platz gefunden hat, sondern auch in der zunehmenden gelegentlichen Aufnahme von geprägten Gebeten aus dem reichen Schatz der christlichen Tradition. Es wächst das Bewusstsein dafür, dass die liturgisch geformten Gebete »eine Art Formular« darstellen, »in dem sich möglichst viele Menschen mit ihren Sorgen und Freuden unterbringen können: nicht ganz unähnlich einem Lied, in das ich, wenn es mir gefällt oder gar aus dem Herzen spricht, selber von ganzem Herzen einstimmen kann, ohne doch selber persönlich aussprechen und formulieren zu müssen, was mich in meinem Innersten bewegt.«[23] Und zugleich verschärft sich das Bewusstsein dafür, dass gerade das freie Gebet im Gottesdienst durchaus einiger »liturgischer Regeln« bedarf, um wirklich als Gebet der gottesdienstlichen *Gemeinschaft* wahrgenommen zu werden.[24]

3 Beten in der Gemeinschaft

Neben dem persönlichen Gebet des Einzelnen und dem häuslichen Gebet in der Familie hat im deutschen Baptismus stets das von der Gemeinde intensiv praktizierte *gemeinsame* Gebet einen wichtigen Platz eingenommen. Es ist mit der Praxis des »freien« Gebets eng verbunden, bedarf aber darüber hinaus einer eigenen Betrachtung.

Die in der Tradition der Erweckungsbewegung wurzelnde intensive Praxis des gemeinschaftlichen Gebets im deutschen Baptismus wurde lange Zeit mit dem Begriff der »Erbauung« im paulinischen Sinne verbunden.[25] Was Baptisten die Pflege des gemeinsamen Gebets so gewichtig erscheinen lässt, ist die dem »Erbaulichen« eignende Stärkung nach innen und zugleich die nach außen gerichtete Wirkung.[26] Die Stärkung der Ge-

23 Eberhard Jüngel, Was heißt beten?, in: Ders., Wertlose Wahrheit. Zur Identität und Relevanz des christlichen Glaubens. Theologische Erörterungen III, Tübingen ²2003, 397–405, 397.

24 Vgl. dazu Dozentenkollegium des Theologischen Seminars Elstal, Anmerkungen zum Thema Gottesdienst, in: Theologisches Gespräch 27 (2003) 2, 56–58; Friedrich Schneider / Günter Mahler, Gebete, in: Werkstatt Gottesdienst. Ein Arbeitsbuch aus dem Dienstbereich Gemeindeentwicklung des Bundes Evangelisch-Freikirchlicher Gemeinden in Deutschland, K. d. ö. R., Wustermark ²2014, 72–81.

25 So verhandelt etwa die genannte Pastoraltheologie von Fetzer die (neben den sonntäglichen Gottesdiensten stattfindenden) baptistischen Gebetszusammenkünfte unter der Überschrift »Die erbaulichen Versammlungen« und bezeichnet sie als die »vornehmsten«; Fetzer, Pastoral = Theologie, (s. Anm. 20), 98.

26 »Im Begriff der ›Erbauung‹ liegt beides, sowohl das innere Erstarken an Kraft und Erkenntnis als auch das äußere Gewinnen und Überzeugen; er entspricht dem ›Wachstumsprozess‹ der Gemeinde, will aber wie dieser vom Christus, vom Geist,

meinschaft *nach innen* geschieht dabei durch das gegenseitige Anteilgeben und -nehmen. Man freut sich mit den Fröhlichen und weint mit den Weinenden (Röm 12,15). Freilich kann diese Anteilgabe nicht *unmittelbar* im Gebet geschehen. Andernfalls droht das Wesen des Gebets alteriert zu werden. Dass das Gebet nicht der Befindlichkeitsmitteilung oder dem Informationsaustausch der Gläubigen untereinander dient, sondern »ohne alle Abstriche als Anrede an Gott«[27] zu verstehen ist, weiß selbstverständlich auch der Baptismus. So antworten etwa die deutschen baptistischen »Katechismen« in großer Einhelligkeit auf die Frage »Was ist das Gebet?«, dieses sei die Unterredung mit Gott, in der der Mensch ihm als seinem Vater sagt, was ihn bewegt.[28] Es muss daher für die gegenseitige Mitteilung dessen, was dann in Lob, Dank, Fürbitte und Klage im gemeinsamen Gebet ausgesprochen wird, eine Form gefunden werden, die nicht das Gebet selbst sein kann. Dieses praktisch-theologische Problem können die baptistischen Gemeinden dadurch lösen, dass den Andachten und Gebetsversammlungen Zeit für einen vorhergehenden Austausch eingeräumt wird, an die sich das gemeinsame Gebet anschließt. In den Gemeindegottesdiensten findet dieser »Austausch« insbesondere im sogenannten »Gemeinschaftsteil« statt, einem Mitteilungsteil, der in der Regel mehr als die Abkündigung von Terminplänen enthält, vielmehr auch auf Ereignisse im Leben einzelner Gemeindeglieder, der Gesamtkirche und der Ökumene und auch auf »gesellschaftspolitisch relevante Probleme und Entscheidungen, die es wachsam zu begleiten gilt«,[29] eingehen kann. Darüber hinaus besteht in vielen Gemeindegottesdiensten von Zeit zu Zeit die Möglichkeit, dass Gemeindeglieder durch persönliche Äußerungen, in erwecklicher

vom Glaubensakt selbst her verstanden sein.« Otto Michel, Art. οἰκοδομέω, in: ThWNT Bd. 5, 144.

27 Krötke, Beten heute, (s. Anm. 13), 20.

28 Die Bezeichnung »Katechismus« für die seit den 80er Jahren des 19. Jahrhunderts in relativ rascher Folge erscheinenden baptistischen Unterrichtswerke für Heranwachsende wurde zumeist vermieden; man benutzte stattdessen (mit Ausnahme des 1899 erschienenen »Katechismus« von B. Weerts) die Bezeichnung »Religionsunterricht«. Ein solcher war schon früh für notwendig erachtet worden, da baptistische Eltern ihre Kinder nicht in den von den Kirchen verantworteten religiösen Unterricht schicken mochten; er setzte sich erst allmählich in den Gemeinden durch. Vgl. zur Geschichte des Religionsunterrichtes im deutschen Baptismus Ulf Beiderbeck, Frei und geborgen, Kassel 2002 (Baptismus-Studien 3), 45–63. Paradigmatisch für die Antwort auf die Frage nach dem Wesen des Gebets ist Christoph Rode, Christlicher Religionsunterricht für die reifere Jugend, Kassel ³1908, 54: »Fr. Was ist das Gebet? Antw. Das Gebet ist die Unterredung der Seele mit Gott.«

29 Dozentenkollegium Elstal, Gottesdienst, (s. Anm. 24), 60.

Terminologie »Zeugnisse« genannt, der Gemeinde etwas mitteilen, was dann Gegenstand des gemeinsamen Gebets werden kann.

Man wird die innere Stärkung des Gemeindelebens durch eine solchermaßen geübte Praxis des gemeinsamen Gebets keineswegs geringschätzen dürfen. Man wird allerdings auch nicht verschweigen können, dass hier eine Reihe von Gefahren drohen, deren sich der deutsche Baptismus im Laufe seiner (kurzen) Geschichte durchaus bewusst geworden ist. Denn der Gewinn solcher intensiven Gebetsgemeinschaften kann mindestens aus zwei Gründen in Verlust umschlagen. Zum einen ist bei allen Anliegen, die in Freude oder Leid im gemeinsamen Gebet vorgetragen werden, darauf zu achten, dass hier wirklich etwas *gemeinsam* vor Gott gebracht wird und nicht etwas, »was aus dem begrenzten Blickwinkel des einzelnen als besonders dringlich erscheint«.[30] Dann nämlich wird eine Gemeinschaft durch das gemeinsame Gebet nicht gestärkt, sondern im Gegenteil geplagt, und auf die Dauer zerfällt die Einigkeit als notwendige Voraussetzung des gemeinsamen Gebets. Zumindest im Blick auf (spontane) »Gebetsgemeinschaften« und »Zeugnisteile« im öffentlichen Gottesdienst sind gegenwärtig viele baptistische Gemeinden zurückhaltend geworden und denken über Möglichkeiten nach, wie die traditionelle baptistische Beteiligung der Gemeinde am gemeinsamen Gebet so gestaltet werden kann, dass man den genannten Gefahren einer letztendlichen Schwächung der Gemeinsamkeit des Gebets entgehen kann.[31] Zum anderen darf die geistliche Gemeinschaft, die durch die beschriebene intensive baptistische Praxis des gemeinsamen Gebets zweifellos gefördert werden kann, nicht unter der betenden Hand zu subtiler Abschottung und Selbstgenügsamkeit führen. Zwar wird gegenwärtig kein Baptist mehr jener separatistischen Frömmigkeit anhängen, wie sie sich in einem bis 1950 im Gesangbuch der deutschen Baptisten abgedruckten Lied von Julius Köbner ausspricht. Dort wird vom Vorhof des himmlischen Zion, also der Gemeinde, gesungen: »In dir umgibt mich Gottes Kraft, Die hohen Frieden in mir schafft, Wenn Gotteskinder um mich knien, Den Herrn herab vom Himmel ziehn.« Und solche betende Gemeinschaft wird dann so gepriesen: »Gesegnet sei, o Haus des Herrn! Wie könnt ich bleiben von dir fern. Die

[30] Krötke, Beten heute, (s. Anm. 13), 65.

[31] In gewisser Weise typisch für solche Überlegungen sind Fragen wie diese in populären baptistischen Veröffentlichungen: »Können Gebetsgemeinschaften in baptistischen Gottesdiensten ein hilfreicher Beitrag sein zur Verwirklichung des ›Priestertums aller Gläubigen‹, oder zahlen wir hier manchmal einen zu hohen Preis, wenn wir etwa an extrem leise oder an unangemessen lange Gebete denken?« (Paul Beasley-Murray / Hans Guderian, Miteinander Gemeinde bauen. Ein anderer

mir verwandt so innig nah', Die trauten Freunde sind ja da.«[32] Die Gefahr, dass sich eine fromme Gemeinschaft betend ihrer selbst genug ist – und sei es als moderne »Wohlfühlkirche« – ist natürlich nicht spezifisch baptistisch; sie bedarf jedoch gerade in einer (Frei-)Kirche, deren Gemeinden sich gerne mit dem Bild der »Familie Gottes« beschreiben,[33] besonderer Aufmerksamkeit.

Das auf die Wirkung *nach außen* gerichtete und in diesem Sinne »erbauliche« intensive gemeinsame Gebetsleben hatte in der Anfangszeit des deutschen Baptismus den besonderen Schwerpunkt bei der Befolgung des Missionsbefehls von Mt 28,19f. und der damit verbundenen Bitte um »Erweckung«. Dies lässt sich beispielhaft an einer Debatte während der fünften Bundeskonferenz 1860 studieren.[34] Gottfried Wilhelm Lehmann, der 1837 in Berlin die erste Baptistengemeinde in Preußen gegründet hatte,[35] warb darin für die Einrichtung einer täglichen Gebetsstunde in den baptistischen Gemeinden. Mehrere Abgeordnete unterstützten Lehmann durch Berichte über regelmäßige Gebetsversammlungen in den Gemeinden ihres Heimatortes. Lehmanns Begründung für die Befolgung des Missionsbefehls durch das gemeinschaftliche Gebet ist aufschlussreich: »Am Allerersten aber verdient er [sc. der Missionsbefehl] von uns beachtet zu werden, weil unsere Gemeinden sich nicht durch leibliche Nachkommenschaft fortpflanzen, sondern durch die Geburt aus Gott.«[36] Letztere jedoch ist – unbeschadet aller menschlichen Missionsbemühungen – immer nur zu erbitten: »Nur mit Gebet kann irgend etwas im Reiche Gottes ausgerichtet werden.«[37] In Amerika und Schottland, wo es nach Lehmanns Auskunft jüngst zu Erweckungen kam, seien diese »entstanden durch Gebetsversammlungen, in welchen um den Ausguß des heiligen Geistes gefleht

Weg, Kirche zu sein, Wuppertal/Kassel 1995, 97.) Vgl. auch Werkstatt Gottesdienst, (s. Anm. 24), 72–74, wo »Variationen der traditionellen Gebetsgemeinschaft« vorgeschlagen werden.

32 Zitiert nach: Balders, Vom Verhältnis, (s. Anm. 4), 158. Vgl. zur sogenannten Zionsfrömmigkeit und Kapellenfrömmigkeit a. a. O., 156–159.

33 Vgl. dazu Wiard Popkes, Gemeinde – Raum des Vertrauens. Neutestamentliche Beobachtungen und freikirchliche Perspektiven, Wuppertal/Kassel 1984, 237–240.

34 Vgl. Auszug aus dem Protokoll der fünften Bundes-Conferenz, gehalten von den Abgeordneten der vereinigten Gemeinden getaufter Christen, in Deutschland, Dänemark und der Schweiz, zu Hamburg, vom 4. bis zum 12. September 1860, Hamburg 1860, 11–14.

35 Vgl. zu G. W. Lehmann Hans Luckey, Gottfried Wilhelm Lehmann und die Entstehung einer deutschen Freikirche, Kassel 1939; Günter Balders, Gottfried Wilhelm Lehmann, NDB 14, 1985, 79f.

36 Protokoll der fünften Bundes-Conferenz (s. Anm. 34), 11.

37 Ebd.

worden war.«[38] Die hier betonte Alleinwirksamkeit des Geistes bei der Konstitution des christlichen Glaubens, der dann das gemeinsame Gebet korrespondiert, fügt sich zu der (passivischen) Weise, wie in der Anfangszeit des deutschen Baptismus von der »Bekehrung« gesprochen worden ist. So heißt es im bereits erwähnten ersten Glaubensbekenntnis von 1847 im siebten Artikel »Von der Bekehrung des Sünders durch das Wort Gottes«: Die im Glauben empfangene »große Umwandlung in dem Herzen und in der Erkenntnis des Sünders ist ausschließlich das Werk des Heiligen Geistes, der, nach dem gnädigen Willen Gottes, das Wort mit seiner allmächtigen, erfolgreichen Wirkung begleitet, dadurch die Wiedergeburt des fleischlich gesinnten Sünders bewirkt, sein Herz aufthut, seine Seele erleuchtet, und den lebendigen Glauben an Christum erzeugt.«[39] Auf dieser Linie liegt auch der Sprachgebrauch von Johann Gerhard Oncken, dem calvinistisch geprägten Gründer der ersten deutschen Baptistengemeinde überhaupt,[40] der das Verb »bekehren« in der Regel vermied und stattdessen von »bekehrt werden« durch Christus und den Geist Gottes sprach.[41] Dementsprechend verbindet die folgende Auskunft Onckens »Bekehrung« und gemeinsames Gebet auf geradezu typische Weise: »Es sei ihm schmerzlich auf's Herz gefallen, dass nach den Berichten der lieben Brüder nur wenige bekehrt worden seien. Die Ursache davon möge teilweise die sein, dass von den Gemeinen nicht ernstlich um den heiligen Geist gebeten worden sei.«[42] Die seit dem späten 19. Jahrhundert stark auf den deutschen Baptismus einwirkende angloamerikanische Heiligungsbewegung und arminianischer Einfluss haben in der Folgezeit die passivische Beschreibung der Rolle des Menschen bei seiner »Bekehrung« im Baptismus zurücktreten lassen.[43] Die Bitte um »Erweckung« aber ist – wenn auch in veränderter Terminologie und in anderen Formen als den erbaulichen Gebetsversammlungen der Anfangszeit – bis in die Gegenwart hinein ein wichtiges Anliegen des gemeinschaftlichen Gebets im deutschen Baptismus.[44]

38 Ebd.

39 Zitiert nach Steubing, Bekenntnisse, (s. Anm. 1), 275.

40 Vgl. zu J. G. Oncken Hans Luckey, Johann Gerhard Oncken und die Anfänge des deutschen Baptismus, Kassel ³1958; Günter Balders, Johann Gerhard Oncken, NDB 19, 1998, 537f.

41 Die im Pietismus vertretene Auffassung, »dass das neue Leben aus Gott notwendig mit schweren Bußkämpfen beginnen müsse« und Menschen mithin »durch unendlich große Angst hindurch müssen, um zur Bekehrung und zu Jesu zu kommen«, lehnte Oncken dementsprechend dezidiert ab. Vgl. dazu und zum Zitat Balders, Vom Verhältnis, (s. Anm. 4), 155.

42 A. a. O., 145.

43 Vgl. a. a. O., 155f. Statt man »wird bekehrt« heißt es jetzt: man »hat sich bekehrt«.

Man mag mancherlei an der eigentümlichen Weise des gemeinschaftlichen Gebets – insbesondere in der Gestalt des freien Gebets – bemängeln und auf nicht von der Hand zu weisende Gefahren (und Stillosigkeiten) hinweisen. Das darf jedoch nicht zu einer Geringschätzung des gemeinsamen Gebets führen, schon gar nicht mittels einer abstrakten Gegenübersetzung von individuellem und gemeinsamem Gebet. »Denn Christsein heißt: mit anderen Menschen *zusammen* aufgerufen sein. Aufgrund dessen kann man sich gerade beim Beten nicht mehr als exklusiv einzelner vor Gott verstehen. Auf der anderen Seite kann aber die Gemeinde im Grunde auch gar nicht beten, ohne vorauszusetzen, daß jeder einzelne im Vollzuge seines Lebens ein Beter ist.«[45] Dieser Einsicht versucht die baptistische Praxis des gemeinsamen Gebets einen – gewiss unvollkommenen und von den gegenwärtigen individualistischen Veränderungen unserer Lebenswelt keineswegs unangefochtenen – Ausdruck zu verleihen.[46]

4 Beten für den Staat

Zu den Grundsätzen des deutschen (und internationalen) Baptismus zählt bis heute das mit der Forderung nach Religionsfreiheit verbundene Prinzip der Trennung von Staat und Kirche.[47] In dem zu Beginn des neuen Jahrtausends erarbeiteten »Leitbild des Bundes Evangelisch-Freikirchlicher Gemeinden in Deutschland«[48] wird daher unter der Überschrift »Wer wir

44 So wird z. B. in dem erwähnten Arbeitsbuch (s. Anm. 24) in deutlicher Nähe zum »Allgemeinen Kirchengebet« für eine mögliche Struktur des gemeinsamen Gebets (im Gottesdienst) genannt: »Das Kommen des Reiches Gottes« und »Die Ausbreitung des Evangeliums« (80).

45 Krötke, Beten heute, (s. Anm. 13), 65.

46 Es muss daher nachdenklich stimmen, wenn z. B. im neueren Material für den christlichen Unterricht von Heranwachsenden in baptistischen Gemeinden in den Lektionen über das Gebet fast ausschließlich vom individuellen Gebet gehandelt wird; vgl. das 1980 (Bd. 1) und 1981 (Bd. 2) in Wuppertal/Kassel erschienene Werk für den Gemeindeunterricht: Einsteigen – Ankommen. Gemeindeunterricht 13–16; ferner: Mit Kopf, Herz und Hand. Fertige Stundenentwürfe für den Gemeindeunterricht, Bund Evangelisch-Freikirchlicher Gemeinden in Deutschland K. d. ö. R. (Hrsg.), Kassel 1999–2003.

47 Vgl. dazu und zur Problematik baptistischer »Grundsätze« Martin Rothkegel, Freiheit als Kennzeichen der wahren Kirche. Zum baptistischen Grundsatz der Religionsfreiheit und seinen historischen Ursprüngen, in: Andrea Strübind / Martin Rothkegel (Hrsg.), Baptismus. Geschichte und Gegenwart, Göttingen 2012, 201–225.

48 In diesem Bund sind seit 1941 die deutschen Baptistengemeinden mit Gemeinden

sind« grundlegend festgehalten: »Wir sind eine Freikirche: Seit unserer Entstehung treten wir für Religions- und Gewissensfreiheit ein und befürworten die Trennung von Kirche und Staat. Unsere Haushalte bestreiten wir aus freiwilligen Beiträgen unserer Mitglieder.«[49] Trennung von Kirche und Staat meint nun allerdings nicht, dass die beiden Größen in einem abstrakten Verhältnis zueinander gesehen werden. Das zeigen die Glaubensbekenntnisse des deutschen Baptismus auf eindrückliche Weise. Ausnahmslos alle Bekenntnisse[50] nämlich enthalten einen Artikel, in dem jeweils in der Sprache der Zeit zum Gebet für den Staat aufgerufen wird. So heißt es im ersten gemeinsamen Glaubensbekenntnis des deutschen Baptistenbundes im Artikel »Von der bürgerlichen Obrigkeit«: »Wir halten uns verpflichtet, allen ihren [sc. der Obrigkeiten] Gesetzen unbedingten Gehorsam zu leisten, wenn diese die freie Ausübung der Pflichten unsers christlichen Glaubens nicht beschränken, und durch ein stilles und ruhiges Leben in aller Gottseligkeit ihnen ihre schwere Aufgabe zu erleichtern. Auch halten wir uns nach dem Befehle Gottes verpflichtet, für die Obrigkeit zu beten, daß sie nach seinem Willen und unter seinem gnädigen Schutze die ihr anvertraute Macht so handhaben möge, daß Friede und Gerechtigkeit dadurch erhalten werden.«[51] Und in der »Rechenschaft vom Glauben«, dem gegenwärtigen Bekenntnis des Bundes der deutschen Baptisten (und Brüdergemeinden) von 1977/78 wird formuliert: »Mitmenschliches Leben findet nach Gottes Willen in der Geschichte dieser Welt seine Form in gesellschaftlichen Strukturen und staatlichen Ordnungen. Zur Wahrung dieser Ordnungen bedarf es des Rechts und der Machtmittel des Staates, aber auch der Fürbitte und Danksagung der Gemeinde.«[52]

aus der sogenannten Brüderbewegung zusammengeschlossen. Die große Mehrheit der zurzeit etwa 800 Ortsgemeinden sind Baptistengemeinden, 130 sind Brüdergemeinden.

49 Zitiert nach Rechenschaft vom Glauben. Bund Evangelisch-Freikirchlicher Gemeinden in Deutschland K. d. ö. R., Kassel 2009, 36.

50 Vgl. zur Geschichte der deutschen baptistischen Bekenntnisse von 1837 (Hamburg), 1843 (Berlin), 1847, 1912, 1944 und 1977/78 Brandt, Vom Bekenntnis, (s. Anm. 3), 182–190.

51 Zitiert nach Steubing, Bekenntnisse, (s. Anm. 1), 281 f.

52 Rechenschaft vom Glauben, (s. Anm. 49), 29. Der Artikel »Die Christen in Gesellschaft und Staat« (a. a. O., 29 f.) enthält ferner ein Bekenntnis zur Bereitschaft der Christen, »Verantwortung für die Wohlfahrt ihrer Mitmenschen zu übernehmen und die gesellschaftlichen und staatlichen Ordnungen menschenwürdig mitzugestalten.« Dabei gilt freilich: »Gesellschaftliche und staatliche Ordnung darf nicht verwechselt und vermischt werden mit dem Reich Gottes und der Gemeinde Jesu Christi und kann diese niemals ersetzen. Darum treten wir ein für die Trennung von Staat und Kirche.«

Das hier von Anfang an und durchgängig bis in die Gegenwart festgehaltene Bekenntnis zum Gebet für den Staat ist zweifellos zunächst eine Antwort auf die neutestamentliche Weisung von 1 Tim 2,1f. Es ist aber darüber hinaus auch eine *konkrete* Weise, in der das Prinzip der Trennung von Staat und Kirche nach baptistischem Verständnis von der Kirche zu vollziehen ist. Wenn nämlich die christliche Kirche und also in diesem Fall die baptistischen Gemeinden für den Staat beten, so bedeutet dies, dass der Staat bei der Erfüllung der ihm eigentümlichen Aufgabe der Sorge für Gerechtigkeit und Frieden nicht allein gelassen wird. »Denn in der Fürbitte nimmt sich die Kirche der weltlichen Aufgabe des Staates auf geistliche Weise an.«[53] Sie tut es nun freilich auf *geistliche* Weise und trägt damit dazu bei, einer Verwechslung und Vermischung der beiden Größen und ihrer jeweils spezifischen Aufgaben zu wehren.

Was hier (unbeschadet des Prinzips einer Trennung von Staat und Kirche) vom Grundsatz her in den baptistischen Bekenntnissen als eine in Gestalt der Fürbitte sich vollziehende positive Beziehung von Staat und Kirche in den Blick gebracht wird, ist freilich faktisch stets der Bedrohung ausgesetzt. Denn zum einen muss die im Bekenntnis geforderte Fürbitte für den Staat in der Realität des Gemeindelebens auch geübt werden. Dafür gibt es selbstverständlich nirgendwo eine Garantie. Für eine solche Fürbitte findet sich aber in einer Kirche, die für ihre Gottesdienste keine Agenden kennt, auch keine regelmäßige Erinnerung und Anleitung, wie sie etwa das Allgemeine Kirchengebet der großen Kirchen enthält. Die kontinuierliche Fürbitte für Staat und Gesellschaft, insbesondere für die Regierungen und Parlamente, Verwaltungen, Gerichte oder die Polizei, kann daher schnell durch die Fürbitte für individuelle und gemeindliche Nöte oder besondere weltweite Notsituationen verdrängt werden. Zum anderen aber kann die Fürbitte für den Staat unter der Hand zu einer höchst problematischen quietistischen Engführung geraten. Das ist vor allem dort der Fall, wo die Fürbitte für den Staat – mehr oder minder latent – einseitig auf den Erhalt der eigenen Daseins- und Wirkmöglichkeiten gerichtet ist. Die Sorge um den Erhalt von institutionellen Freiheiten (insbesondere für die missionarische Betätigung) droht dabei den wachsamen Blick auf das Ganze eines Staatswesens aus dem Blick zu verlieren. Wird diese Engführung noch durch eine Verwechslung des Prinzips der Trennung von Kirche und Staat mit dem einer Trennung von christlicher Existenz und politischer Betätigung unterstützt, so potenziert sich die Gefahr

[53] Eberhard Jüngel, Mit Frieden Staat zu machen. Politische Existenz nach Barmen V., in: Ders., Indikative der Gnade – Imperative der Freiheit. Theologische Erörterungen IV, Tübingen 2000, 161–204, 183.

einer unkritischen Anpassung an die jeweiligen Verhältnisse. Dass der deutsche Baptismus in seiner Geschichte dieser Gefahr zumindest in Teilen erliegen konnte, zeigt der Blick auf sein Verhalten in der Zeit des »Dritten Reichs«. In besonders luzider Weise wird dies im Entwurf einer Schulderklärung aus dem Jahr 1947 des baptistischen Professors für Neues Testament Johannes Schneider deutlich: »Eins haben wir freilich nicht getan. Wir haben uns nicht bedingungslos mit dem Kampf und Leiden der Bekennenden Kirche verbunden, sondern sind unsere eigenen, durch unsere Geschichte und besonderen Auftrag gewiesenen Wege gegangen. [...] Und wir glaubten, daß wir die uns gegebene Aufgabe so lange durchführen sollten, wie Gott uns Zeit und Wirkungsmöglichkeiten gab. Wir erkennen freilich heute, daß wir deutlicher, als wir das getan haben, zu den christusfeindlichen und verbrecherischen Maßnahmen des nationalsozialistischen Regimes hätten Stellung nehmen sollen.«[54]

Diese Erkenntnis macht das Gebet für den Staat nicht obsolet – im Gegenteil: Sie macht es dringend. Dass auch eine Kirche mit nonkonformistischen Wurzeln vor einer unpolitischen und unevangelischen Anpassung nicht gefeit ist, sollte sie in ihrer Fürbitte für den Staat jedoch gerade im Blick auf drohende Einseitigkeiten besonders sensibel sein lassen.

5 Gebetserhörung

Dass Baptisten von Gott erwarten, er werde auf ihre Gebete hin handeln, ist selbstverständlicher Bestandteil ihrer Frömmigkeit. Darüber freilich, was es heißt, dass Gott Gebet erhört, und dementsprechend auch, welches Gottesverständnis diese Überzeugung voraussetzt, finden sich im Baptismus kaum zusammenhängende Ausführungen.[55] Man ist also auch hier auf einzelne Beobachtungen angewiesen.

In diesem Zusammenhang fällt zunächst ins Auge, dass im Baptismus bei der Frage nach der »Gebetserhörung« die Frage nach der *Intensität* des Gebets, nicht zuletzt als Frage nach seiner Häufigkeit und Länge eine

[54] Zitiert nach Andrea Strübind, Die unfreie Freikirche. Der Bund der Baptistengemeinden im ›Dritten Reich‹, Wuppertal/Kassel/Zürich ²1995, 315.

[55] In jüngerer Zeit war es vor allem der 2006 verstorbene Praktische Theologe am baptistischen Theologischen Seminar Hamburg und Elstal Siegfried Liebschner, der diese Frage – freilich vor allem in praktischer Hinsicht – ins baptistische Bewusstsein zu rücken versuchte. Vgl. insbes. Siegfried Liebschner, Die Lehre vom Gebet als Testfall der christlichen Gotteslehre, in: Ders., Dem neuen Menschen eine Chance geben. Baptistische Beiträge zu einer Theologie des Heiligen Geistes, hg. von Uwe Swarat, Kassel 2006 (Baptismus-Studien 10), 54–60.

Rolle gespielt hat. Dabei ist durchaus eine gewisse Ambivalenz festzustellen. Einerseits ist man – wie bereits erörtert – von der Notwendigkeit eines intensiven Gebetslebens überzeugt und versucht, individuell wie gemeinschaftlich dafür auch den erforderlichen zeitlichen Raum zu schaffen. Hier lässt sich gelegentlich ein gesetzlicher Unterton, der die Erhörung des Gebets – zumindest auch – an den (zeitlichen) Einsatz des Beters knüpft, nicht verleugnen. So forderte einer der Vortragsredner auf der Bundeskonferenz 1954 nicht ganz untypisch mit dem Verweis auf die Person Jesu längere Gebetszeiten: »*Jesus hat lange gebetet.* [...] Jesus hat alles *empfangen*, was er erbat. Das ist doch kein Ausnahmefall für Jesus allein gewesen! [...] Würden wir den Vater kennen und die Gebetsleistungen der Männer Gottes, dann würden wir sagen: Das kann ich doch auch tun!«[56] Dementsprechend muss man lange beten, denn: »Bei kurzen Gebeten kann man [...] nicht *durch*brechen.«[57] Andererseits verweist man von Anfang an unter Bezugnahme auf Mt 6,7f. darauf, dass die Erhörung des Gebets nicht an seine Länge und an menschliche Leistung geknüpft ist. In diesem Sinne warnt der ehemalige Präsident des Bundes Evangelisch-Freikirchlicher Gemeinden in Deutschland Siegfried Großmann vor dem verhängnisvollen »Versuch, ›Gott müde zu beten‹«.[58] Und er verweist darauf, dass die Erhörung unserer Gebete oft anders und auf einem »Weg« geschieht, »der besser ist als das, was wir uns bei unserer Bitte gedacht haben. Das kann aber nur dann geschehen, wenn wir unsere Bitten nicht ständig drängerisch wiederholen, sondern sie als Beginn eines Gesprächs sehen, das sich für das korrigierende Reden Gottes und sein unerwartetes Handeln öffnet.«[59] Dieses bittende »Gespräch« ist demnach von Seiten des Menschen immer zugleich die vertrauensvolle Öffnung für den Empfang dessen, was dem Willen Gottes entspricht. Gottes fürsorglicher Wille jedoch ist in jedem Fall das, was dem Menschen gut tut, und in diesem Sinne kann man davon sprechen, dass Gott jedes Gebet »erhört«, auch wenn dies häufig nicht in Gestalt der Erfüllung konkreter Wünsche und Vorstellungen des betenden Menschen geschieht: »Deshalb kann Gott meine Gebete nur erhören, wenn sie mit seinem Willen übereinstimmen.«[60]

56 Herbert Gudjohns, Ist unter uns wirklich Gestaltung des Lebens nach dem Wort der Schrift?, in: Vorträge zur Bundeskonferenz Evang. Freikirchlicher Gemeinden 1954 in Hamburg, Kassel 1954, 19–45, 44.

57 Ebd.

58 Siegfried Großmann, Ich möchte hören, was Du sagst. Beten als Gespräch mit Gott, Gießen [5]2014, 14.

59 A. a. O., 20f.

60 A. a. O., 19.

Mit letzterer Auskunft ist ein Grundzug vieler baptistischer Äußerungen zur Gebetserhörung berührt. Dabei wird vielfach auf das Beispiel des irdischen Jesus und seiner Gebetshaltung verwiesen. So exemplifiziert Julius Köbner das rechte Gebet am Kindschaftsverhältnis Jesu zu seinem himmlischen Vater: »Kein Mensch ist so sehr Kind gewesen, als Jesus. Das Kind aber muß erst sehen, was der Vater thut. [...] In solchem Kindesumgange mit Gott sollen auch wir stehen.«[61] Darum kann es im Bittgebet nicht darum gehen, Gott »zum Verbündeten eines Herrschers« machen zu wollen; denn ein »solcher Beter will, um seine Zwecke zu erreichen, Gott zur Mithülfe herbeiziehen, wo seine eigenen Kräfte nicht völlig hinreichen.«[62] Vielmehr geht es beim Gebet um die Lebenshaltung eines beständigen Umgangs mit Gott, zu dem auch »ein horchendes, von ihm geschärftes Ohr«[63] gehört. Auf diese Weise werden dann im Gebet Erleuchtung, Trost, Rat, Mahnung und Warnung empfangen, so dass das Gebet und auch das Bittgebet seinen tiefsten Sinn darin hat, »Gottes Gegenwart bei uns dem Bewußtsein lebendig festzustellen«.[64]

Solche – bei Köbner in gewisser Hinsicht an Auskünfte des jungen Schleiermacher erinnernde Anschauung[65] – findet sich in anderer Form auch in der baptistischen Glaubenskunde von Max Slawinsky aus dem Jahr 1940. Dort wird unter Verweis auf das Gebet Jesu in Gethsemane und die Stärkung durch Engel festgestellt: »Gott nahm ihm [sc. Jesus] die Aufgabe, uns zu erlösen, nicht ab, aber er gab ihm die nötige Stärkung, sie zu erfüllen. Wir lernen daraus: Gott erhört alle unsere Gebete, indem er entweder unsere Bitten erfüllt oder uns die Kraft gibt, unser Los zu tragen. Da unser Vater im Himmel besser als wir weiß, was für uns gut ist, sollen wir dem großen Vorbild unseres Heilands folgen und bei all unseren Bitten ebenfalls sprechen: ›Doch nicht wie ich will, sondern wie du willst!‹«[66]

Mit ähnlichen Argumenten hat besonders in den 60er und 70er Jahren des 20. Jahrhunderts der amerikanische Baptistenpastor Roland Brown durch eine rege Vortrags- und publizistische Tätigkeit auf das Gebetsverständnis des deutschen Baptismus eingewirkt. Die von ihm in zahlreichen und vielfach aufgelegten Büchern zum Gebet vorgetragene Gebetslehre hat wiederum ihren Kern in einer dem Vorbild Jesu entnommenen Hal-

61 Köbner, Referat über den verborgenen Umgang, (s. Anm. 8), 69.
62 A. a. O., 70.
63 Ebd.
64 A. a. O., 72.
65 Vgl. dazu Christiane Tietz, Was heißt: Gott erhört Gebet?, in: ZThK 106 (2009) 3, 327–344, 332 ff.
66 Max Slawinsky, Christliche Glaubenskunde. Leitfaden für den christlichen Religionsunterricht, Kassel 1940, 80 (Aufl. Stuttgart 1946, 76).

tung: »Wie Jesus seine Augen auf Gott gerichtet hielt, weil er wissen wollte, was er zu tun hatte, so sollen wir unsere Augen auf Gott richten. Dann beginnen die Wunder, und das Leben wird ein Leben erhörten Gebetes.«[67] Allerdings besteht dieses Leben des erhörten Gebets nicht einfach in der Erfüllung konkreter menschlicher Bitten und Wünsche. Denn auch hier gilt: »Es geht darum, Jesus an die erste Stelle zu setzen! Wir müssen in allen Dingen seinen Willen unserem überordnen. Wenn wir das allerdings tun, um irgendeinen Wunsch erfüllt zu bekommen, also um irgendetwas aus Jesus herauszuholen, dann setzen wir doch das Ich an die erste Stelle. Aber wenn wir Jesus Christus an die erste Stelle setzen, ohne Rücksicht darauf, was dabei für uns herauskommt, dann werden die Segnungen so herabströmen, daß wir nicht genug Platz für sie haben.«[68] Das gilt im Übrigen auch bei der Bitte um Krankenheilung: »Wenn ich mit jemand bete und er wird nicht gesund, kann ich nur feststellen, daß es eine Angelegenheit Gottes ist, warum das geschehen ist, denn Gott heilt, und nicht unser Glaube.«[69]

Die hier zusammengetragenen baptistischen Äußerungen lassen eine Auffassung erkennen, nach der das Gebet als Lebenshaltung eine personale Beziehung zur Sprache bringt. Betend richtet der Mensch seine Existenz auf Jesus Christus aus und wird sich so seiner selbst in der Gegenwart Gottes gewiss. Das Bittgebet hält dabei in besonderem Maße fest, dass diese Vergewisserung nicht ein bloßes Selbstgespräch oder eine Selbstverständigung ist. Indem es eng an der Gebetshaltung Jesu (in Gethsemane) orientiert ist, wird deutlich, dass das Erbetene durch das Gebet nicht kausalmechanisch erzeugt werden soll. Vielmehr kann das Einverständnis des souveränen (und in seiner *Freiheit* bewegbaren) Willens Gottes mit der menschlichen Bitte wiederum nur hoffend erbeten werden. Denn wer bittet, räumt »dem Gebetenen dasjenige *Prae* ein, das denjenigen, den zu bitten Grund besteht, von dem Bittenden unterscheidet.«[70] Getragen ist jegliche Bitte dabei vom Glauben an Jesus Christus selbst, mithin also von der Gewissheit, »dass Gottes Treue und also sein Heilswillen unveränderlich ist«.[71] Diesen Heilswillen, den Gott in der Person und dem Werk Jesu

67 Roland Brown, Beten lernen. 12 Grundlagen des wirksamen Gebets, Kassel 1972, 10f. Das Buch wurde zuletzt 2006 wieder aufgelegt.

68 A. a. O., 39f.

69 A. a. O., 88.

70 Eberhard Jüngel, Die Autorität des bittenden Christus. Eine These zur materialen Begründung der Eigenart des Wortes Gottes. Erwägungen zum Problem der Infallibilität in der Theologie, in: Ders., Unterwegs zur Sache. Theologische Erörterungen I, Tübingen ³2000, 179–188, 187.

71 Tietz, Was heißt: Gott erhört Gebet?, (s. Anm. 65), 337.

Christi offenbar gemacht hat, auch in konkreten Lebenssituationen – insbesondere in denen der Not – als heilvoll wahrnehmen und als das Gute im Sinne von Mt 7,11 erfahren zu können, erbitten die Betenden. Das wiederum »bedeutet natürlich auch, dass Gott nur das geben kann, was für die Bittenden wirklich gut ist«, wie der Baptist Großmann in seiner Gebetslehre formuliert.[72] Und dies wiederum führt den Beter dann zum Eingeständnis: »Gott hört auf alle unsere Gebete, aber er erhört sie oft nicht so, wie wir uns das wünschen. ›Glatte‹ Gebetserhörungen sind angenehm, aber wertvoller sind diejenigen, die uns dazu bringen, neu nach dem Willen Gottes zu fragen und dadurch unser Leben verändern zu lassen.«[73]

Auf dem Hintergrund der wenigen baptistischen Texte zur Frage der Gebetserhörung – eine umfassende Untersuchung der disparaten Äußerungen wäre eine lohnende Forschungsaufgabe – ließe sich durchaus baptistisches Einverständnis vermuten, wenn Christiane Tietz zur Frage der Gebetserhörung formuliert: »*Gott hat mein Gebet erhört* heißt also schließlich: *Der Beter kann an einer Situation, an einem Geschehen, für das er gebetet hat, Gottes Fürsorge wahrnehmen.*«[74] Möglicherweise wären Baptisten auch bereit, die Frage, ob »sich durch das Gebet auf der Ebene des Willens und Wirkens Gottes eine Veränderung vollzogen hat«, getrost offenzulassen.[75] *Dass* eine solche Veränderung denkbar ist, würden sie allerdings sicherlich bejahen.[76]

Anmerkungen zur baptistischen Gebetskultur können nicht schließen, ohne einen Blick auf die vielleicht wirkmächtigste baptistische Persönlichkeit im europäischen Raum des 19. Jahrhundert zu werfen: Charles Haddon Spurgeon. Nicht nur, dass Spurgeon durch persönliche Kontakte und durch die in Johann Gerhard Onckens Verlag regelmäßig publizierten Predigten für die deutsche baptistische Frömmigkeit der Anfangszeit große Bedeutung hatte, »seine Wirkung hält dank immer neuer Auflagen und Bücher – nicht nur im angelsächsischen Bereich, sondern auch in Deutschland und nicht zuletzt in Osteuropa – immer noch an.«[77]

72 Großmann, Ich möchte hören, (s. Anm. 58), 19. Vgl. auch a. a. O., 29: »Gott identifiziert sich mit unseren Anliegen, soweit sie existenziell sind, denn er will, dass wir alles haben, was wir brauchen. «

73 A. a. O., 29.

74 Tietz, Was heißt: Gott erhört Gebet?, (s. Anm. 65), 341.

75 A. a. O., 342.

76 Vgl. dazu Uwe Swarat, »Ein Gott, der sich bitten lässt« – der Adressat unseres Betens, in: Elstaler Impulse Gebet, Elstal 2014, 11–13, 13.

77 Günter Balders, Art. Spurgeon, Charles Haddon (1834–1892), in: Helmut Burkhardt / Uwe Swarat (Hrsg.), Evangelisches Lexikon für Theologie und Gemeinde Bd. 3, Wuppertal ^{2}1998, 1891.

In einer Predigt vom 23. März 1873 über 1 Joh 3,22–24 »The conditions of power in prayer«[78] wird von Spurgeon zunächst eine grundlegende Unterscheidung eingeführt »zwischen dem Gebet, eines Menschen, der Begnadigung sucht, und dem Gebet eines Menschen, der schon errettet und selig geworden ist.«[79] Für die ernsthaft geäußerte Bitte des Sünders um Gnade gibt es keinerlei Vorbedingungen; sein Gebet wird in jedem Fall und zu jeder Zeit von Gott erhört. Davon zu unterscheiden ist dann allerdings die Erhörung von Gebeten des gläubigen Menschen, die »keine Grundbedingungen für seine Seligkeit« sind, sondern »Gnadengaben und Segnungen, Tröstungen und Gunstbeweise, die sein jetziges Leben segensreich, glücklich und geachtet machen.«[80] Derlei Gebete stehen unter Konditionen, nämlich dem kindlichen Gehorsam, kindlicher Ehrfurcht, kindlichem Vertrauen, kindlicher Liebe, der Bereitschaft, kindliche Wege zu gehen und einem kindlichen Geist. Die Pointe der im Einzelnen von Spurgeon ausführlich erläuterten Bedingungen eines gläubigen Gebets, das dann auch Erhörung erwarten darf, ist die Haltung absoluten Vertrauens in Gottes Fürsorge.[81] Der betende Mensch spricht darum so: »›Herr, wenn das, worum ich bitte, dir nicht gefällt, so würde es mir keine Freude machen. Meine Wünsche lege ich in deine Hände, damit du sie prüfst: mache einen Strich durch jeden Wunsch, den ich vor dich bringe, wenn er unrecht ist. Und, Herr, lege du hinein, was ich dabei vergessen habe. Guter Herr, wenn ich es hätte wünschen sollen, so erhöre mich, als wenn ich's erbeten hätte. Nicht wie ich will, sondern wie du willst.‹«[82] Damit ist freilich nicht eine letztlich fatalistische Ergebung in den ohnehin unbeugsamen Willen Gottes intendiert. Vielmehr lässt sich der glaubende Mensch mit seinen Wünschen und Bitten, deren Übereinstimmung mit dem Willen

[78] So die Überschrift in: The Metropolitan Tabernacle Pulpit. Sermons Preached and Revised by C. H. Spurgeon, During the year 1873, Vol. XIX, London 1874, 169–180, 169. Die im Verlag von J. G. Oncken bereits 1875 erschienene deutsche Übersetzung trägt den Titel: »Worin liegt die Macht des Gebets?«, in: Predigten von C. H. Spurgeon, Prediger in London. Aus dem Englischen, Bd. 5, Hamburg 1875, 405–425, 405. Die Predigt erschien (gegenüber der deutschen Übersetzung von 1875 leicht bearbeitet) erneut in: C. H. Spurgeon, Betet ohne Unterlaß. Gedanken und Predigten über das Reden mit Gott, Wuppertal/Kassel 1982 [mehrere Folgeauflagen], 57–74, 57 unter der Überschrift »Das Gebet als Macht«. Im Folgenden wird nach dieser Ausgabe zitiert.

[79] A. a. O., 58.

[80] A. a. O., 58 f.

[81] Vgl. a. a. O., 64, wo der eigenmächtigen Sorge der Gläubigen entgegengehalten wird: »Ihr wollt einen zuverlässigeren Fürsorger als die Vorsehung, eine bessere Bürgschaft als Gottes Verheißung.«

[82] A. a. O., 62.

Gottes von Seiten des Menschen immer nur angenähert werden kann,[83] betend in eine Mitwirkung an Gottes (liebender) Weltregierung einbeziehen. »Wenn ein Mensch alle Geschöpfe Gottes in seine Liebe mit einschließen möchte und für das göttliche Gnadenwerk noch besonders betet, dann sind seine Gebete nach Gottes Sinne. Seine Liebe und Gottes Güte laufen nebeneinander her. Obwohl Gottes Liebe einem mächtig wogenden Strome gleicht, und die eines solchen Menschen einem schwach rieselnden Bächlein, so fließen doch beide in derselben Richtung, und beide gelangen an dasselbe Ziel. Gott erhört jederzeit die Gebete eines liebeerfüllten Menschen, weil diese Gebete Spiegelungen [shadows] seiner eigenen Ratschlüsse sind.«[84] Die Spurgeon durchaus geläufige Frage eines aufgeklärten Bewusstseins, ob Gott dabei um der Gebete seiner Gläubigen willen die Naturordnung ändern werde, wird von ihm so beantwortet: »Der Herr weiß Wege genug, unsere Gebete zu erhören, ohne das[s] er Wunder zu wirken oder Naturgesetze aufzuheben braucht.«[85] Dies schließt freilich nicht aus, dass Gott auch Wunder wirkt.[86] Und womöglich setzt er auch natürliche Kräfte dafür in Bewegung und Gesetze in Kraft, die der gelehrten Forschung bisher noch unbekannt sind.[87] Spurgeons apologetisches Interesse an dieser Frage ist gering gegenüber der ausgeprägten Überzeugung, dass »die Gebete der Christen ein Glied in dem Getriebe der Vorsehung bilden, Zähne in dem großen Räderwerk der göttlichen Schicksalsfügung.«[88] Dass mit diesen belasteten Begriffen nicht ein unpersönliches Prinzip, ein blindes Schicksal oder ein absichtsloser Zufall[89] gemeint sind, dürfte nach dem vorher Gesagten klar sein. Letztlich geht es im Bittgebet immer um ein vom Geist Gottes angeregtes Hören und Reden mit dem Ziel einer *Gottes Heilswillen entsprechenden* Bitte; dann kann geschehen, was in der anschaulichen Sprache des großen baptistischen Erweckungspredigers homiletisch inspirierend so formuliert wird: »Der Herr schaut aus des Himmels Fenstern und sieht solch ein Gebet zu ihm kommen,

83 Die Reinheit des Gebet ist irdisch immer gebrochen, die Unschuld des Gebets immer unvollkommen (vgl. a. a. O., 61). Der gläubige Mensch sucht betend (und dabei vernehmend) den Einklang mit dem Willen Gottes, aber die »Schwierigkeit besteht darin, daß wir nicht gewissermaßen ›auf Hörweite‹ mit Gott bleiben«, a. a. O., 70 (im englischen Original: »*en rappord* with God«, [s. Anm. 78, 178]).

84 A. a. O., 70.

85 A. a. O., 68.

86 Das ist dann freilich »etwa so, wie wenn man eine Dampfmaschine abstellt wegen eines gerringen [sic] Nebenzwecks«, ebd. (im englischen Original: »like stopping a vast machine for a small result«, [s. Anm. 78, 176]).

87 Vgl. ebd.

88 Ebd.

89 Vgl. dazu Tietz, Was heißt: Gott erhört Gebet?, (s. Anm. 65), 341.

wie Noah die Taube zur Arche zurückfliegen sah, und er streckt seine Hand aus diesem Gebet entgegen, und wie Noah die Taube in seine Arche aufnahm, so empfängt Gott dieses Gebet und nimmt es entgegen und legt es an seine Brust und spricht: ›Von mir bist du ausgegangen und ich nehme dich mit Freuden wieder auf: mein Geist hat dich beseelt, darum will ich dich erhören.‹«[90]

[90] Spurgeon, Betet (s. Anm. 78), 71.

Über die Möglichkeit und Unmöglichkeit des Gebets

Reflexionen zu Psalm 77

Andreas Krebs

Abstract

»Das Gebet selbst muß sich – und in sich Gott – uns nahebringen und rechtfertigen.« Mit dieser Aussage Karl Rahners setzt sich der vorliegende Beitrag auseinander. Wäre Rahner im Recht, müsste das Gebet nicht nur für sich, sondern auch für seinen Adressaten einstehen. Ob man beten kann oder nicht, hinge damit von einer existenziellen menschlichen Grundentscheidung ab. Demgegenüber soll hier versucht werden, die Möglichkeit oder Unmöglichkeit des Gebets – und damit die Nähe Gottes ebenso seine vielfach erlebte Abwesenheit und Unerfahrbarkeit – konsequent in Gott begründet zu sehen. Dieser Versuch wird anhand einer Auslegung von Psalm 77 entwickelt. Es zeigt sich, dass der biblische Text als Paradigma auch für ein Beten gelesen werden kann, das nicht meint, auf die säkulare Anfechtung des Gebets durch eine – notwendig überfordernde – existenzielle Entscheidung reagieren zu müssen, sondern das eben diese Anfechtung selbst vor Gott bringt – und sie seiner Ver-antwortlichkeit überlässt.

1 Die Möglichkeit des Gebets – eine existenzielle Grundentscheidung?

Ist Beten heute möglich? *Karl Rahner* findet in dieser Frage nicht weniger als »die eine, einzige und ganze Frage des modernen Menschen«[1] ausgesprochen. Er begreift das Beten als einen »totale[n] Grundakt der

[1] Karl Rahner, Über die Möglichkeit und Notwendigkeit des Gebets, in: Ders., Sämtliche Werke. Bd. 23: Glaube im Alltag. Schriften zur Spiritualität und zum christlichen Lebensvollzug, hg. von der Karl-Rahner-Stiftung, bearb. von A. Raffelt, Frei-

menschlichen Existenz, der diese als Ganzes umfaßt und auf jenes Geheimnis hin in vertrauende und liebende Bewegung bringt, das wir Gott nennen«. Zugleich stellt Rahner fest, dass Beten in einem säkularen Kontext nicht länger extern zu begründen ist. In früheren Zeiten, in denen Gott für das gesellschaftliche Bewusstsein eine selbstverständliche Tatsache gewesen sei, habe man das Gebet »fast rational von außen her dem Menschen nahebringen« können. Heute hingegen müsse man »bei allem Glauben, den wir haben, den wir in uns verteidigen« immer zugleich auch fragen, was denn eigentlich mit Gott gemeint, wo Gott zu finden sei[2].

Rahners Beobachtung lässt sich mit *Charles Taylor* weiter untermauern: Im »Säkularen Zeitalter«, so der kanadische Philosoph, *können* religiöse Praktiken nicht länger bedeuten, sich in eine gegliederte Totalität von Ordnung einzufügen, die Gott, Welt und Natur umfasst. Denn wir bewegen uns in differenzierten Gesellschaften mit eigengesetzlichen Teilbereichen, die von uns die Übernahme ganz unterschiedlicher Rollen verlangen und in denen wir zudem Menschen vielfältiger Lebensorientierung begegnen. Niemand kann umhin, sich dabei der Möglichkeit anderer Weltzugänge bewusst zu werden. Auch die religiöse Perspektive wird sich unvermeidlich ihrer selbst *als* Perspektive bewusst, die *neben* anderen Perspektiven steht. Mit dieser radikalen Reflexivität aber ist die Unmittelbarkeit religiöser Vollzüge immer schon gebrochen: »Naivität steht heute niemandem mehr zu Gebote – dem Religiösen genauso wenig wie dem Irreligiösen.«[3] So kann Gott auch mit Blick auf das Gebet, wie es bei Rahner heißt, nicht mehr einfach als »selbstverständliche[r] Ausgangspunkt« gel-

burg i. Br. 2006, 188–201, 188. – Rahner begründet seine These vom Zusammenhang der Frage nach dem Gebet mit der Frage nach dem modernen Menschen an dieser Stelle nicht im Einzelnen. Im Anschluss an Rahners »Meditation über das Wort ›Gott‹« im »Grundkurs des Glaubens« könnte man argumentieren, das Gebet sei der originäre Ort des Wortes »Gott« und die Gegebenheit dieses Wortes (oder eines anderen Wortes, »das uns in der derselben Weise anruft«) Bedingung dafür, dass der Mensch wenigstens in der Weise des Fragens vor das Ganze des Daseins gebracht werde. Käme es aber dahin, dass der Mensch »Gott« und damit den Bezug auf das Ganze und seinen Grund *vergäße*, »würde [der Mensch] aufhören, ein Mensch zu sein. Er hätte sich zurückgekreuzt zum findigen Tier«: Karl Rahner, Grundkurs des Glaubens. Studien zum Begriff des Christentums, in: Ders., Sämtliche Werke. Bd. 26, hg. von der Karl-Rahner-Stiftung, bearb. von N. Schwerdtfeger und A. Raffelt, Freiburg i. Br. 2006, 51f. – Davon, dass es das Gebet gibt, irgendwo und bei manchen wenigstens, hinge demnach die Präsenz des Wortes »Gott« und damit geradezu die Menschlichkeit des Menschen ab!

2 Rahner, Gebet (s. Anm. 1), 188f.

3 Charles Taylor, Ein Säkulares Zeitalter [A Secular Age, 2007], Frankfurt a. M. 2009, 46.

ten. Und Rahner schließt daraus: »Das Gebet selbst muß sich – und in sich Gott – uns nahebringen und rechtfertigen«[4].

Doch liegt in diesem Gedanken nicht auch eine Überforderung? Vermag sich das Gebet wirklich aus sich selbst zu rechtfertigen? Dazu müsste das Gebet ja nicht nur für sich, sondern auch für seinen Adressaten einstehen. Ist aber das nicht doch zu viel verlangt? Ist es nicht vielmehr *Gott*, der sich allein uns nahebringen und damit das *Gebet* rechtfertigen kann – gerade auch in einer Zeit, in der konventionelle Stützen dieser Praxis weggefallen sind? Rahner erkennt das sehr wohl an: »*Er* [Gott] ist die Möglichkeit der Anrede selbst, er wirkt auf unserer Seite, wenn wir beten, das Gebet«[5]. Und doch spricht Rahner immer wieder, als hinge es von *uns* ab, ob »wir aus dem Kreis dieses betenden Dusagens heraustreten« wollen oder nicht. Es sei dann an uns, ob sich »auch die Möglichkeit der Anrede an Gott bis zu völliger Sichtlosigkeit« verfinstere: »Gott wird dann antlitzlos für uns, das fast drohend abweisende, uns unsere völlige Nichtigkeit spüren lassende dunkle Geheimnis, vor dem uns das Wort im Hals steckenbleibt«[6].

Für Rahner ist damit die Möglichkeit oder Unmöglichkeit des Gebets letztlich von einer existenziellen menschlichen Grundentscheidung abhängig. Und weil die »Frage nach Gott und die Frage nach dem Gebet [...] nicht eigentlich zwei Fragen« sind, »sondern *eine* Frage«, wird darin auch – aus der Perspektive des Subjektes – über die Möglichkeit Gottes mitentschieden. Doch ist das theologisch schlüssig? Müsste man nicht die Möglichkeit des Gebets und der Gottesnähe in *Gott* begründet sehen – und dann *ebenso* auch die *Un*möglichkeit des Gebets, die vielfach erlebte Abwesenheit und Unerfahrbarkeit Gottes?

2 Psalm 77 zwischen Nicht-beten-Können und Gebet

Diese Fragen lassen sich mit einem biblischen Text ins Gespräch bringen, der zugleich zeigt, wie die Erfahrung eines Nicht-beten-Könnens selbst wieder ins Gebet genommen werden kann[7]: Psalm 77. Es handelt sich um

4 Rahner, Gebet (s. Anm. 1), 189.

5 A. a. O., 193.

6 A. a. O., 195.

7 Vgl. Magdalene L. Frettlöh, Das Nicht-beten-Können ins Gebet nehmen. Biblisch- und systematisch-theologische Beobachtungen und Reflexionen im Gespräch mit Psalm 77, in: M. Hofheinz / G. Plasger / A. Schilling (Hrsg.), Verbindlich werden. Reformierte Existenz in ökumenischer Begegnung. Festschrift für Michael Weinrich zum 65. Geburtstag (Forschungen zur Reformierten Theologie 4), Neukirchen-

einen Asaf-Psalm; er ist deutlich in zwei Hälften gegliedert, die um den mittleren Vers 11 wie um ein Scharnier angeordnet sind. Der erste Teil ist eine eindringliche Klage, die Gebet sein will, aber nicht Gebet zu sein vermag – und *eben das* beklagt:

2 Meine Stimme zu Gott (אלהים/*elohim*) – ich will schreien!
Meine Stimme zu Gott – er soll mich hören!

3 Am Tag meiner Bedrängnis, *Adonaj* suchte ich;
meine Hand ist des Nachts wie ausgegossen (נגרה/*nigrah*),
aber sie erschlafft nicht;
alles in mir (נפשי/*nafschi*) verschmähte, sich trösten zu lassen.

4 Ich will mich an Gott erinnern – und muss stöhnen,
ich will nachsinnen – und mir geht die Luft aus,
mein Geist (רוח/*ruach*) verschmachtet.

5 Du packtest die Lider meiner Augen;
ich bin aufgewühlt, so dass ich nicht reden kann.

6 Ich erwog Tage von früher,
die ewigvergangenen Jahre.

7 Ich will mich erinnern an mein Saitenspiel in der Nacht,
nachsinnen in meinem Inneren, doch mein Geist ist ins
Grübeln geraten.

8 Wird *Adonaj* auf ewige Zeiten verstoßen?
Wird er niemals mehr seine Zuwendung zeigen?

9 Hat seine Freundlichkeit für immer versagt,
hat aufgehört das Wort für Generation um Generation?

10 Hat Gott das Mitleid vergessen
oder im Zorn sein Erbarmen verschlossen?

Vluyn 2015 (im Erscheinen). – Der Text meiner Berner Fachkollegin Magdalene L. Frettlöh ist wie der hier vorliegende Frucht eines intensiven gemeinsamen Nachdenkens und freundschaftlichen Gesprächs über diesen in der Dogmatik und Fundamentaltheologie selten herangezogenen Psalm.

Es geht in den ersten Versen dieses Psalms nicht bloß darum, dass Gott das Gebet nicht hört, seine Antwort ausbleibt – sondern vor allem darum, dass das Ich dieses Psalms eigentlich nicht einmal mehr beten, Gottes Antwort nicht einmal mehr *einfordern* kann. Der Schrei, den es ausstoßen möchte, bleibt ihm in der Kehle stecken; und die »Stimme« (2), die Gott hören soll, ist ein unartikulierter Laut, der sich als Stöhnen fortsetzt (4a), bis dem Ich auch dazu die Luft ausgeht (4b) und es verstummt. Das Versagen des Atems bedeutet im Hebräischen zugleich Versagen des Geistes: Auch Erinnern und konzentriertes Denken sind unmöglich geworden. Sogar der letzte Ausweg, der besinnungslose Schlaf, wird dem Ich verwehrt: Gott selbst hält seine Lider auf und belässt es in quälender Wachheit (5)[8].

Das Ich also möchte beten, kann es aber nicht; es will sich der Geschichte mit Gott erinnern, doch vermag es nicht. Das Ich ist sprachlos geworden. Vertraute Deutungen versagen, die einst von ihm bewohnte Perspektive[9] ist entglitten. Doch auch der Rückzug in gedankenleere Ruhe bleibt ihm verschlossen: Gott lässt ihn nicht los. An der einzigen Stelle, an der in diesem ersten Teil das Ich seinen Gott doch mit »du« anredet (5), klagt es ihm nicht nur die Unfähigkeit zu beten; es wirft ihm zugleich vor, dass es vom Beten-*Wollen* nicht *lassen* kann. Gott wird für beides verantwortlich gemacht: das Nicht-beten-Können und das Dennoch-beten-Müssen.

So kreisen die Gedanken weiter um die Jahre von früher, die seit einer Ewigkeit vergangen sind – die Jahre, in denen Gott seine Nähe und Zuwendung zeigte. Aber das scheint vorbei. Von Gottes Freundlichkeit ist nichts zu spüren, von seinem geschichts- und sinnstiftenden Wort nichts zu hören. Es ist, als hätte er selbst »vergessen«, dass er Mitleid hat, als hätte der Zorn sein Erbarmen übermannt und es für immer in sich eingesperrt. Doch dann geht der Psalm – vom »erinnern«, »nachsinnen«, »erwägen«, »grübeln« (kein anderer Psalm ist so reich an Worten aus diesem Feld) – doch noch über ins Gebet:

> 12 Ich erinnere mich an die Taten JHs
> ja, ich will mich erinnern an deine Wunder von einst.

8 Mit den meisten Übersetzerinnen und Übersetzern folge ich gegen Konjekturvorschläge, die das Ich oder die Augenlider zum grammatischen Subjekt des ersten Satzes von V. 5 machen, dem masoretischen Text und lese als *lectio difficilior* אָחַזְתָּ שְׁמֻרוֹת עֵינָי.

9 Vgl. Dietrich Ritschl, Zur Logik der Theologie. Kurze Darstellung der Zusammenhänge theologischer Grundgedanken, München ²1988, 55.

13 Und ich will nachsinnen über all dein Wirken
und bedenken deine Taten.

14 Gott, dein Weg geht in Heiligkeit!
Welcher Gott ist groß wie Gott?

15 Du bist *der* Gott, Wunderwirker!
Deine Stärke hast du unter den Völkern bekannt gemacht.

16 Du hast mit starkem Arm dein Volk befreit,
die Kinder Jakobs und Josefs. *Sela*.

17 Dich sahen die Wasser, Gott,
dich sahen die Wasser: sie bebten;
ja, die Urfluten erzitterten;

18 Wolken ergossen Wasser,
Gewölk ließ Donner grollen,
deine Blitze schossen hin und her,

19 Die Stimme deines rollenden Donners,
Blitze erleuchteten die Welt,
die Erde schwankte und bebte.

20 Durch das Meer führt dein Weg,
und deine Pfade durch große Wasser,
aber deine Spuren waren nicht erkennbar.

21 Wie eine Herde hast du dein Volk geführt
durch die Hand Moses und Aarons.

Zwischen diesem zweiten und dem ersten Teil liegt eine fundamentale Wende. Das Ich *kann* sich nunmehr erinnern (12–13; vgl. 4–7), und es sieht sich wieder in einer lebendigen Beziehung zu Gott, der jetzt mit JH, mit seinem Namen angerufen wird (12). Demgegenüber hat das Ich zuvor bloß die Gottesbezeichnungen *Elohim* und *Adonaj* gebraucht, und zwar gerade *nicht* als Anrede. Der erste Teil des Psalms ist, von Vers 5a abgesehen, kein Gebet, sondern Reflexion über das Gebet, Reflexion auch über das Erinnern und Erzählen der Gottesgeschichten. Dabei geht es, paradox genug, um ein Schweigen, ein Nichtmehrreden-Können: »Allerdings: Von diesem Nichtmehrreden-Können redet er [der Sprecher] und kommt so zu einer eigentümlich indirekten, irgendwie gebrochenen Weise des *theologein*«[10]. Seine Gedanken umkreisen eine ebenso persönliche wie kollektive Erfahrung (»dieser ›Einsame‹ ist in eminenter Weise ein ›Gemeinsamer‹«[11]): Er reagiert auf die grundstürzende Infragestellung des Gottesverhältnisses durch das Exil. Sind die überlieferten Erzählungen nur fromme Märchen, die jetzt widerlegt sind? Ist Gottes Handeln nicht mehr wirksam? Oder erweist er sich als schwankender, launischer Gott, der sich für sein Volk nicht länger interessiert?

Der zweite Teil des Psalms bekennt: Nein, Jh ist kein Gott, wie man sonst die Götter kennt, kein ambivalentes Wesen von begrenzter Macht, das Menschen mal begünstigt, mal im Stich lässt. Vielmehr ist er *der* eine, heilige, große und wundermächtige Gott (14–15, vgl. 8–9). Die wiedererwachte Erinnerung an den Auszug aus Ägypten (16) und den Gang durchs Schilfmeer – unter gottgeleiteter Führung Moses und Aarons (21) – wird in großartiger Weise mit Bildern kosmischer Kraft verbunden (17–20). Nicht allein das Geschick Israels, die ganze Welt erscheint in der wiedergefundenen Perspektive der Befreiungsgeschichte (vgl. Ex 15) als Machterweis Gottes. Diese Geschichte bleibt gültig, auch wenn man auf ihre »Spuren« nicht zu zeigen vermag – und obwohl sie nach Vers 20 nicht nur schwer zu sehen oder verborgen, sondern sogar »unerkennbar« sind.

Umso mehr fragt sich: Was hat diese Wende herbeigeführt? Eindeutige Hinweise – überwältigende Evidenzen, schlagende Gottesbeweise – waren es offenbar nicht. Der Wendepunkt des Psalms liegt im überaus vieldeutigen Vers 11:

> 11 Ich sagte: Das ist, was mich krank macht:
> dass die rechte Hand des Höchsten sich ändert.

> 11 Ich sagte: Das ist mein Besänftigen:
> dass die rechte Hand des Höchsten sich ändern möge.

Was das Ich »krank« macht – und man kann bei dem entsprechenden hebräischen Wort auch mithören: was das Ich »durchbohrt«, ihm alle Le-

10 Rudolf Mosis, Reden und Schweigen. Psalm 77 und das Geschäft der Theologie, in: TThZ 108 (1999), 85–107, 97.

11 A. a. O., 96; Beat Weber, Psalm 77 und sein Umfeld [BBB 103], Weinheim 1995, 191–198, hält für den Psalm weder die Gattungsbestimmung der Individualklage noch die der Volksklage für angemessen; stattdessen spricht er von einer »theologisierende[n] Mittlerklage«.

benskraft raubt, was es »entheiligt«, es von Gott entfernt[12] –, das ist die Erfahrung, dass Gott nicht länger so handelt, wie die alten Geschichten und Verheißungen es von ihm erzählen. Seine »rechte Hand«, sein Wirken hat sich zum Schlechten gewandelt. – Aber muss es dabei bleiben? Vermag Gott sein Handeln nicht auch *wieder* zu ändern und *zurückzukehren* zu dem, was er vor »Jahren« (6) getan hat[13]? In diesem Gedanken könnte das Ich Trost und Besänftigung finden, wenn es denn hoffen dürfte, dass auch *Gott* sich einmal besänftigen ließe (vgl. Ex 32,11)[14] und sein Erbarmen wieder zum Vorschein käme – das zwar vom Zorn eingeschlossen ist, aber Gott doch innerlicher, eigentlicher zugehört (vgl. 10). Auch in diesem Sinne lässt sich Vers 11 verstehen; deshalb oben die zweifache, in völlig verschiedene Richtungen weisende Übersetzung. Von der ersten Hälfte des Psalms her gelesen, resümiert Vers 11 den aussichtslosen Schmerz darüber, dass Gott sich abgewendet hat. Von der zweiten Hälfte her verstanden, blickt der Vers voraus auf die Vergewisserung, dass Gott sein Volk nicht allein lässt, selbst wenn seine Gegenwart zunächst verhüllt scheint. Gott hat Israel schon einmal durch das Schilfmeer, durch die chaotische Urmacht des Wassers hindurchgeführt. Auch künftig wird er sich als Bezwinger aller lebensfeindlichen und zerstörerischen Kräfte erweisen.

Ein und derselbe Vers also lässt sich als Ausdruck der Verzweiflung wie der Hoffnung lesen[15]. Welche dieser Lesarten ist die *richtige*? – Die

12 In diesen Fällen würde man חלותי nicht von חלה, sondern von חלל I bzw. חלל II herleiten. Die letztere Lesart wird in der Midrasch-Literatur bevorzugt (PesK 17). Ich folge Weber, Psalm 77 (s. Anm. 11), 98–100, wenn ich die Lesungen »krank machen« und »besänftigen« in den Mittelpunkt stelle, aber davon ausgehe, dass die übrigen Bedeutungen mitschwingen können (A. a. O., 100).

13 Neben der auch in der LXX belegten Leitbedeutung im Sinne von שנה I, »sich ändern« (zur Begründung a. a. O., 98), klingt auch שנה II, »noch einmal tun«, mit. Zudem wird auf das gleichlautende Wort שנות in V. 6 zurückverwiesen.

14 Mit Weber (a. a. O., 98) kann in V. 11a חלותי auch als elliptische Ausdrucksweise des Idioms חלה פנים, »das Angesicht besänftigen« gelesen werden; die Psalmistin besänftigt Gott, indem sie zu ihm fleht und für das Volk eintritt (vgl. Ex 32,11: ויחל משה את־פני יהוה). Siehe auch die Übersetzung Moses Mendelssohns: »Dann denk ich: Flehen steht bei mir; ändern in des Höchsten Macht«: Die Psalmen. Übertragen von Moses Mendelssohn ([2]1788), hg. von W. Pape, Zürich 1998, 114.

15 Manche Ausleger lösen freilich die dialektische Spannung von Verzweiflung und Hoffnung in schlichte Ergebenheit auf. So deutet man das »Kranksein« des Ichs in V. 11a nicht selten als gleichsam krankhaftes Defizit: Es wäre demnach ein bloßes *Unvermögen* des Psalmisten, dass er Gottes Handeln nicht erkennt. Das Problem läge nicht bei Gott, sondern allein beim Ich, das sich in Gottes Ratschluss zu fügen hätte. So etwa Artur Weiser, Die Psalmen [ATD 15], Göttingen [10]1984, 364. Auch die Übersetzung Luthers (1545) empfiehlt eine Haltung der Ergebenheit: »Aber

Pointe des Psalms scheint mir genau darin zu liegen, dass er diese Frage offen lässt. Dem Erinnern-Wollen im ersten Teil des Psalms (V. 4) entspricht das tatsächliche Erinnern im zweiten (V. 12) und dem Gegenstand des Grübelns hier (V. 6) der Inhalt des Erinnerns dort (V. 16–21); doch gibt es für den zweiten Teil keinen Abschluss, der wie Vers 11 die vorangegangene Rede zu Ende führte. Abrupt bricht der Psalm mit dem Hinweis auf Mose und Aaron in Vers 21 ab. Fällt das Ich wieder in die Sprachlosigkeit des ersten Teils zurück? Ausgeschlossen ist das nicht. Das Gegenstück zu Vers 11 fehlt, seine negative Lesart bleibt unwiderlegt. Und so ist am Ende nicht nur unklar, ob das beschworene Handeln Gottes tatsächlich neu erfahrbar wird; offen ist auch, ob die vorübergehend wiedergefundene Sprache wirklich trägt. Der Alttestamentler *Rudolf Mosis* bemerkt dazu: »Der Psalm ist offen für eine Fortsetzung, er hat also nicht nur zwei Teile, sondern gleichsam drei, nämlich einen dritten, der nicht geschrieben ist«[16]. Die implizite Leserin des Psalms soll sich nach Mosis zu solch einer Weiterführung aufgefordert fühlen[17]. Doch sind wir dazu in der Lage? Können wir die Geschichte von Gottes Handeln wirklich in unsere Erfahrung hinein forterzählen? *Fehlen* uns dazu nicht doch, wenn wir ehrlich sind, die Worte?

Es gibt allerdings noch die Möglichkeit, die großartige Beschwörung der Exodus-Erinnerung und ihren unvermittelten Abbruch nicht als allzu anspruchsvollen Aufruf an uns zu lesen – sondern als Appell an die Adresse

doch sprach ich / Ich mus das leiden / Die rechte Hand des Höhesten kan alles endern«, und als Erläuterung dazu: »Das ist / Ich mag mich zu tod drumb kümmern / Ich kans aber dennoch nicht endern« (WADB 10/I, 296). – Das resignative Gebetsverständnis, das sich hier artikuliert, hat übrigens auch in Teilen der aktuellen theologischen Literatur zum Gebet Konjunktur, die sogar in der Gebetserfüllung nichts anderes sehen kann als eine bloße *Wahrnehmungsveränderung* des Menschen. Siehe etwa Christiane Tietz, Was heißt: Gott erhört Gebete?, in: ZThK 106 (2009), 327–344, 342; ähnlich Hartmut von Sass, Unerhörte Gebete? Das Bittgebet als Herausforderung für ein nachmetaphysisches Gottesbild, in: NZSTh 54 (2012), 39–65, 62. Vgl. dazu schon Dewi Z. Phillips, The Concept of Prayer, Oxford ²1981 [¹1965], 28, 122 sowie die aufschlussreiche Debatte Walter van Herck, A Friend of Demea? The Meaning and Importance of Piety, in: A. F. Sanders (Hrsg.), D. Z. Phillips' Contemplative Philosophy of Religion. Questions and Responses, London (Ashgate) 2007, 125–138, 129–136; Dewi Z. Phillips, Philosophy, Piety and Petitionary Prayer. A Reply to Walter van Herck, in: a. a. O., 139–152. – Die resignativen Theorien unterschätzen, wie sehr das Bittgebet tatsächlich etwas von Gott *verlangt*, ja vielleicht sogar eine Veränderung *Gottes* fordert: vgl. Lk 18,1–8!

16 Mosis, Reden und Schweigen (s. Anm. 10), 107.

17 So meint Mosis, ebd., dass der dritte Teil »zu schreiben bleibt von denen, die ihn [den Psalm] recht gebrauchen«.

Gottes: als Appell nämlich, *diese* Geschichte, nicht die Geschichte der Verzweiflung, endlich fortzusetzen. Demnach verschlüge es dem Ich am Ende des Psalms tatsächlich wieder die Sprache; nun aber so, dass alles, wovon weiter zu reden und zu schweigen wäre – vom Beten-Wollen und der Unfähigkeit dazu, von Verzweiflung und Hoffnung, von göttlicher Anwesenheit und Abwesenheit in »unerkennbaren Spuren« –, Gott selbst übergeben wäre.

3 Gottes Ver-antwortlichkeit

Es ist zu kurz gegriffen, die »Möglichkeit« des Gebets seiner »Unmöglichkeit« als ausschließende Alternative entgegenzusetzen. Man kann sich auch – zweifelnd, stotternd, um Worte ringend, mit Gottes Schweigen hadernd – auf *beiden* Seiten befinden: beten und doch nicht beten können, glaubend und zugleich ungläubig sein. Auch Psalm 77 bewegt sich auf dieser Grenze, indem er gegen das Nichts-Sagen Gottes an dessen Ansprechbarkeit festhält und schließlich doch in eine Sprachlosigkeit mündet, das zwischen getroster, wiedergefundener Hoffnung und bleibender Untröstlichkeit oszilliert.

Das An-beten gegen Gottes Schweigen begegnet auch in anderen Psalmen: »Wende dich nicht schweigend ab von mir!« (Ps 28,1); »Du hast es gesehen, Jhwh [wie meine Feinde mir Unrecht tun]. So schweige doch nicht! Jhwh, bleib mir nicht fern!« (Ps 35,22); »Höre mein Gebet, Jhwh, vernimm mein Schreien, schweige nicht zu meinen Tränen!« (Ps 39,13); »Schweig doch nicht, o Gott, bleib nicht still, o Gott bleib nicht stumm« (Ps 83,2). Nicht viel anders Hiob: »Ich schreie zu dir, und du erwiderst mir nicht; ich stehe da, doch du achtest nicht auf mich« (Hi 30,20). Doch nicht nur Klage, auch das Lob kann ein Protest gegen Gottes Stummheit sein: »Gott, den ich preise, schweige doch nicht!« (Ps 109,1)[18] Das Besondere an Psalm 77 wäre nach der hier angebotenen Lesart, dass dieses Beten gegen Gottes Schweigen wiederum auf Seiten des *Menschen* in ein Schweigen übergeht, das nunmehr auf *Gottes* Antwort wartet.

Damit mag Psalm 77 als Paradigma auch für ein Beten gelesen werden, das nicht meint, auf die säkulare Anfechtung des Gebets durch eine – notwendig überfordernde – existenzielle Entscheidung reagieren zu

18 Walter Dietrich, Vom Schweigen Gottes im Alten Testament, in: M. Witte (Hrsg.), Gott und Mensch im Dialog, FS Otto Kaiser, Berlin 2004, 997–1014, 1000. Hier auch weitere Beispiele.

müssen, sondern das eben diese Anfechtung selbst vor Gott bringt – und sie *seiner* Ver-antwortlichkeit überlässt. Dann ließe sich unser *Versuch* zu beten, hier wieder mit Karl Rahner, tatsächlich als »letzte[r] Augenblick des Redens vor dem Verstummen« begreifen – »als Tat des Verfügens über sich selbst, eben bevor über einen die Unbegreiflichkeit Gottes verfügt«[19].

[19] Rahner, Gebet (s. Anm. 1), 193.

Im Grenzraum der Verwandlung

Reflexionen zur partizipatorischen Dimension des Gebets

Michael Nausner

Abstract

In diesem Artikel behandelt Nausner das Gebet als ein Grenzphänomen und versucht es zu fassen als das willentliche Herantreten an die Grenze zwischen der mit den Sinnen wahrgenommenen Wirklichkeit und der verändernden Wirklichkeit Gottes. Vor dem Hintergrund dieses Grundverständnisses wird zunächst Beten vorsprachlich als Hoffnung auf Verwandlung gekennzeichnet, als bewusste Partizipation am Göttlichen (P. Tillich) und als Übung des Zusammenhaltens menschlicher und göttlicher Wirklichkeit (J. Werbick). In der Folge reflektiert der Autor über die als sekundär verstandene Sprachform des Gebets (im Kontrast zu E. Harasta und W. Bernet) und schließlich zusammenfassend aus wesleyanisch-methodistischer Perspektive über das Gebet als Ausdruck einer relational verstandenen Gottebenbildlichkeit (T. Runyon). Für diese Skizze eines mystisch-existentiellen Verständnisses von Gebet bezieht sich der Autor auch auf David Tracy und seinen Hinweis auf die verloren gegangene Dimension der Partizipation in der westlichen Theologie.

»Denn in der Tat ›betet er ohne Unterlass‹. (1 Thess 5,17) Es ist ihm gegeben, ›allezeit zu beten und nicht nachzulassen‹. (Luk 18,1) Nicht, dass er sich immer im Bethause aufhielte, obwohl er keine Gelegenheit versäumt, dort zu sein. Noch liegt er immer auf den Knien, obwohl er oft die Knie beugt, ja, auf dem Angesichte liegt vor dem Herrn, seinem Gott. Auch schreit er nicht allezeit laut zu Gott, noch ruft er ihn immer mit Worten an. Denn oft ›vertritt ihn der Geist mit unaussprechlichem Seufzen‹. (Röm 8,26) Aber stets ist dies die Sprache seines Herzens: Du Glanz der ewigen Herrlichkeit, nach dir verlangt mein Herz, auch wenn kein Laut über meine Lippen kommt, und im Schweigen rede ich zu dir. Dies ist wahres Beten, das Erheben des Herzens zu Gott. Das ist das Wesen des Gebets, dies allein. Doch sein Herz ist immer erhoben zu Gott, zu allen Zeiten und an allen Orten. Niemand und nichts kann ihn daran hindern noch dabei stören. In Einsamkeit oder Gesellschaft, in Muße, Tätigkeit oder Gespräch ist sein Herz stets bei dem Herrn. Ob er sich hinlegt oder aufsteht, Gott ist in seinen Gedanken; er geht mit Gott auf allen seinen Wegen, in Liebe ist sein inneres Auge auf ihn gerichtet und ›überall hält er sich an den, den er nicht sieht, als sähe er ihn‹. (Hebr 11,27)«

John Wesley, Kennzeichen eines Methodisten, 8.[1]

Mit diesem Artikel über das christliche Gebet will ich einem Thema treu bleiben, dass mich etwa seit der letzten Jahrtausendwende umtreibt. Es ist das Thema der Grenze und ihrer theologischen Bedeutung. Von kulturtheoretischen Denkern und Denkerinnen habe ich gelernt, Grenzen und Zwischenräumen besonderes Augenmerk zu schenken und versucht, die Einsichten der Kulturanthropologie bezüglich der Komplexität von Grenzdynamiken für theologische Fragestellungen fruchtbar zu machen. Was an menschlichen Grenzen (kultureller, sozialer, geographischer, religiöser Art) geschieht, ist nicht eine Nebensächlichkeit für die Identitätsformung. Vielmehr bildet und erweist sich von dort her das, was Menschen als im umfassenden Sinne soziale und relationale Wesen ausmacht.

1 Hineintreten in den Zwischenraum

Von der Annahme ausgehend, dass gerade an den Grenzen wesentliche Einsichten über Sein und Sollen menschlichen Lebens zu erlangen sind, will ich im Folgenden versuchen, eine These bezüglich des Gebets zu reflektieren: *Gebet ist das willentliche Herantreten an die Grenze zwischen der mit unseren Sinnen wahrgenommenen Wirklichkeit und der verändernden Wirklichkeit Gottes.* Vor dem Hintergrund dieses Grundverständnisses will ich zunächst Beten vorsprachlich als Hoffnung auf Verwandlung kennzeichnen, als bewusste Partizipation am Göttlichen (Tillich) und als Übung des Zusammenhaltens menschlicher und göttlicher Wirklichkeit (Werbick), sodann über die von mir als sekundär verstandene Sprachform des Gebets reflektieren (im Kontrast zu Harasta und Bernet) und schließlich zusammenfassend aus wesleyanisch-methodistischer Perspektive das Gebet als Ausdruck einer relational verstandenen Gottebenbildlichkeit (Runyon) fassen.

1 John Wesley, Die Kennzeichen eines Methodisten, in: http://www.emk.de/fileadmin/methodismus/kennzeichen-eines-methodisten.pdf (Stand: 17.1.2015).

Eine Schwierigkeit der Definition des Gebets als Hineintreten in einen Grenzraum, deren ich mir bewusst bleiben möchte, ist die, dass die Grenze, von der hier die Rede ist, schwer zu fassen ist. Sie ist ja weder ein räumliches Phänomen noch ein zeitliches. Auch wäre es müßig, aus menschlicher Perspektive genau bestimmen zu wollen (etwa auf der psychologischen Ebene), wo Menschliches aufhört und sozusagen die göttliche Sphäre beginnt. Es kann von dem Grenz- bzw. Zwischenraum des Gebets nur im symbolischen Sinne die Rede sein. Gerade in dieser symbolischen Funktion – um mit Paul Tillich zu sprechen – ist er jedoch nicht etwa weniger wirklich, sondern für gläubige Menschen von umfassenderer Bedeutung und »Wirklichkeit« als die Welt der (scheinbar) klar definierbaren Phänomene.[2] Wenn ich bete, begebe ich mich an eine Grenze zwischen zwei Welten, die aber paradoxerweise einander auch überlappen und durchdringen und so die Grenze als Werkzeug der Differenzierung kontinuierlich auch in Frage stellen. Diese Grenze ist ein Erfahrungsraum, der sich nicht in den Kategorien herkömmlicher Empirie fassen lässt, sondern in dem sich die göttliche Wirklichkeit als das Geheimnis menschlicher Wirklichkeit erahnen lässt. Die Grenze, an die die Erfahrung im Beten gelangt, erweist sich »als das Geheimnis der Wirklichkeit«, ja das »Wesen« der Erfahrung selbst ist das der Grenze.[3] Es ist diese Erfahrung des schlechthin Unverfügbaren, die diese Grenze, diesen Zwischenraum des Gebets kennzeichnet.

2 Beten als Hoffnung auf Verwandlung

Das Tasten nach und an der Grenze gehört zusammen mit der Bereitschaft, eben diese Grenze im Fluss sein zu lassen als den Ort existentieller Verwandlung der Betenden. Beten ist existentieller Ausdruck der Hoffnung auf Verwandlung der gegenwärtigen Wirklichkeit. Diese Hoffnung auf Verwandlung kommt in den drei ersten Bitten des Vater Unsers zum Ausdruck, jenes Schlüsseltextes für ein christliches Verständnis vom Gebet. Die Heiligung des Namens Gottes, das Kommen des Reiches Gottes und das Geschehen des Willens Gottes sind allesamt Ausdruck der Hoffnung (und der Gewissheit), dass das göttliche Wirken in der Schöpfung heilsam zum Ausdruck kommt und kommen wird. Betende wollen bewusst im Einklang leben mit diesem verwandelnden Wirken Gottes in dieser

[2] Vgl. Paul Tillich, Systematische Theologie Band I, Stuttgart 1956, 279–80.
[3] Walter Bernet, Gebet, Stuttgart 1970, 88.

Welt.[4] Dabei erschöpft sich Beten als Stehen an der Grenze zwischen menschlicher und göttlicher Wirklichkeit nicht in gewissen, identifizierbaren Augenblicken eines sprachlich geäußerten Gebets. Die Tiefendimension des Betens besteht vielmehr sozusagen in einem kontinuierlichen Leben an besagter Grenze, sodass der gesamte Lebensvollzug eines gläubigen Menschen als Gebet verstanden werden kann. Ein solcher Lebensvollzug vertieft sich nicht zuletzt auch durch die Pflege eines Habitus des Gebets.[5]

3 Beten als Teilhabe

Mit diesem Verständnis vom Habitus des Gebets kommt ein weiterer wichtiger Aspekt des Gebets zum Ausdruck, nämlich das Wesen des Gebets als eine ethische Haltung. Denn beten heißt, sich bewusst und gegebenenfalls konkret handelnd dem verändernden Wirken Gottes in der Welt anzuvertrauen. Hier geht es um eine im eigentlichen Sinne *theologische* Ethik, denn das Gebet als verwandelnde Praxis entspringt der gläubigen Erfahrung, selbst verwandelt worden zu sein bzw. an der göttlichen Verwandlung der Schöpfung teil bekommen zu haben. In Betenden erwächst und vertieft sich die Gewissheit, teilzuhaben am göttlichen Wirken in der Welt. Hier eröffnet sich wiederum eine zentrale Paradoxie des Gebets. Denn Betende wissen grundsätzlich nicht, was sie beten sollen (Römer 8,26), sondern beim Beten im eigentlichen Sinne ist es Gottes Geistkraft, die in ihnen betet. Beten im tieferen Sinne hat also eine mystische, ja eine ekstatische Dimension, die Paul Tillich folgendermaßen auf den Punkt bringt: »Gebet kann der menschliche Geist nicht bewirken. [...] Die Formel ›in Christus sein‹ [...] ist die ekstatische Partizipation an Christus, der ›der Geist ist‹, durch den man in der Gegenwart der ›Kraft des Geistes‹ betet.«[6] Letztlich darf das Gebet also nicht in dem Sinne als ein Ausdruck theolo-

4 Vgl. Stefan Schröckenfuchs, Prozesstheologie und Gebet. Im Einklang mit Gott in einer relationalen Welt leben, Masterarbeit an der Theologischen Hochschule Reutlingen, Sommersemester 2006.

5 So spricht Stefan Zürcher vom Habitus als einer »vom Glauben in einem anhaltenden Formierungsprozess aus- oder vielleicht besser eingebildete Existenzweise«. – Stefan Emanuel Zürcher, Gebet und Gemeindepraxis. Gebetstheologische Überlegungen aus wesleyanisch-methodistischer Perspektive als Grundlage für eine Theologie der Gemeindepraxis, Dissertation zur Erlangung der Doktorwürde an der Theologischen Fakultät der Universität Zürich, Zürich 2014, 146.

6 Paul Tillich, Systematische Theologie Band III, Stuttgart 1966, 140.

gischer Ethik verstanden werden, dass Betende auf quasi magische Weise eine Besserung der Umstände herbeiführen. Vielmehr verstehen im eigentlichen Sinne Betende sich selbst als Teilhabende am göttlichen Wirken, und diese Teilhabe führt nicht nur zu ethischen Konsequenzen, sondern ist bereits ethische Existenz im tiefsten Sinne.[7]

Betende stellen sich dem göttlichen Wirken zur Verfügung. So bleibt letztlich Gott im Gebetsgeschehen Subjekt. Und das muss so sein, weil Gott *per definitionem* nicht zum Objekt werden kann. Gott lässt sich nicht für Gebetszwecke objektivieren, die außerhalb der verwandelnden Dynamik göttlichen Wirkens liegen. Die scheinbare Paradoxie, dass Gott auch im Gebet Subjekt bleibt, löst sich laut Tillich auf, »wenn man sich klar macht, dass der göttliche Geist, der den Betenden ergreift, Gott selbst ist, so dass man sagen kann: Gott spricht durch uns zu sich selbst. Das Gebet ist eine ›unmögliche Möglichkeit‹.«[8] Wie schon diese Bezeichnung des Gebets als »unmögliche Möglichkeit« besagt, so scheint sich mir jedoch die Paradoxie nicht wirklich aufzulösen, denn das Ansinnen betender Subjekte ist es im Grunde, Gott Subjekt sein zu lassen. Die bleibende Paradoxie wäre dann diejenige, dass das betende Subjekt ja gerade durch die Verwandlung der eigenen Subjektivität durch das göttliche Subjekt zu sich selbst kommt, dabei die ursprüngliche Subjektivität »verliert« und so in einer unauflöslichen Spannung zwischen eigener Subjektivität und Subjektivität Gottes sich befindet. In der Tat: »Gott spricht dann durch uns zu sich selbst.«[9] Und dennoch sprechen Betende immer noch selbst.

4 Die grundlegende Wortlosigkeit des Betens

Es ist gerade diese Paradoxie der Subjektivität im Gebet, die verdeutlicht, dass die Sprache im Gebet an ihre Grenzen stößt und ein ernsthaftes Gebet letztlich im wortlosen Staunen endet.[10] Diese notwendige negative

[7] Ich danke Stefan Zürcher für die E-Mail-Kommunikation über das Gebet als ethischen Vollzug.

[8] A. a. O., 143. – Rowan Williams bringt dieses Geheimnis des Gebets in einer mehr alltäglichen Sprache in folgender Weise zum Ausdruck: The »essence of prayer as the New Testament presents it is *to let Jesus pray in you* and take you into the heart of the Father«. In: Rowan Williams, Being Christian. Baptism, Bible, Eucharist, Prayer, Grand Rapids, MI/Cambridge, UK 2014, 67. (Meine Hervorhebung)

[9] Tillich, ST Bd. III (s. Anm. 6), 143.

[10] Auch wenn mir Walter Bernets klassische Definition des Gebets als »Akt des Denkens« letztlich zu rationalistisch ist, kann ich sein Fazit bezüglich des schweigenden Staunens gut nachvollziehen: »Das Staunen und Schweigen ist das Ritardando, in

(im qualitativen, nicht im wertenden Sinne) Dimension des Gebets ist in der protestantischen Theologie – sicherlich zum Teil aus der berechtigten Sorge vor irrationaler, quasi magischer Manipulation – oft vernachlässigt worden. Das eigentliche Wesen des Gebets, die paradoxe Teilhabe »des Endlichen und Entfremdeten am Unendlichen, zu dem es gehört«,[11] kann sprachlich nicht umfasst werden und muss doch sozusagen als Resonanzboden jedes einzelnen Gebets verstanden werden, das nicht zu einer bloßen Sprachübung verkommen will. Das Gebet lebt von seiner kontemplativen Verankerung. Aber »Kontemplation ist das Stiefkind im protestantischen Gottesdienst«, wie Tillich beklagt. Sie ist jedoch die Voraussetzung für die Überwindung der »Zweideutigkeit der Sprache«, weshalb »jedes ernsthafte Gebet zur Kontemplation führen muss«.[12] So würde ich auch die Tiefendimension jenes Verständnisses von Gebet verstehen, das ich anfangs skizziert habe: Im Zwischenraum zwischen der erlebten weltlichen Wirklichkeit und der von Gott gewollten Wirklichkeit, in den sich Betende im Gebet bewusst begeben, versiegt letztlich die Sprache, weil gottgewollte Verwandlung nicht sprachlich festgehalten werden kann. Beten bedeutet in der Tiefe ein wortloses Suchen, ein Tasten, ein aktives Zulassen der Sehnsucht nach jener Verwandlung, von der die Schöpfung dank des Wirkens Gottes ergriffen ist. Gute Theologie wurzelt in dieser wortlosen Ahnung von und Hoffnung auf »Gottes Reich« in unserer Welt. »Die Theologie tut gut daran«, meint Jürgen Werbick, »auf das Gebet zu hören«.[13] Die wortlose Tiefendimension des Gebets, die jenseits jeder theologischen Analyse steht, wird so gesehen zum kritischen Nährboden der Theologie, die ihrerseits dann gar nicht anders kann, als für die Apophase offen zu bleiben, denn »[v]on Anfang an ist das Beten das ›Milieu‹ der *negativen Theologie* gewesen, einer Theologie, der in der betenden Affirmation Gottes alles andere zur Frage wurde, zur Frage danach, wie Gott in ihm vorkommen, wie es in Gottes Wirklichkeit hinein ›aufgehoben‹ werden kann«.[14] Es ist also gerade die Suche nach Gottes Affirmation, die die Wortlosigkeit in der Tiefe des Gebets notwendig macht: Was bejaht Gott, in meinen Mitmenschen und in der ganzen Schöpfung? Dem auf die Spur kommen kann nur ein Gebet, das zunächst und vor allem ein Zuhören

welchem das Beten gestaltend des Geheimnisses innewerden kann«. – Bernet, Gebet, (s. Anm. 3), 7; 89; 152.

11 Tillich, ST Bd. III (s. Anm. 6), 222.

12 A. a. O., 223.

13 Jürgen Werbick, Was das Beten der Theologie zu denken gibt oder: Ein Versuch über die Schwierigkeit ja zu sagen, in: Johann Baptist Metz / Johann Reikerstorfer / Jürgen Werbick (Hrsg.), Gottesrede, Münster 2001, 55–89, 75

14 A. a. O., 76.

ist, ein Suchen und achtsames Wahrnehmen dessen, was Gott zu verändern begonnen hat.

5 Beten als Zusammenhalten bzw. Zusammen-Sein-Lassen

Zum Zuhören will jener anfangs erwähnte Zwischenraum einladen, den das Gebet zwischen erlebter und erhoffter Wirklichkeit aufspannt. Nur mit gebührender Ehrfurcht sollte sich anschließend die Theologie fragend und formulierend in diesen Raum hinein begeben. In den Worten Jürgen Werbicks: »Die Theologie darf sich in den offenen Raum hineinwagen, den das Beten eröffnet.«[15] Sie bleibt damit der Suchbewegung des Betens auf der Spur, die darin besteht, »meine Lebenssituation, die soziale Situation, Geschichte und Geschichten offenzuhalten auf Gottes Herrschaft hin, die hier und jetzt anfangen und den guten Willen Gottes zur Geltung bringen will«.[16] Die Metapher des offenen Raumes ist fruchtbar für ein konstruktives Verständnis von Gebet. Sie ist ein angemessenes Bild für den notwendigerweise zunächst unstrukturierten Bereich des Aufeinandertreffens bzw. gegenseitigen Durchdringens von göttlicher und geschöpflicher Wirklichkeit, die im Gebet zusammengehalten werden. Dabei ist es von entscheidender Bedeutung, dass die Symbolhaftigkeit dieses Raumes im Blick behalten wird. Es kann sich hier natürlich nicht um einen im konkreten Sinne »räumlichen« Raum handeln, der sozusagen zwischen Gottes Welt und der Welt der Schöpfung steht. Denn göttliche Wirklichkeit steht nicht im Gegensatz zu menschlicher Wirklichkeit, sondern umfasst diese je und je.[17] Der Zwischenraum/Grenzraum, von dem hier die Rede ist, ist also als jene symbolische Öffnung zu verstehen, die sich zwischen erlebter und erhoffter Wirklichkeit auftut. Durch das bewusste Hineintreten in einen solchen Raum[18] geschieht nach Jürgen Werbick ein Zusammenhalten.

15 Ebd.

16 Ebd.

17 Die Einsicht in die Zusammengehörigkeit, ja Verwobenheit göttlicher und geschöpflicher Wirklichkeit lässt sich in den hebräischen Schriften vielfach belegen, kommt in der Vorstellung des Zimzum in der mittelalterlichen jüdischen Mystik bildlich zum Ausdruck und ist schließlich eine Grundvoraussetzung für die Prozessmetaphysik Alfred North Whiteheads. Ich danke Julia Enxing für den Hinweis darauf, dass die Rede vom »Zusammenhalten« auch die Gefahr der Vorstellung in sich birgt, es gehe hier um zwei letztlich voneinander getrennte Wirklichkeiten.

18 Das gilt nicht nur für die *Metapher des Raumes*, sondern auch für die *konkrete Räumlichkeit* des Betens: So wird einerseits schon in der allgemeinen Religionsgeschichte deutlich, dass nach oben offene Räume zu den bevorzugten Orten des Gebets erwählt wurden. Schon sehr früh wird in der Architektur das Ansinnen

Darin wird »das Geschehensein und Geschehenkönnen des guten Willens Gottes mit der allem guten Willen Hohn sprechenden Realität ›dieser Welt‹ so zusammengehalten, dass die ›gott-lose‹ Realität von Gottes gutem Willen ergriffen und verwandelt werden kann«.[19] Dabei müsste nach meinem Dafürhalten das Zusammenhalten als ein Zusammen-Sein-Lassen verstanden werden. Denn die Wirklichkeiten zwischen ›gott-loser‹ Realität und der Realität ›dieser Welt‹ klaffen ja nicht »in Wirklichkeit«, sondern in unserer Wahrnehmung auseinander. Die kontinuierliche *Übung des Zusammenhaltens* – oder besser vielleicht noch: diese Übung des Offenhaltens, damit etwas zusammen bleiben kann – ist die notwendige Grundhaltung jedes Gebets, noch bevor es sich zu sprachlichen Formen verdichtet.

6 Zur sprachlichen Dimension des Betens

Insofern der Mensch ein selbst-reflexives Sprachwesen ist, geht natürlich Gebet nicht ohne Sprache. Aber es handelt sich hier um ein Sprechen, das nicht erst im Augenblick des Sprechens zum Gebet wird, sondern im Resonanzraum existentieller Erfahrung wurzelt, der selbst ein Teil des Betens ist. Authentisches Gebet wird ausgelöst durch die existentielle Gewissheit, dass die mit den Sinnen wahrgenommene Wirklichkeit umfangen und durchdrungen ist von der göttlichen Wirklichkeit. Vielleicht ist hier Paul Ricoeurs Differenzierung zwischen *Manifestation* und *Proklamation* hilfreich: Gebet könnte demgemäß als eine existentielle Reaktion auf göttliche Manifestation verstanden werden.[20] Noch bevor sich die Erfahrung der göttlichen Wirklichkeit in konkreter Sprachform ihren Ausdruck sucht, steigt das Gebet als ein Bedürfnis zu antworten aus der existentiellen Tiefe ergriffener Menschen hervor. Gebet wäre dann sozusagen das Scharnier zwischen Manifestation und Proklamation in Paul Ricoeurs Modell. Es ist die erste – gleichzeitig antwortende und suchende – Reaktion auf die Ma-

des Zusammenhaltens der göttlichen und irdischen Welt durch eine Öffnung im Dach symbolisiert. – Andererseits wählt der irdische Jesus, das Vorbild christlichen Betens, immer wieder spezielle *Orte der Einsamkeit* (Wüste, Einöde, Berg, Garten Gethsemane), um sich dem gottgewollten Zusammenhalten göttlicher und geschöpflicher Wirklichkeit zu öffnen.

19 Werbick, Beten (s. Anm. 13), 74.

20 In seiner *Phänomenologie der Manifestation* betont Ricoeur die Vorsprachlichkeit dieser Wirklichkeit: Es zeigt sich als Numinoses, als Hierophanie in nicht-linguistischer Form, in der Natur, ja in der Kapazität des Kosmos, etwas zu bezeichnen. – Vgl. Paul Ricoeur, Manifestation and Proclamation, in: Ders., Figuring the Sacred. Religion, Narrative, and Imagination, ed. by Mark I. Wallace, Minneapolis 1995, 48–67, 49–55.

nifestation, das Ergriffensein von der göttlichen Wirklichkeit. In der Versprachlichung des Gebets lauert sodann jene Gefahr, die Ricoeur bezüglich der Proklamation, also der Verkündigung angedeutet hat: Einerseits ist die Versprachlichung, die *Wortwerdung* ein wesentlicher Bestandteil religiöser Existenz, andererseits riskiert sie durch das Wegbrechen vom Numinosen (Ricoeur: »the breaking away from the numinous«), selbst die Funktionen des Numinosen übernehmen zu wollen. So sehr Glaube ohne Zeichen (und auch Sprache in Form von Gebet und Verkündigung besteht aus Zeichen) unmöglich ist, so sehr muss er doch in seinem vorsprachlichen Wesen (vielleicht so etwas wie dem *Bewusstsein schlechthinniger Abhängigkeit* Schleiermachers) verwurzelt bleiben.[21] Fällt diese Verwurzelung in der existentiellen Ergriffenheit vom Numinosen weg, dann ist die Gefahr jener großspurigen Geschwätzigkeit und jenes falschen Zungenschlags (vgl. Mt 6,5–7) groß, für die laut Werbick das Gebet extrem empfindlich ist.[22] Werbick zieht aus der letztendlichen sprachlichen Unmöglichkeit nicht den Schluss Wittgensteins, dass man über das, worüber man nicht reden kann, schweigen muss. Vielmehr dreht er den Satz um und stellt sich in die Tradition der *negativen Theologie*, die sich in einem Sprechen übt, das ein Sprechen ist »von dem – und eben vor allem: zu dem –, von dem und auf den hin man nicht schweigen kann«.[23] Das bedeutet aber gerade nicht, dass dieses Sprechen ein Sprechen von etwas ist, worüber unzweideutig gesprochen werden könnte. Ein solches Sprechen geschieht in angemessener Weise nicht in Form von rational klar durchdachten Sätzen. Vielmehr ist es im Grunde ein sehnendes und sodann herbei rufendes Sprechen, das sich notwendigerweise »dem Diktat der Klarheit und Eindeutigkeit entzieht, sich nicht auf das Abbilden und Feststellen dessen, was der Fall ist, festlegen lässt«. Es ist eine Sprache, »die ins Bild bringt, weil nur im Bild die Grenze offen bleibt, die von der Definition so trennscharf wie möglich gezogen wird«.[24] Deshalb sperrt sich das Gebet »gegen die Abgeschlossenheit einer Welt der feststellbaren oder absehbaren Tatsachen, einer Korrespondenz von Sprache und Fakten«.[25] Eine scheinbar eindeutige Korrespondenz versucht das Gebet gerade zu durchbrechen, weil Betende ja auf der Suche nach einer Entsprechung zwischen menschlicher und göttlicher Wirklichkeit sind, die gerade *nicht* durch eine klare Zuordnung greifbar ist. Deshalb ist die Sprache des Gebets meist meta-

21 Vgl. a. a. O. , 65.
22 Vgl. Werbick, Beten (s. Anm. 13), 76f.
23 A. a. O., 78.
24 Ebd.
25 A. a. O., 79.

phorische Sprache, die nicht festhält bzw. festschreibt, sondern »dem Auszusprechenden, aber eben nicht Feststellbaren auf der Spur bleibt, es vergegenwärtigt, ohne über es zu verfügen«.[26] Um im Bild des Zwischenraumes zu bleiben: Metaphorische Gebetssprache dient dem Offenhalten jenes Grenzraumes, der Gottes und unsere Welt verbindet. »Die Gebetsmetapher«, schreibt Werbick, »bringt in spannungsvoller und befremdlicher Weise Gott und meine Welt zusammen, so dass meine Welt als für Gottes Kommen *offen* [...] dargestellt [...] wird«[27] In der Gebets*sprache* wird also das *dargestellt*, was schon vor der Artikulation die innere Haltung Betender bestimmt. Deshalb ist es angemessen, mit Jürgen Werbick zu sagen, dass Beten eigentlich nicht *etwas klar Definierbares ausspricht*, sondern vielmehr ein Ringen ist »um Sprechmöglichkeiten an der Grenze des Sagbaren«.[28]

7 Sprechen als sekundärer Akt

Damit will ich betonen, dass der Sprachvollzug des Betens ein sekundärer Akt ist, dass es jedoch gleichzeitig natürlich nicht willkürlich ist, *was* im Gebet gesagt wird.[29] Betende stellen sich *nolens volens* in einen langen Strom vor-christlicher und christlicher (und bisweilen auch außer-christlicher) Betender, und diese Zugehörigkeit zu einer Sprachgemeinschaft des Betens prägt die Gebetssprache. Eva Harasta hat diese Zugehörigkeit in ihrem Buch *Lob und Bitte* am Beispiel der Psalmen, einer der ältesten Gebetssammlungen der jüdisch-christlichen Tradition, aufgezeigt. Während ich den Sinn der inhaltlichen Analyse der Psalmen für ein differenzierteres Gebetsverständnis gut nachvollziehen kann, teile ich jedoch nicht Harastas Einschätzung, dass es »die Grundfrage für die theologische Bestimmung des Gebets« sei, »[w]ie sich diese Artikulation vollzieht«.[30] In ihrem Ansinnen, Beten als *Artikulation* der Glaubenssituation zu interpretieren, nimmt sie Abstand von Gerhard Ebelings »Verschiebung des Gebetsbegriffs

[26] A. a. O., 82.
[27] A. a. O., 83.
[28] A. a. O., 85.
[29] Wenn nun Beten als solches als *Akt* gefasst wird, wie es bei Walter Bernet der Fall ist, dann müsste ich seiner These zustimmen, dass Gebet, insofern es in der Erfahrung wurzelt, die ihrerseits »Reflexion postuliert«, eine Denkform ist. Nur beginnt nach meinem Verständnis das Gebet selbst bereits, bevor es sich zu einem *Akt* kristallisiert. – Vgl. Bernet, Gebet(s. Anm. 3), 90.
[30] Eva Harasta, Lob und Bitte. Eine systematisch-theologische Untersuchung über das Gebet, Neukirchen 2005, 1.

vom sprachlichen Vollzug des Gebets auf seine Bedingungen in der vorsprachlichen ›Grundsituation‹ des Menschen«.[31] Gerade diese Verschiebung würde ich hingegen – ausgehend von meinem oben dargelegten Gebetsverständnis – auch für notwendig halten, weshalb der »Wortlaut der vorgegebenen Gebetstradition [...] gegenüber der inneren Gebetshaltung von sekundärer Bedeutung« und »der Begriff des Gebets in den Begriff der inneren Gebetshaltung aufgehoben« ist.[32] Gewiss, die sprachliche Dimension des Gebets darf nicht außer Acht gelassen werden, denn als Ausdrucksform der vorsprachlichen Grundsituation gehört sie zum Material einer vollständigen theologischen Analyse des Gebets. Harasta kategorisiert die verschiedenen Ausdrucksformen des Gebets auf überzeugende Weise in Lob, Bitte, Dank und Klage, wobei sie in einer chiastischen Figur das Lob durch die Klage mit der Bitte verbunden sieht und umgekehrt die Bitte durch den Dank mit dem Lob. Für sie ist das »Verhältnis zwischen Lob und Bitte [...] für den Begriff des Zusammenhangs der Gebetselemente entscheidend«.[33] Auch wenn ich mit dieser Kategorisierung der *sprachlichen* Dimension des Betens übereinstimme, so gingen nach meinem Dafürhalten bei einer ausschließlichen Konzentration auf diese Dimension des Betens entscheidende Aspekte des Gebets verloren. Es lassen sich zum Beispiel die Aspekte des *wortlosen Staunens*[34] oder auch des *achtsamen Wahrnehmens* (vgl. Simone Weil[35]) als entscheidende Momente im Habitus des Gebets nicht ohne weiteres diesen vier Kategorien zuordnen.

8 Gebet als ambivalente Partizipation

Das bisher skizzierte Gebetsverständnis ist ein partizipatorisches. Gebet besteht im Grunde in der Bewusstwerdung der Teilhabe des Einzelnen an der Gebrochenheit der Schöpfung einerseits und der Erneuerung der Schöpfung andererseits.[36] Aus dieser doppelten Teilhabe erwächst die zer-

[31] A. a. O., 3.
[32] A. a. O., 5.
[33] A. a. O., 36.
[34] Dass das Staunen sprachförmig sei, wie Walter Bernet im Anschluss an Wilhelm Weischedel betont, ist für mich schwer nachvollziehbar. Eher verstehe ich Staunen als die Voraussetzung für eine bestimmte Form von Sprache. – Vgl. Bernet, Gebet (s. Anm. 3), 152.
[35] Simone Weil: »Das Wesen des Gebets besteht in der Aufmerksamkeit.« Zitiert in: Dorothee Sölle. Mystik und Widerstand. »Du stilles Geschrei«, Hamburg 1997, 286.
[36] Diese doppelte Teilhabe sehe ich paradigmatisch auch im Abendmahl repräsentiert. Vgl. Michael Nausner, Gebrochenheit und Erneuerung der Schöpfung. Das Abend-

brechliche und doch gewisse Hoffnung auf Verwandlung, die aus dem bewussten Hineintreten in den Zwischenraum zwischen göttlicher und menschlicher Wirklichkeit erwächst. Mit dieser Betonung der Teilhabe als entscheidendes Kennzeichen des Gebets weiß ich mich der apophatischen Tradition des christlichen Glaubens verpflichtet. Ich folge Tillichs Verständnis einer ambivalenten Teilhabe Betender an der Entfremdung der Welt einerseits und der Unendlichkeit Gottes andererseits.[37] Im Gefolge Tillichs hat auch David Tracy, ein anderer in Chicago wirksamer Theologe, die vergessene Dimension der Partizipation in der theologischen Reflexion des Westens hervorgehoben. Tracy greift auf Ricoeurs Unterscheidung zwischen Manifestation und Proklamation zurück, wenn er die gegenseitige Teilhabe der Menschen am Kosmos und Gottes am Kosmos hervorhebt: »Manifestation bedeutet radikale Partizipation, Gottes radikale Immanenz im Kosmos und im Selbst. [...] In der Proklamation kommt es zu einer kraftvollen Unterbrechung dieses Gefühls der Zugehörigkeit oder radikalen Partizipation am Kosmos.«[38] Diese Beobachtung ist für ein vorsprachliches Verständnis von Gebet von entscheidender Bedeutung, denn sie zeugt von der Erfahrung, die Betende durch die Jahrtausende gemacht haben, dass nämlich paradoxerweise im Augenblick der (notwendigen) Sprachwerdung des Gebets ein gewisser Bruch entsteht, der nicht übersehen werden darf. Ausgehend von der notwendigen Spannung zwischen Manifestation und Proklamation attestiert Tracy westlicher Theologie eine Verdrängung der partizipatorischen Dimension der Manifestation und plädiert deshalb für eine Rückbesinnung auf die wesentliche Verankerung des Glaubenslebens in der Manifestation. In der Theologie Franz von Assisis sieht Tracy eine Möglichkeit einer solchen Rückbesinnung. Denn er versteht ihn als »die radikalste Religion-als-Manifestation Figur im Westen, da er den in fast aller westlichen Religion vorherrschenden Anthropozentrismus durchbrach und die Einsicht in die radikale Partizipation aller Kreatur am Göttlichen wiederentdeckte«.[39] Weil nach Tracys Analyse das

mahl als theologische Basis sozialer Gerechtigkeit, in: Ökumenische Rundschau 61 (4/2012), 440–456; vgl. auch Michael Nausner, Die soziale Bedeutung des Sakramentalen. Wandlungen methodistischer Ethik, in: Ralf Dziewas / Michael Kißkalt (Hrsg.), Identität und Wandel. Konfessionelle Veränderungsprozesse im ökumenischen Vergleich, Leipzig 2013, 95–115.

37 Vgl. Tillich, ST Bd. III (s. Anm. 6), 222.

38 David Tracy, Public Theology, Hope, and the Mass Media. Can the Muses Still Inspire? In: Max L. Stackhouse with Peter J. Paris (ed.), Religion and the Powers of the Common Life, London / New York: 2000, 231–254; 243. (Meine Übersetzung)

39 A. a. O., 244.

moderne Selbst sich immer autonomer gebärdete und sich damit von der »Einsicht in die radikale Partizipation am Kosmos isolierte«, muss die Theologie den Übergang »von einem nicht-partizipatorischen Verständnis von Religion der westlichen Moderne hin zu einem partizipatorischen Verständnis« erkennen und nachvollziehen.[40] Als theologische Wurzel für ein neues partizipatorisches Verständnis christlichen Glaubens identifiziert Tracy die Gottebenbildlichkeit: »Der Mensch als *imago Dei* ist [...] ein zutiefst partizipatorischer Begriff«.[41]

In einem solch partizipatorischen Verständnis der Gottebenbildlichkeit sehe ich auch die Wurzel eines wesleyanisch-methodistischen Verständnisses von Gebet. So lässt sich mein Grundverständnis des Gebets als vorsprachliches Beziehungsgeschehen von John Wesleys Verständnis der *Gottebenbildlichkeit* herleiten. Denn bezeichnenderweise zielt Wesleys Lehre von der Gottebenbildlichkeit – in Anlehnung an Isaac Watts – nicht auf die *Fähigkeiten* des Menschen (von Wesley als *natürliches* Ebenbild bezeichnet) oder auf die *Statthalterschaft* des Menschen (von Wesley als *politisches* Ebenbild bezeichnet), sondern auf die grundlegende *Bezogenheit* des Menschen auf Gott (von Wesley etwas missverständlich als *moralisches* Ebenbild bezeichnet) ab.[42] Diese Bezogenheit ist das »Hauptmerkmal der menschlichen Gottesbeziehung«.[43] Gottebenbildlichkeit besteht nach dieser Vorstellung »in der Beziehung selber [...], durch die das Geschöpf stets vom Schöpfer empfängt und weitergibt, was es empfängt«.[44]

Diese Vorstellung der Gottebenbildlichkeit als Beziehung verstehe ich als kennzeichnend für ein wesleyanisch-methodistisches Gebetsverständnis. Gebet wäre dementsprechend schlicht und einfach das Leben in dieser Beziehung. Es wurzelt so unhintergehbar in der Erfahrung der Teilhabe[45] und darf gerade deshalb die Nähe zur negativen Theologie nicht aufgeben, d. h. auch zur Mystik, die Jürgen Werbick dem Gebet attestiert. Auch wenn John Wesley gegenüber der Mystik als passiver Versenkung viel Kritik äußerte,[46] scheint mir ein entscheidender Strang seiner Gebetstheo-

40 A. a. O., 247.

41 A. a. O., 246.

42 Vgl. John Wesley, The New Birth (Sermon 45), in: Albert C. Outler (Hrsg.), The Works of John Wesley, Volume 2, Sermons II 34–70, Nashville, TN 1985, 186–201, 188.

43 Theodor Runyon, Die neue Schöpfung. John Wesleys Theologie heute, Göttingen 2005, 22.

44 A. a. O., 23.

45 Vgl. Michael Nausner, »Aldersgate« oder »Everyday«? Zur Rolle der Erfahrung im christlichen Leben, in: Theologie für die Praxis 36 (1–2/2010), 46–68.

46 Vgl. Zürcher, Gebet und Gemeindepraxis (s. Anm. 5), 110.

logie einen mystischen Zug zu haben, der jedoch nie die Verbundenheit zum »gelebten Glauben« verliert. Gebet versteht er grundsätzlich als Haltung des Empfangens,[47] ja mehr noch, als eine Bewegung der Gegenseitigkeit. In seinen beiden Predigten über die Wiedergeburt (Predigt 19 und Predigt 45) spricht er von einer Art »geistlicher Atmung«. Er schreibt: »Gott bläst Atem in die Seele, und die Seele atmet aus, was sie zuerst von Gott empfangen hat; eine fortdauernde Aktion Gottes zur Seele hin und die Re-aktion der Seele zu Gott hin; eine nicht endende Gegenwart Gottes [...] wird [...] vom Glauben empfangen; und ein nicht endendes Zurückgeben von Liebe [...] und *Gebet*, das alle Gedanken unseres Herzens, alle Worte unserer Zunge, *alle Werke unserer Hände, unseres Leibes,* unserer Seele und unseres Geistes *als ein heiliges Opfer darbringt*, das Gott in Christus Jesus angenehm ist.«[48] In diesem Zitat aus einer Predigt John Wesleys bündeln sich mindestens drei der Aspekte christlichen Betens, deren Bedeutung ich versucht habe, in diesem Artikel hervorzuheben. *Erstens* kommt hier die *Vorsprachlichkeit* des Gebets in der Art und Weise zum Ausdruck, wie hier die »Worte unserer Zunge« nur beiläufig als eine von vielen anderen Ausdrucksformen des Gebets erwähnt werden. *Zweitens* äußert sich hier die *Gegenseitigkeit* des Gebetsvollzugs, von der auch Dorothee Sölle spricht.[49] Die gegenseitige Durchdringung der Subjekte kommt in der Metapher vom Ein- und Ausatmen zum Ausdruck, die letztlich die »Unterscheidung von aktivem und passivem Verhalten« überflüssig macht,[50] und *drittens* kommt hier der anfangs kurz erwähnte *ethische* Aspekt des Betens zum Ausdruck, wenn davon die Rede ist, dass »alle Werke unserer Hände, unseres Leibes« eine Form des Gott dargebrachten Gebets sind.[51] Alle drei Aspekte lassen sich wiederum einem

47 Vgl. Christoph Klaiber, Von Gottes Geist verändert. Ursprung und Wirkung wesleyanischer Pneumatologie, Göttingen 2014, 127. – Dass eine solche Haltung des Empfangens nicht auch in einer »mystischen Stille« bestehen könne, wie Klaiber schreibt, kann ich allerdings nicht nachvollziehen.

48 Zitiert aus John Wesleys Predigt 19 »The Great Privilege of those that are born of God« in: Runyon, Die neue Schöpfung (s. Anm. 43), 23. (Meine Hervorhebung)

49 Diese Gegenseitigkeit im Gebet betont Dorothee Sölle, wenn sie die Bemühung der Mystik bejaht, »an einem auf Gegenseitigkeit beruhenden Verhältnis der Beziehung« zu arbeiten, in: Sölle, Mystik und Widerstand (s. Anm. 35), 367.

50 Ebd.

51 Ähnlich wie Sölle ist auch David Tracy einer Sichtweise verpflichtet, die das Gebetsleben als intim verknüpft sieht mit einem Leben, das sich der Ungerechtigkeit irdischer Verhältnisse entgegenstellt. Spricht Sölle von »Mystik und Widerstand«, so geht es Tracy in seinen späteren Schriften um eine Betonung des »mystisch Prophetischen« bzw. »mystisch Politischen«, vgl. in: David Tracy, On Naming the Present: God, Hermeneutics, and Church, Maryknoll, NY 1994, xii, 9, u. ö.

Verständnis des Gebets als gleichzeitige, ja ambivalente Teilhabe an menschlicher und göttlicher Wirklichkeit zuordnen. Beten – und damit komme ich zu den anfänglichen Annäherungen an eine Gebetsdefinition zurück – kann dann verstanden werden als jener ganzheitliche Lebensvollzug, der im Zwischenraum von menschlicher und göttlicher Wirklichkeit stattfindet. So wird die verwandelnde Kraft des Göttlichen im Menschlichen erfahren.

Ich schließe, indem ich mich auf das an den Anfang dieses Artikels gestellte Zitat John Wesleys beziehe, in dem ich die Grundlinien eines partizipatorischen Gebetsverständnisses repräsentiert sehe. Anfang und Ende dieses Zitats aus dem kleinen Traktat mit dem missverständlichen Titel *Kennzeichen eines Methodisten*[52] zeugen von einem Beten, das immer (1Thess 5,17; Luk 18,1) und überall (Heb 11,27) geschieht und also weniger vom sprachlichen oder rituellen Vollzug, sondern vom Leben als Ganzes handelt. Es geht um eine Herzensgesinnung, um ein »Erheben des Herzens zu Gott«.[53] Es entspricht der sozialethischen Ausrichtung methodistischer Ekklesiologie, dass das Beten gerade nicht vorrangig »im Bethause« stattfindet, sondern sich in einer ganzheitlichen Lebensführung äußert, bei der die »Einübung in die Sichtweise Gottes«[54] gepflegt wird, wie es Sölle ausdrückt. In der methodistischen Tradition wird eine solche Einübung durch den Gebrauch der *Gnadenmittel* unterstützt.[55] Wenn uns in dieser Übung, wie Theodor Runyon es ausdrückt, »die Augen des Glaubens geschenkt werden, sehen wir das Unendliche durch das Endliche hindurch – nicht um das Endliche hinter uns zu lassen, sondern um die rechte Teilhabe dieser Welt an der Transzendenz wieder

52 Ich habe bisher vergeblich versucht, diese nicht gendergerechte und auch inhaltlich das Entscheidende nicht treffende Übersetzung des englischen Originaltitels von 1742 *The Character of a Methodist* im deutschsprachigen Raum mit *Methodistische Gesinnung* o. ä. wiederzugeben.

53 Vgl. Walter Niggs Aussage: »Jedes echte Gebet ist ein Herzensgebet«, in: Walter Nigg (Hrsg.), Gebete der Christenheit, München 1965, 177.

54 Sölle, Mystik und Widerstand (s. Anm. 35), 365.

55 In der methodistischen Tradition, die in der anglikanischen wurzelt, wurde das Gebet immer als ein selbstverständliches Beispiel der *Gnadenmittel* verstanden, also jener »Kanäle«, die auf besondere Weise die Zusammengehörigkeit unserer gebrochenen Wirklichkeit mit der Wirklichkeit Gottes erfahrbar machen. Die Gnadenmittel wurden von John Wesley zu verschiedenen Gelegenheiten unterschiedlich gefasst, aber das öffentliche und private Gebet fehlte nie. – Vgl. Runyon, Die neue Schöpfung (s. Anm. 43), 117–160; Walter Klaiber / Manfred Marquardt, Gelebte Gnade. Grundriss einer Theologie der Evangelisch-methodistischen Kirche, Göttingen [2]2006, 384–390; Christoph Klaiber, Von Gottes Geist verändert, 103–150.

herzustellen«.[56] Das Gebet ist so einer der kontinuierlich zu gehenden Schritte, »in denen die Gnade angeeignet wird«. Solche Schritte »folgen dem göttlichen Akt, wie Wachstum der Geburt folgt«.[57] Gebet könnte also verstanden werden als ein lebenslanges, metaphorisches Gehen im Zwischenraum zwischen göttlicher Gnade und menschlicher Existenz.

56 Runyon, Die neue Schöpfung (s. Anm. 43), 130.
57 Tillich, ST III (s. Anm. 6), 224.

Ist Gott beeinflussbar?

Beten im Licht des Open-View-Theismus

Denis Schmelter

Abstract

Die Frage nach der Erhörung von Bittgebeten bündelt die Problematik des theistischen Bekenntnisses zu einem geschichtsmächtig in der Welt handelnden Gott. Für eine Reduktion der dabei zum Tragen kommenden Aporien erweist sich der Open-View-Theismus als vielversprechender und leistungsfähiger Ansatz. Er ist maßgebend von der Prozesstheologie geprägt, unterscheidet sich von dieser allerdings in der Konkretion des cum grano salis beibehaltenen Allmachtsprädikats und in der Auffassung bezüglich der eschatologischen Vollendung. Das Gott-Welt-Mensch-Verhältnis wird als eine Beziehung erschlossen, in der Gott und Geschöpf im Modus echter Reziprozität aufeinander wirken und miteinander (inter-)agieren. Die Entwicklung der Wirklichkeit wird als hochkomplexes Geschehen gedacht, innerhalb dessen Gott und Mensch gemeinsam aus allen sich ergebenden Situationen das jeweils Bestmögliche herauszuarbeiten herausgefordert sind. Der Beitrag versucht aufscheinen zu lassen, inwiefern der Open-View-Theismus helfen kann, das Sich-Einlassen auf diese risikoreiche Dynamik vertrauensvoller Kooperationsverbundenheit mit Gott als lohnendes Wagnis zu konzeptualisieren.

1 Fundamentaltheologische Relevanz und Struktur des Problems

Von der Antwort auf die Frage nach der Erhörung von Bittgebeten hängt nicht weniger ab als die Rationalität des theistischen Bekenntnisses und damit die existenzielle Tragfähigkeit christlichen Glaubens. Zum einen bündelt die Frage »gleich einem Brennpunkt die leitenden Vorstellungen theistischer Konzeptionen«[1] und fordert Rechenschaft über deren Vertretbarkeit auf dem Forum der Vernunft. Zum anderen ist das Gebet »*der wichtigste und wesentlichste Ausdruck des Glaubens an Gott*«[2] und bedeutet den »Ernstfall des Glaubens«[3], ja sogar den »Ernstfall des Lebens«[4], da für einen christlich Glaubenden eine unauflösliche Bezogenheit zwischen Leben und (im Gebet aktuiertem) Glauben besteht. Da insbesondere die Bitte als vertrauensvolle Inanspruchnahme eines Verhältnisses wechselseitigen Zugetanseins einen »Urakt des Glaubens«[5] darstellt, geht es hier in der Tat »um Sein oder Nichtsein des Glaubens«[6]. Karl Rahner hat die Brisanz der Problematik des Bittgebets in Form einer herausfordernden Frage pointiert: »Sind wir noch so ›anthropomorph‹ in unserem Denken, daß wir zu glauben wagen, wir könnten mit unserem Schreien und unseren Tränen Gottes Herz zu Taten in dieser Welt bewegen? Oder ist unser Denken so abstrakt, so feig geworden, daß wir das Gebet nur noch als ›Selbstberuhigung‹ oder nur noch als Beteuerung unseres Hoffens auf einen Erfolg jenseits dieser Geschichte erkennen und gelten lassen können?«[7].

Der Bestand an nicht erhörten Bittgebeten, der völlig konträr zu jener arglos erhörungsgewissen Frömmigkeit steht, welche die biblische Botschaft und die geistliche Tradition großenteils nahelegen, vermag den theistischen Gottesglauben massiv zu irritieren, zu erschüttern und nicht selten sogar gänzlich zu zerstören. Das verstörende und empörende Ausbleiben einer Erhörung ohne einsichtige Gründe ist Gott rundweg als Ausdruck seiner Unfähigkeit oder Unwilligkeit zu gutem Handeln anzukreiden. Der Tatbestand unterlassener göttlicher Hilfeleistung bedeutet eine Verschärfung des Theodizeeproblems. Denn unter Zugrundelegung des katholisch-christlichen Rationalitätsverständnisses ist Gottes Allmacht zwar auf das logisch widerspruchsfrei Mögliche beschränkt; und über eine Fähigkeit zu verfügen bedeutet nicht zwangsläufig, von ihr Gebrauch machen

1 Christoph J. Amor, »Asking makes a difference ...« Das Bittgebet bei Thomas von Aquin in der neueren Diskussion, in: NZSTh 50 (2008) 1, 37–61, 56f.

2 Deutsche Bischofskonferenz (Hrsg.), Katholischer Erwachsenen-Katechismus. Bd. 1: Das Glaubensbekenntnis der Kirche, Kevelaer u. a. 1985, 86.

3 Ebd.

4 Knut Backhaus, Neues Testament, in: Georg Fischer/Knut Backhaus, Beten, Würzburg 2009, 75–128, 84.

5 Gottfried Bachl, Thesen zum Bittgebet, in: Theodor Schneider/Lothar Ulrich (Hrsg.), Vorsehung und Handeln Gottes, Freiburg im Breisgau/Basel/Wien 1988, 192–207, 193.

6 Walter Kasper, Einführung in den Glauben, Mainz ²1972, 79.

7 Karl Rahner, Schriften zur Theologie. Bd. III: Zur Theologie des geistlichen Lebens, Einsiedeln/Zürich/Köln ⁷1967, 249.

zu müssen. Dennoch stellt sich die Frage: Wenn Gott grundsätzlich die Möglichkeit hat, helfend einzugreifen, warum unterlässt er dies offenkundig in vielen Fällen?

2 Zum prozesstheologischen Lösungsansatz

Der prozesstheologische Ansatz zur Lösung dieses Problems liegt in der Modifikation der göttlichen Allmacht. Zunächst scheint die prozesstheologische Argumentation einleuchtend zu sein, vor allem angesichts des sogenannten *genuinen Übels*. Darunter sind solche *mala* zu verstehen, ohne deren Existenz die Welt zweifelsfrei besser wäre und die als eindeutig *nicht sein sollend* zu konstatieren sind.[8] Bei ihnen hat man es mit Leid zu tun, das buchstäblich zu nichts gut ist und dem man auch beim besten Willen nichts Positives mehr abgewinnen kann; auch in den Rahmen einer *soul-making theodicy* lässt es sich nicht einfügen: Es taugt noch nicht einmal dazu, etwas daraus lernen oder daran reifen zu können. Was soll ein Mensch, der an einer definitiv unheilbaren Krankheit mit vernichtenden Schmerzen laboriert, daraus »lernen« und wozu sollte es überhaupt dienen, wenn es sich ohnehin nur noch als endgültig destruktives Leid erweist? Genuines Übel ist insofern schlicht sinnlos (*pointless evil*).

Die Existenz des *pointless evil* ist selbstredend unvereinbar mit einem *Gott*, der diese Bezeichnung verdient: Für ihn würde gelten, dass er solches Übel geradezu mit Notwendigkeit verhindern oder beseitigen müsste, da sich die Existenz von derart sinnlos Destruktivem wie dem *pointless evil* nicht mit einer göttlichen Wirklichkeit verträgt, der *eo ipso* eine *logos*-gemäße Daseinsaffirmativität zukommen muss. Wenn Gott also im Sinne der anselmischen Maxime unüberbietbar vollkommen ist[9] und mithin sowohl die Fähigkeit als auch den Willen hat, genuines Übel zu verhindern bzw. zu beseitigen, dann bleibt unverständlich, warum es in der Welt trotzdem genuines Übel *gibt* (was zu leugnen einem Realitätsverlust gleichkommen dürfte).

Mit der Annahme eines anfanglosen Zueinander von Gott und Welt versucht die Prozesstheologie, die Ohnmacht Gottes gegenüber dem genuinen Übel plausibel zu machen. Gottes Macht ist bedingt durch die mit

8 Vgl. David Ray Griffin, Schöpfung aus dem Chaos und das Problem des Übels, in: Alexander Loichinger/Armin Kreiner, Theodizee in den Weltreligionen. Ein Studienbuch, Paderborn 2010, 48–65, bes. 52.

9 Zu dieser Grundregel, der jegliche Rede von Gott, sofern sie angemessen sein soll, Genüge tun muss, vgl. Armin Kreiner, Das wahre Antlitz Gottes – oder was wir meinen, wenn wir Gott sagen, Freiburg im Breisgau/Basel/Wien 2006, 223–255.

ihm gleichursprüngliche Materie. Diese wird unter Ablehnung der Lehre der *creatio ex nihilo* nicht als etwas von Gott Geschaffenes angesehen; Gott findet sie vielmehr als gleichsam kosmisch autochthone Grundausstattung vor, mit deren Gegebenheit sich Gott arrangieren muss. Gott erschafft nicht eine kreatürliche Wirklichkeit, die sich restlos allein seinem freien Entschluss verdankt, sondern ist mit der Vorgabe einer primordialen Materie konfrontiert, durch deren metaphysische Beschaffenheit seine Wirkmöglichkeiten limitiert sind. Schöpfung kann dann als das ordnende und harmonisierende, lockende und inspirierende Beeinflussen von Bestehendem verstanden werden. Gottes schöpferisches Wirken besteht darin, das jeweils Gegebene zur Bildung immer komplexerer Strukturen anzuregen und dahingehend zu animieren, verfügbare Potenziale bestmöglich zu verwirklichen.[10] Dies bedeutet keine völlige Machtlosigkeit Gottes. Allerdings ist die Art der Gott zugeschriebenen Macht keine dem traditionellen Allmachtsprädikat entsprechende. Während Allmacht im traditionellen Sinn Gottes Fähigkeit einschließt, seine Absichten auch in der Weise unilateralen Dominierens zu verwirklichen, schließt das prozesstheologische Paradigma dies aus. Ein liebendes Wesen setzt seinen Willen nicht durch, indem es Zwang ausübt (*coercive*), sondern das freie Einverständnis des Anderen als unerlässliche Bedingung für seine Aktionen voraussetzt. Darum sieht Gott von arbiträren punktuellen Interventionen ab, und reguliert den Weltprozess stattdessen einzig durch »überredendes« bzw. »überzeugendes« Beeinflussen (*persuasive*).[11]

Der Prozesstheologie gelingt es, den christlichen Gedanken der staunenswerten Radikalität der göttlichen *kenosis* konsequent auszuführen. Die proexistente Ganzhingabe Jesu Christi kulminiert im Kreuzesgeschehen, bei dem jene Wehrlosigkeit des unbedingten Seinlassens von Anderem aufscheint,[12] welche die göttliche Liebe als bis zuletzt sich selbst treu bleibende und gerade so österlich siegreiche auszeichnet. In der Ohnmacht des gekreuzigten Gottessohns offenbart sich die göttliche Liebe als wahrhaft unbesiegbare Macht.

[10] Ein meines Erachtens besonders originelles prozesstheologisch inspiriertes Schöpfungsverständnis entfaltet Catherine Keller, Über das Geheimnis. Gott erkennen im Werden der Welt. Eine Prozesstheologie, Freiburg im Breisgau/Basel/Wien 2013, 79–108.

[11] Zur Unterscheidung von »überreden« und »überzeugen« vgl. Julia Enxing, Gott im Werden. Die Prozesstheologie Charles Hartshornes, Regensburg 2013, 169.

[12] Vgl. dazu Klaus Müller, Allmacht Gottes – Freiheit des Menschen. Der monotheistische Gottesgedanke im Kreuzfeuer kritischer Vernunft, in: Albert Franz / Clemens Maaß (Hrsg.), Diesseits des Schweigens. Heute von Gott sprechen, Freiburg im Breisgau/Basel/Wien 2011, 139–158, 153f.

An diesem Punkt scheiden sich die Geister: Während das prozesstheistische Paradigma letztlich auf eine Streichung des *traditionellen* Allmachtsprädikats hinausläuft, votieren die Open-View-Theistinnen und -Theisten[13], auf deren Position noch eingegangen werden wird, dafür, den Glauben an die göttliche Allmacht zu bewahren, deren Verständnis allerdings zu modifizieren. Genauerhin halten die Open-View-Theisten das überkommene klassisch-theistische Konzept göttlicher Omnipotenz aus gleichen Gründen wie die Prozesstheisten zwar für obsolet. Trotzdem verfügt Gott ihrer Ansicht nach grundsätzlich über die Fähigkeit, einen Prozess auch dominierend zu gestalten, sofern es sich als notwendig erweisen sollte, damit die Entwicklung eines Geschehens nicht völlig die Richtung verfehlt. Gerichtet sein soll ein jedes Geschehen auf die Verwirklichung des göttlichen Heils- und Liebeswillens. Gott behält sich vor, unilateral helfend oder gar rettend einzugreifen, sofern es (1) diesem göttlichen Willen dienlich ist und (2) im Einvernehmen mit der *logos*-gemäßen Wirklichkeitsordnung erfolgt.

Dass Gottes Wesen im Sinne analoger Rede als absolute Wirklichkeit personaler Liebe zu charakterisieren ist – im Anschluss an die soeben skizzierte staurologische Konkretion der göttlichen *kenosis* –, schließt nach open-view-theistischem Dafürhalten nicht aus, dass Gott über Handlungsmöglichkeiten verfügt, mit denen er im Notfall – wenn etwa sein Gesamtprojekt zu scheitern droht – auch unilateral einen bestimmten Zustand transformieren kann. Dies wäre dann keine Inkonsequenz in seiner die Andersheit der Geschöpfe unbedingt sein lassenden Selbstzurücknahme. Vielmehr würde gerade die Daseinsaffirmativität seiner Liebe ein Eingreifen fordern, wenn beispielsweise das Ganze in eine definitive Destruktion zu münden drohte, die mit dem lebensbejahend-konstruktiven Impetus wahrer Liebe wohl kaum kompatibel sein dürfte.

Wenngleich die Prozesstheologie bestimmte Konstitutiva christlichen Glaubens durchaus kohärenter zu denken hilft, ist der dabei zu zahlende Preis – der Ausschluss der Möglichkeit jeglichen unilateralen Handelns Gottes – zu hoch. Der christlichen Hoffnung auf eschatologische Vollendung wird der Boden entzogen. Der Mensch erscheint in einem prozesstheistischen Universum letztlich allein auf sich gestellt. Ob die göttliche Vision verwirklicht werden kann, bleibt fraglich. Und insbesondere angesichts des gravierenden sozialen und ökologischen Fehlverhaltens der Menschen müsste diese Ungewissheit jedem sensiblen Zeitgenossen einen Schauer

13 In Anbetracht der Tatsache, dass selbstverständlich die maskulinen die femininen Formen als völlig gleichberechtigt inkludieren, wird im Folgenden, auch um des leichteren Leseflusses willen, durchgängig die männliche Form gewählt.

des Unbehagens über den Rücken jagen. Für eine Menschheit, deren ethische und spirituelle Reife im Verhältnis zur technokratischen Potenz, die ihr in den letzten Jahrzehnten rasant zugewachsen ist, nicht gerade proportional angestiegen ist,[14] dürfte es ein überfordernder Riesenanspruch sein, derart auf sich allein gestellt zu sein. Die Ansicht, dass das Los der Welt gänzlich vom Menschen abhängt und Gott dabei keine andere als die Rolle des lockenden »Poeten der Welt«[15] ausübt, bedeutet letztlich ein Horrorszenario. Hinsichtlich des Problems der Untätigkeit Gottes angesichts leiderzeugender Entwicklungen ist der Prozesstheismus ebenso wenig überzeugend wie der klassische Theismus. In beiden Fällen wird die Untätigkeit Gottes hingenommen, wobei lediglich der Modus des Nichtstuns ein anderer ist: teilnahmslos-beobachtend im klassischen und mitleidend im prozesstheistischen Fall. Doch um »aus meinem Dreck und Schlamassel und meiner Verzweiflung herauszukommen, nützt es mir doch nichts, wenn es Gott – um es einmal grob zu sagen – genauso dreckig geht«[16].

3 *Zum Open-View-Theismus*

Die bereits erwähnten Open-View-Theisten, eine Gruppe angloamerikanischer Theologen und Religionsphilosophen aus einem gemäßigt evangelikalen Umfeld, haben in den 1990er Jahren begonnen eine Position zu erarbeiten, die besonders aussichtsreich ist hinsichtlich eines Abbaus der Rationalitätsprobleme des Bittgebetsglaubens. Näherhin hilft diese Position, die Unverträglichkeiten zwischen klassisch-theistischem Gottesbild auf der einen Seite und dem im Bittgebet aktuierten Glauben an ein geschichtsmächtiges Handeln Gottes in der Welt auf der anderen Seite zu reduzieren.[17]

14 Vgl. dazu z. B. Arnold Toynbee, Menschheit und Mutter Erde. Die Geschichte der großen Zivilisationen, Düsseldorf 1988, 487–497.

15 Vgl. Alfred North Whitehead, Prozeß und Realität. Entwurf einer Kosmologie, Frankfurt am Main 1987, 618; Roland Faber, Gott als Poet der Welt. Anliegen und Perspektiven der Prozesstheologie, Darmstadt ²2004.

16 Karl Rahner, hier zit. nach Paul Imhof/Hubert Biallowons (Hrsg.), Im Gespräch. Bd. 1: 1964–1977, München 1982, 245.

17 Einen einführenden Überblick zu theologisch-religionsphilosophischem Profil des Open-View-Theismus und den Schwerpunkten der diesbezüglichen Debatte bietet Johannes Grössl, Gott als Liebe denken – Anliegen und Optionen des Offenen Theismus, in: NZSTh 54 (2012) 4, 469–488. Vgl. ferner Johannes Grössl, Die Freiheit des Menschen als Risiko Gottes. Der Offene Theismus als Konzeption der Vereinbarkeit von menschlicher Freiheit und göttlicher Allwissenheit, Münster 2015.

Die Art, wie diese Reduktion von Aporien vorgenommen wird, hat drei Vorteile: (1) Sie setzt die wesentlichen prozesstheologischen Korrekturen des klassisch-theistischen Gottesbildes voraus, hinter die eine vernünftige fundamentaltheologische Konzeptualisierung der göttlichen Wirklichkeit nicht mehr zurück kann. (2) Sie hat ein äußerst waches theodizeesensibles Bewusstsein für die kognitiven, emotionalen und konativen Dissonanzen, die sich für jeden Menschen ergeben, der sich aufrichtig um ein vom Geist des Gebets durchdrungenes Leben bemüht, dabei aber durch das gelegentliche Ausbleiben der erhofften Erhörung in seinem Glauben irritiert und verstört wird. (3) Sie bietet einen Kompromiss, der zwischen der Scylla des klassischen Theismus und der Charybdis einer restlosen Verabschiedung des Allmachtsprädikats hindurchzunavigieren vermag.

Zu den Pionieren des Open-View-Theismus zählen Clark H. Pinnock, Richard Rice, John E. Sanders, William Hasker und David Basinger, die mit ihrem Werk »The Openness of God. A Biblical Challenge to the Traditional Understanding of God« im Jahre 1994 eine programmatische Darstellung ihres Gottesbildes vorgelegt haben. Zu den besonders engagierten Vertretern dieser Position gehört auch Gregory A. Boyd.

Das Wirklichkeitsverständnis des Open-View-Theismus fußt auf der Annahme der Existenz libertarischer Willensfreiheit. Daraus folgt sozusagen eine *doppelte Offenheit*: Zum einen ist Gott offen für die Einflüsse seiner Geschöpfe, zum anderen ist die Zukunft teilweise offen.[18] Der Open-View-Theismus offeriert eine Reinterpretation der Vorsehungslehre, die zumeist in engem Zusammenhang mit dem Bittgebetsglauben behandelt

[18] Vgl. dazu Gregory A. Boyd, God of the Possible, A Biblical Introduction to the Open View of God, Grand Rapids 2000, 32f. Open-View-Theisten gehen davon aus, »that the future is *partly* open and *partly* settled« (Ebd). Sie behaupten *nicht*, die Zukunft sei total offen. Dies würde eine völlige Unberechenbarkeit bedeuten, und damit sowohl dem Gottes-, Welt- und Menschenbild der Heiligen Schrift als auch der Erfahrung bewusster Lebensführung widersprechen. Beides basiert auf einer Wirklichkeitsauffassung, die von der relativen Selbstwirksamkeit der Geschöpfe innerhalb eines weder von purer Notwendigkeit restlos reglementierten noch in blinder Zufälligkeit absolut willkürlich verlaufenden Weltgeschehens ausgeht. Zum freien Agieren menschlicher Personen bedarf es einerseits bestimmter durchaus feststehender (Rahmen-)Bedingungen, andererseits müssen unterschiedlich nutzbare Potenziale gegeben und diverse Optionen realisierbar sein, damit eine Situation flexibel handhabbar ist, so dass sich ein Spielraum für wirklich freie (Inter-)Aktion auftut. Hier zeigt sich, dass der Open-View-Theismus besonders geeignet ist für eine Wirklichkeitskonzeptualisierung, die nicht nur biblisch fundiert ist, sondern auch der Alltagserfahrung menschlichen Verhaltens mit seinen wägbaren und unwägbaren Umständen Rechnung trägt.

wird.[19] Aufgrund der doppelten Offenheit eröffnet sich ein Spielraum der Interaktion der endlichen Freiheiten der Menschen untereinander sowie der endlichen Freiheit des Menschen mit der unendlichen Freiheit Gottes. Die Interaktionsdynamik ist wiederum eingebunden in das Geschehen der Wirklichkeitsentwicklung, das seinerseits als hochkomplex aufgefasst wird.

Vorsehung bedeutet daher im Sinne open-view-theistischen Denkens, dass Gott die Richtung auf das Endziel seines Heilsplanes (größtmögliche Realisation echter Liebe und wahren Glücklichseins zum Besten aller Beteiligten) bestimmt, während er die konkreten Wege dorthin allerdings je neu flexibel in Reaktion auf seine geschöpflichen Partner abstimmt. Damit hat sich Gott auf ein risikoreiches Geschehen eingelassen, denn da er die Entscheidungen und Handlungen willensfreier Personen respektiert, gibt es auch für ihn Unvorhersehbares und so wird er manchmal mit (positiven oder negativen) Überraschungen konfrontiert.[20] Nimmt man die chaostheoretische Einsicht in die multifaktorielle Vernetzung der Wirklichkeit hinzu – alles ist mit allem in Wechselwirkung verbunden (der winzige Luftzug durch den sanften Flügelschlag eines Schmetterlings kann zur Auslösung eines Taifuns beitragen) und es können sich immer Welleneffekte ergeben, die wiederum zu unkalkulierbar neuen Entwicklungen führen –, dann wird klar, mit welch hochkomplexem Prozess es Gott bei seiner Interaktion mit freien Geschöpfen zu tun hat.[21] Wenn Übel und Leid entstehen, heißt das also nicht, dass Gott das so geplant hat – eine Tendenz zu dieser kruden Sicht ist etwa im Calvinismus angelegt –, sondern dass er es manchmal einfach nicht verhindern kann. Weil er aber als unendlicher Geist den besten Überblick über das Gesamtgeschehen hat, vermag er auch zu sehen, an welchen Punkten ein helfendes Eingreifen, eine »Anpassung« o. ä. möglich ist, um das Geschehen wieder in die von ihm intendierte Richtung zu beeinflussen. Darum ist die beste Weise unseres Umgangs mit der Wirklichkeit, unser Dasein in der freundschaftlich-vertrauensvollen Kooperation mit Gott bestmöglich zu gestalten.

19 Vgl. dazu Tim J. Gorringe, God's Theatre. A Theology of Providence, London 1991, 1: Providence »is not a belief required of us formally by the creeds but, much more profoundly, by our daily prayer. Belief in providence is the very structure of the religious life: belief that God acts, that he has a purpose not simply for the whole of creation but for me, that this purpose can be discerned and that through prayer, I can put myself in the way of it. It is also the belief that I can bring every concern to God [...], in the conviction that this will make a difference«.

20 Ausführlich entfaltet wird dieser Gedanke von John Sanders, The God Who Risks. A Theology of Divine Providence, Downers Grove ²2007.

21 Zu chaostheoretischen Erwägungen in diesem Zusammenhang vgl. auch Klaus von Stosch, Gott – Macht – Geschichte. Versuch einer theodizeesensiblen Rede vom Handeln Gottes in der Welt, Freiburg im Breisgau/Basel/Wien 2006, 141f.

4 *Die **free will defense** und das Risiko real-reziproker Relationsdynamik*

Das *malum morale* lässt sich leicht erklären als jenes Leid, das Menschen durch den verfehlten Gebrauch ihrer Freiheit Anderen zufügen. Es ist als Potenzial in einer Welt mit freien Geschöpfen angelegt. Da die faktische Realisierung eines Potenzials grundsätzlich nicht ausgeschlossen werden kann und Gott seiner Schöpfung dieses Potenzial immerhin als solches eingestiftet hat, bleibt die Letztverantwortung für das moralische Übel doch wiederum bei Gott. Zwar verursacht Gott das moralische Übel nicht direkt selbst, wohl aber nimmt er es anscheinend billigend in Kauf, indem er es überhaupt ermöglicht (was er nicht müsste) und indem er seine Realisierung offenkundig nicht selten zulässt, anstatt es zu unterbinden (was er in einigen Fällen zumindest prinzipiell könnte).

Im Rahmen der *free will defense* wird Gott von den Open-View-Theisten zugutegehalten, Freiheit gehe zwar mit der Möglichkeit ihres leiderzeugenden Gebrauchs einher; sie stelle allerdings einen überaus hohen Wert dar, der das aus ihrer missbräuchlichen Aktuierung resultierende moralische Übel rechtfertigen könnte. Diesem Gedanken liegt ein Werturteil zu Grunde, welches zu teilen nicht objektiv zwingend ist und angesichts dessen, was Menschen einander antun können, auch subjektiv zuweilen erheblich an Plausibilität verliert.

Gleichwohl ist die Behauptung der Werthaftigkeit von Freiheit nicht von der Hand zu weisen. Sie kann nicht nur eine gleichsam intuitive Evidenz für sich beanspruchen, da jedermann irgendwie einleuchtet, dass Freiheit schon an sich ein hohes Gut ist. Als Voraussetzung zurechenbarer Willensentschlüsse bildet Freiheit darüber hinaus zugleich ein »Echtheitskriterium« für die personale Qualität bestimmten Tuns, da sie die Basis für Entscheidungen und Handlungen bildet, mit denen sich ein Individuum »von sich aus« zustimmend oder ablehnend zu etwas oder jemandem verhalten kann. Und eine solcherart zurechenbare Zustimmung mutet im Vergleich zu einer nur getriebenen oder gar erzwungenen als wesentlich wertvoller an. Es verleiht ihr gleichsam ein Gütesiegel, wenn sie auf einem ethisch signifikanten Willensentschluss beruht. Erfüllt sie diesen Anspruch personaler Authentizität, stellt sie automatisch ein höheres Gut dar, als wenn sie lediglich der determinierte und vorhersehbare Output eines Geschehens wäre, das sich kausal auf rein naturale Notwendigkeiten reduzieren lässt. Zum Nihilismus der eliminativ-materialistischen Insinuation, Liebe sei »nichts anderes als«[22] der reversible Zustand eines erhöhten

22 Zur »*Nothing-else-buttery*« (Julian Huxley) vgl. Ulrich Lüke, Der Mensch – nichts

Phenylethylamin- bzw. Oxytocin-Spiegels will und kann sich eine Person mit gesundem Menschenverstand und lebensnahem Wertgefühl nicht breitschlagen lassen. Vielmehr freut sich ein Mensch über die Liebe seines Partners, wenn und weil diese Liebe darin besteht, dass der Partner von sich aus den Anderen um seiner selbst willen umfassend bejaht. Die mit der Freiheit gegebene Befähigung zum relativen Ursache-Sein[23], die der Gottebenbildlichkeit des Menschen inhäriert, gehört zu dem, was den Menschen mit seiner Personenwürde besonders auszeichnet, da sie ihn ermächtigt, sich im Modus bewusster und willentlicher Wahl in Bezug auf etwas oder jemanden zu verhalten, »das heißt personal, von innen her bewegt und geführt und nicht unter blindem innerem Drang oder unter bloßem äußerem Zwang«[24].

Die Menge an Welten, welche zu schaffen für Gott möglich ist, enthält deshalb keine absolut leidfreie Welt, weil es dem Wesen Gottes zuwider ist, eine Schöpfung zu kreieren, in der Liebe ausgeschlossen ist. Dies wäre aber in einer Schöpfung ohne libertarisch willensfreie Wesen der Fall: Ohne Freiheit keine Liebe.[25] Da die *mala physica* die Begleiterscheinung einer naturgesetzlich regulierten Welt sind, in der die Entwicklung, die Existenz und der Erhalt libertarisch willensfreier und somit liebesfähiger Wesen erst möglich sind, ist es für Gott unmöglich, eine Schöpfung ins Dasein zu rufen, in der es kein *malum physicum* gibt.

Ähnlich wie für die Prozesstheologie ist auch für den Open-View-Theismus eine prononcierte Deklaration der Liebe als Essenz Gottes charakteristisch.[26] Damit hängt zusammen, dass das Verhältnis zwischen Gott und Geschöpf konsequent als ein *reziprokes* gedacht wird. Gott bleibt von seinen Geschöpfen nicht unberührt. Sie vermögen einen signifikanten Einfluss auf ihn auszuüben, ihn zu »bewegen«.

als Natur? Über die naturalistische Entzauberung des Menschen, in: Ulrich Lüke / Hubert Meisinger / Georg Souvignier (Hrsg.), Der Mensch – nichts als Natur? Interdisziplinäre Annäherungen, Darmstadt 2007, 126–145, bes. 135.

23 Vgl. Hans Schaller, Wenn ich beten könnte, Mainz u. a. ³2002, 84f.

24 Zweites Vatikanisches Konzil (07. 12. 1965), Pastorale Konstitution über die Kirche in der Welt von heute »Gaudium et spes«, Nr. 17, zit. nach Karl Rahner / Herbert Vorgrimler, Kleines Konzilskompendium. Sämtliche Texte des Zweiten Vatikanischen Konzils, Freiburg im Breisgau/Basel/Wien ⁷1971, 463.

25 Vgl. Johannes B. Brantschen, Warum läßt der gute Gott uns leiden?, Freiburg im Breisgau/Basel/Wien 1999, 38. Ähnlich Gisbert Greshake, Warum lässt uns Gottes Liebe leiden?, Freiburg im Breisgau/Basel/Wien 2007, 71.

26 Vgl. Richard Rice, Biblical Support for a New Perspective, in: Clark H. Pinnock u. a., The Openness of God. A Biblical Challenge to the Traditional Understanding of God, Downers Grove/Carlisle 1994, 11–58, 18f.

Die Vorstellung einer solchen Offenheit Gottes, der von dem Verhalten seiner Geschöpfe affiziert wird und sich davon betreffen lässt, durchzieht nicht nur die biblische Botschaft wie ein roter Faden, sondern wird auch in jeder existenziell ernstmeinend gelebten Frömmigkeit, also auch und gerade bei der Praxis des Bittgebets, implizit wie selbstverständlich vorausgesetzt.[27] Die Botschaft des Bundes beispielsweise basiert auf der Annahme beiderseitiger Treue und gemeinsamer Verantwortung, und die Botschaft der Propheten rechnet mit einer Veränderbarkeit sowohl der Mitglieder der »Familie JHWHs« als auch der »Gemütszustände« und Absichten Gottes;[28] Jesus vermittelt JHWH als himmlischen Vater, der individuell auf seine »Kinder« reagiert (vgl. u. a. Mt 7,7–11) und sich durch beharrlich ihn »bestürmendes« Bitten »breitschlagen« lässt (vgl. Lk 18,1–8); nicht zuletzt ist unser Beten gerade von der Hoffnung darauf beseelt, dass es in Gott etwas auslöst, dass Gott sich auf unser Bitten hin zu bestimmten Entscheidungen und Handlungen veranlassen und zum Ergreifen bestimmter Maßnahmen anregen lässt, zu denen er ansonsten nicht bewogen worden wäre und deren Durchführung seitens Gottes ohne unser Beten ausgeblieben wäre.

Wenn unsere Gebete nichts in Gott bewirken würden, wären sie eine sinnlose Leerlaufhandlung. Die vom Immutabilitätsaxiom griechisch-hellenistischer Philosophie geprägten Denkelemente, die in das klassisch-theistisch konturierte Gottesbild des christlichen Glaubens importiert wurden,[29] vertragen sich mit dieser Vorstellung freilich nicht.[30] Da Gott

[27] Das Vorhandensein einer Intuition für die Unabdingbarkeit der Annahme einer Beeinflussbarkeit Gottes lässt sich sogar im offiziellen liturgischen Sensorium zumindest indirekt dingfest machen. Vgl. nämlich z. B. Erzabtei Beuron (Hrsg.), Der große Sonntags-Schott. Für die Lesejahre A–B–C (Originaltexte der deutschsprachigen Altarausgabe des Meßbuchs und des Lektionars, ergänzt mit den lateinischen Texten des Missale Romanum), Freiburg im Breisgau/Basel/Wien 1975, 1383: »Ob wir beten können, hängt davon ab, was für einen Gott wir haben und was für Menschen wir sind. Zu einem Gott, der nur die unbewegte, unbewegliche Ursache alles Geschehens ist, kann man nicht beten«.

[28] Vgl. u. a. Päpstliche Bibelkommission (11.05.2008), Bibel und Moral. Biblische Wurzeln des christlichen Handelns, hrsg. vom Sekretariat der Deutschen Bischofskonferenz, Bonn 2009, 31–65, bes. 35. Dorothea Sattler / Theodor Schneider, Gotteslehre, in: Theodor Schneider (Hrsg.), Handbuch der Dogmatik. Bd. 1, Düsseldorf ²1995, 51–119, 71 f. Richard Rice, Biblical Support for a New Perspective, in: Pinnock, Openness (s. Anm. 26), 50–53.

[29] Vgl. dazu Wilhelm Maas, Unveränderlichkeit Gottes. Zum Verhältnis von griechisch-philosophischer und christlicher Gotteslehre, München/Paderborn/Wien 1974, bes. 163.

[30] Vgl. Richard Heinzmann, Philosophie des Mittelalters, Stuttgart/Berlin/Köln ²1998, 20f.

aufgrund seiner für ihn essenziellen Liebe grundsätzlich im Modus der Respektierung und Förderung der Freiheit des Anderen und der lebensbejahenden Gnadenzuwendung agiert, lässt sich Gott auf die real-reziproke Relationsdynamik eines dialogischen und interaktiven Beziehungsgeschehens mit seinen geschöpflichen Partnern ein (*genuine give-and-take dynamic*).[31] Auf die Einflüsse seiner Partner geht Gott in flexibler Responsivität ein, passt seine Maßnahmen in je neuer Personen- und Situationsbezogenheit den einzelnen Entwicklungen an, um jede sich neu ergebende Herausforderung stets bestmöglich im Sinne der Verwirklichung seines Heilsplanes gestalten zu können.

Mitunter wird eingewandt, ein veränderlicher Gott sei nicht vollkommen und werde der anselmischen Maxime nicht gerecht. Bei genauerem Hinsehen zeigt sich allerdings, dass im Gegenteil die Fähigkeit, ein Endziel auch unter sich ändernden Bedingungen stets im Auge zu behalten und mit den jeweils personenbezogen passendsten und situationsspezifisch angemessensten »Updates« das Erreichen immer wieder neu darauf justierter und dem Endziel näherbringender Zwischenziele erarbeiten zu können, ein Wesen voraussetzt, das sich als unerschöpflich ressourcenvoll und souverän erweist und im Vergleich zu einem Gott, der seinen ewigen Ratschluss in nur einer unverrückbaren Version so und nicht anders »durchziehen« muss, wesentlich verehrungswürdiger anmutet: »If God is indeed the *greatest* conceivable being, why should we not conclude that God would have *more* possibilities open to him, would be *more* free, and would be *more* sensitive to change than we humans? The Platonic and classical Christian notion that God (and therefore God's knowledge) must be utterly unchanging contradicts this. Everything we read in Scripture and everything we observe in the world around us suggests that a God who is frozen in an eternity of perfectly certain facts is inferior to the God of the possible, who is capable of discovery, risk, novelty, and adventure«[32].

5 Resümee

Um das Terrain intelligibler Rede von Gott nicht zu verlassen, sollte nicht das Allmachtsprädikat gestrichen, sondern seine Definition verfeinert werden. Dass Gott über Macht verfügt, wird ja auch von den Prozesstheisten nicht in Frage gestellt; es gilt allerdings neu und klarer zu konturieren, welcher Art Gottes Macht ist und wie und wozu er sie ausübt und ob

[31] Vgl. u. a. Sanders, God Who Risks (s. Anm. 20), 71.
[32] Boyd, God of the Possible (s. Anm. 18), 131.

dabei tatsächlich in jedem Fall ein Handeln ausgeschlossen sein muss, das als Gebetserhörung qualifizierbar ist.[33]

Macht man Ernst damit, das Gott-Mensch-Verhältnis als *Kooperation* aufzufassen, dann reduzieren sich die kognitiven, emotionalen und konativen Dissonanzen erheblich, die den theistischen Glauben aus den eingangs erwähnten Gründen belasten können. Wenn zwei freie Partner gemeinsam an der Realisierung eines Projektes zusammenarbeiten, dann ergibt sich eine Dynamik des Risikos. Der genaue Ausgang des Projektes kann nicht im Vorhinein als sicher gelten, zumal während des Prozesses der Projektrealisation immer wieder Unwägbarkeiten auftauchen können, durch die sich jeweils neue Herausforderungen ergeben, die ihrerseits zu bewältigen sind. Open-View-Theisten vermögen in ihrem Denken die hohe Komplexität der Wirklichkeit zu würdigen, die in der multikonditionalen Verwobenheit alles Existierenden begründet ist (Welleneffekte, Rückkoppelungen etc.). Damit wird erklärlich, warum manches im Verlauf des projektpartnerschaftlichen Interagierens zwischen Gott und Mensch durchaus »schieflaufen« kann und Gott manche Gebete buchstäblich beim besten Willen nicht erhören kann. Insofern bedeutet es keine Garantie für Erfolg, sich Gott als Projektpartner auszuwählen. Gleichwohl hat es die größte Wahrscheinlichkeit auf gutes Gelingen, denn (1) weil Gott über die optimale Datenversorgung verfügt, haben seine Prognosen eine unüberbietbare »Trefferquote« und (2) aufgrund seiner maximalen Macht tun sich ihm Möglichkeiten des Handelns auf, wo menschlicher Ideenreichtum versiegt und wo Ausdauer und Gestaltungsspielraum des Menschen erschöpft sind.

Die von einigen Kritikern prozesstheistischer und open-view-theistischer Ansätze offenbar empfundene Angst, das Wirklichkeitsgeschehen könne völlig aus dem Ruder laufen, wenn Gottes Allmacht derart stark re-

33 Vgl. dazu auch Richard Rice, Process Theism and the Open View of God. The Crucial Difference, in: John B. Cobb / Clark H. Pinnock (Hrsg.), Searching for an Adequate God. A Dialogue between Process and Free Will Theists, Grand Rapids / Cambridge 2000, 163–200, 185: Aus der Sicht der Open-View-Theisten »love requires a degree of divine independence that process thought denies«. A. a. O., 187: »For open theists, the process critique of classical omnipotence goes too far«. Einen in die Richtung open-view-theistischen Denkens tendierenden Kompromiss formuliert Greshake, Gottes Liebe (s. Anm. 25), 54: Da Gott die Freiheit der Menschen konsequent respektiert, »kann wirkliche Liebe zwischen ihm und uns Geschöpfen sein, eine Liebe, die nicht erzwingt, vergewaltigt, zuschlägt, manipuliert, sondern eine allmächtige Liebe, die *auf die Weise der Liebe*, nämlich durch Werben, Locken, Betteln und geduldiges Warten die Freiheit des andern zu gewinnen sucht. Und weil es die Liebe des allmächtigen Gottes ist, darf ihr zugetraut werden, dass sie Weisen des Werbens kennt, die – so dürfen wir hoffen – schließlich und endlich bei jedem – unter Berücksichtigung seiner Freiheit – zum Ziel führen«.

lativiert ist, basiert auf mangelndem Zutrauen in die kreative und konstruktive Kraft der lebensbejahenden Liebesfülle eines Gottes, der, auch und gerade wenn er temporalistisch – als anfang- und endlos unvergänglicher und damit aller Zeit mächtiger Gott – gedacht wird, sich als unerschöpflich ressourcenvolle Quelle Leben und Heil spendender Kommunikation und Interaktion erweist: »We can trust God to take risks; he is able to handle them«[34].

All dies erlaubt, das Sich-Einlassen auf die Dynamik der vertrauensvollen Kooperationsverbundenheit mit Gott, die im Gebet aktuiert wird, als lohnendes Wagnis zu konzeptualisieren.[35] Jedes Bittgebet ist einen Versuch wert. Und als Teil eines intrinsisch unvergleichlich wertvollen Beziehungsgeschehens ist es auch bei seiner etwaigen Nicht-Erhörung kein sinnloses Unterfangen.

34 William Hasker, Providence, Evil and the Openness of God, London / New York 2004, 225.

35 Vgl. dazu auch Denis Schmelter, Gottes Handeln und die Risikologik der Liebe. Zur rationalen Vertretbarkeit des Glaubens an Bittgebetserhörungen, Marburg 2012.

Doxologie

Anerkennung Gottes in der Differenz

Ottmar Fuchs

Abstract

Der Lobpreis Gottes gibt Gott die Ehre. Es ist das Gebet gegen die Vergöttlichung menschlicher Belange und gegen die Hoffnungslosigkeit solcher Vergötzungen. Gott wird als Gott anerkannt, über Dank, Bitte und Klage hinaus. Die Doxologie preist Gott als den allmächtigen und guten Gott und öffnet so den Raum allen Betens. Auch die Klage hätte ohne diesen Glauben keinen Adressaten. Solcher Lobpreis lässt Gott aus noch so widersprüchlichen Gegebenheiten heraus größer sein als das eigene Glück oder Unglück. Es gilt, mit heutigen Denk- und Erfahrungsmöglichkeiten diesen spirituellen Sprechakt zu vertiefen: in der Ahnung seiner absoluten Unerschöpflichkeit, in der Anbetung unendlicher Liebe, in der kontrafaktischen Präsenz seiner Wirklichkeit im Sakrament. Die Doxologie bringt den unendlichen Horizont der coincidentia oppositorum, des »unmöglichen« Zusammenfalls aller Gegensätze in Gott in den Blick. Eine solche Anerkennung Gottes aus der Differenz heraus hat nicht nur ökumenische, sondern auch religionsverbindende und religionskritische Bedeutung.

In der Bibel begegnen vier Sprechhandlungen des Betens: da ist das Bittgebet, in dem die Gläubigen darauf vertrauen, dass sich Gott um ihre Sorgen sorgt, da ist das Dankgebet, in dem sich das Leben umso mehr vertieft, als es in vielen Widerfahrnissen als Geschenk erlebt und Gott verdankt werden darf. Während es bei diesen Gebetsgängen vor allem um *etwas* geht, was Menschen erbeten oder wofür sie danken, konzentrieren sich die anderen beiden Weisen des Betens vor allem auf die Beziehung zu Gott selbst. So ist die Klage die Eröffnung eines »Konfliktgespräches«[1] und

[1] So der Titel bei Bernd Janowski, Konfliktgespräche mit Gott. Eine Anthropologie der Psalmen, Neukirchen-Vluyn 2002; zum Begriff des Konfliktgesprächs in diesem

der Durchgang durch eine Beziehungskrise mit Gott, und so ist das Lobgebet eine Vertiefung der Gottesbeziehung, indem Gott um seiner selbst willen (und nicht zuerst, weil man etwas davon »hat«) gepriesen wird. Die Klage und Anklage, wie sie vor allem im Psalm 22 begegnen, dessen Beginn Jesus am Kreuze betet, benennen die Dunkelheit Gottes, seine Verborgenheit, seine Unerhörtheit in einer Situation, wo er doch hören müsste.

1 Die Doxologie als Lobpreis Gottes

Das ist das Ärgernis, dass Gott nicht eingreift, dass Gott das Böse nicht zum Guten wendet, dass Gott die Gefährdeten und Sterbenden nicht rettet? Und doch, schon sprachlich ist in der »Verborgenheit« Gottes immerhin noch Gott beim Namen genannt, in einer eigenartigen »negativen Theologie«, oder besser negativen Dialektik im Sinne von Herbert Marcuse und Theodor W. Adorno, insofern mit Gutem und Bösem bzw. Übel zwei Wirklichkeiten genannt werden, die nicht zusammenzubringen sind, wofür es nie eine Synthese gibt. Gott ist keine »Synthese«, sondern der unsynthetische Zusammensturz der Differenzen mit dem unwahrscheinlichsten »Ergebnis« ihrer schier ewig schmerzenden »Versöhnung«. Wäre dies nicht der Fall, müsste es eine Hölle außerhalb Gottes geben und die Universalität Gottes und damit Gott selbst wären dahin. Der Gottesbezug hält die Differenzen ebenso aufrecht wie, so »unendlich« ihre Differenz ist, noch unendlicher zusammen: den Gegensatz zwischen Macht und Ohnmacht, zwischen Leben und Tod, zwischen Leiderfahrung und Leidzufügung. Dieses Nichtvergessen von beidem ist bereits ein Akt der Liebe, ein Signal dafür, dass sich alles zum Leben, zum Guten, zur Versöhnung wendet. Denn eine böse Macht hätte an solcher Erinnerung kein Interesse.

In den Klagegebeten Israels wird niemals die eine oder andere Seite verabschiedet, obwohl die dazwischenliegende Spannung oft bis zum Zerreißen unerträglich ist. In der Erfahrung schlimmster Negativität wird der Schrei nach, und in der Anklage auch gegen Gott nicht aufgegeben. Doch das ist noch nicht genug. Die angesprochene Spannung wird durch ein ganz bestimmtes Gebet bis zum Äußersten getrieben und darin bis ins Unendliche hinein ge- und zugleich entspannt: Es ist das Gebet des Lobpreises Gottes, der Doxologie. Wie ist das zu verstehen, wenn man es überhaupt verstehen kann?

Zusammenhang vgl. Ottmar Fuchs, Die Klage als Gebet. Eine theologische Besinnung am Beispiel des Psalms 22, München 1982, 331.

Auf den ersten Blick scheinen Klage und Lob sich wie Feuer und Wasser zueinander zu verhalten. Schaut man aber genauer hin, dann verhält sich das Lobgebet nicht genauso wie das Dankgebet zur Klage: Denn das Dankgebet könnte in der Not kaum gesprochen werden. Beim Lobgebet kann dies aber der Fall sein. So verwundert der dritte Teil von Psalm 22 (V. 23–32). Denn dort wird Gott gelobt und die ganze Welt wird dazu aufgerufen Gott zu loben. Dabei hat sich die klagenswerte Situation des betenden Menschen nicht verändert.[2] Im Durchgang durch die Klage hat sich aber seine Gottesbeziehung verändert, von der Anklage zum Lobpreis. Wie ist denn das möglich?! Es ist dies wohl das Ver-rückteste, was uns hier im biblischen Beten begegnet. Denn bisherige Zuschreibungen werden buchstäblich verrückt: Wollte man das Lobgebet der Wohlergehenssituation zuschreiben, dann wird diese Ordnung der spirituellen Sprechhandlungen gründlich durchbrochen. Die Doxologie ist nicht nur mit dem Dankgebet verheiratet, sondern sie ist auch liiert mit der Klage!

Aus dieser Perspektive ist das Dankgebet für sich allein noch gewissermaßen gebrauchsorientiert, indem Gott im Dank mit dem identifiziert wird, was man von ihm erhalten hat. Darüber hinaus hat der Lobpreis entgrenzende Wirkung, indem Gott weit über das Geschenkte hinaus gepriesen wird, nicht weil man etwas bekommen hat, sondern weil Gott Gott ist, das unendliche und unverfügbare Geheimnis der Menschen und aller Welten.

Bei Ijob begegnet uns der angesprochene Zusammenhang in hymnischer Präzision:

> Nackt kam ich hervor aus dem Schoß meiner Mutter,
> nackt kehre ich dahin zurück.
> Der Herr hat gegeben, der Herr hat genommen -
> Gelobt sei der Name des Herrn! (Ijob 1,21)

Aus dem Elend heraus bringt Ijob es fertig (oder besser: es wird ihm die Gnade geschenkt), den Blick von sich selbst weg auf den großen Schöpfergott zu lenken, auf den Gott, der die Macht zu allem hat, der über allem steht und der größer ist als alles, auch als das Elend des Ijob. Artur Weiser hat in seinem Kommentar zum Ijobbuch vor mehr als einem halben Jahrhundert dazu geschrieben: »Der Gott, an dem Ijob zerbricht, ist ihm der letzte Halt, zu dem er betend die Hände erhebt und mit den Worten des

2 Zur Wende von Klage zum Lobpreis im Ps 22, Vers 22b, obgleich die Not noch nicht gewendet ist, vgl. Janowski, Konfliktgespräche (s. Anm. 1), 75–84.

liturgisch-hymnischen Segensspruchs ›Der Name Jahwes sei gesegnet‹ gleichsam den Segen in die Hand Gottes zurücklegt, die ihn von ihm genommen hat.‹«[3]

Ijobs Wort ist keine Vergleichgültigung und Banalisierung des Lebens, dass es eigentlich egal sei, was gegeben und was genommen sei. Auch geht es nicht darum, Gott als Willkürgott herauszustellen, dem es selber egal sei, wie er mit den Menschen umgehe. Gott soll nicht kleiner und hässlicher gemacht werden, sondern größer, größer auch als das eigene Elend, womit sich in Gott der Raum möglicher Rettung eröffnet. Die Doxologie leistet sich Gottvertrauen gegen den Augenschein.

Deswegen ist der Lobpreis Gottes, so merkwürdig das klingt, mit der Klage verschwistert. Denn der Glaube, dass Gott größer ist als das eigene Elend, ermöglicht erst die Klage Ijobs, wie sie wohl nirgendwo sonst in der Bibel schärfer ausgedrückt wird.

Ijob nimmt sich nicht wichtiger, nimmt auch seine eigene Not nicht wichtiger als Gott. Der Lobpreis Gottes gibt ihm die Möglichkeit, von Gott her auf sich zu schauen und sich darin aufzurichten. So paradox es klingt: Die Demut der Anbetung richtet auf, indem Gott noch zugetraut wird, dass er nicht im Elend des Menschen aufgeht, sondern mit seinem unendlichen Geheimnis unendlich mehr ist als was Menschen ermessen und erfahren. Obgleich Gott nicht heilsam handelt, wird seine gleichwohl geglaubte heilsame Handlungsmacht in Schöpfung und Geschichte gepriesen.[4]

Ijob macht seine Elendserfahrung nicht zum totalitären Maßstab für die Beurteilung Gottes. Er lässt Gott noch einmal größer sein als alles, was er erlebt. Es ist ein gottermächtigendes Gotteslob und erlöst den Menschen von Selbstvergöttlichung, sei es in seiner Macht, sei es in seiner Ohnmacht, indem er die Ohnmacht so »vergöttlicht«, als wäre ihr nicht die Macht und Allmacht Gottes gewachsen. Dabei geht es überhaupt nicht um eine Verkleinerung des Menschen, sondern um seine realistische Selbsterfahrung in diesem Leben zwischen Ohnmacht und Macht auf der einen und angesichts des allmächtigen Gottes auf der anderen Seite. Die Alternative wäre der Fluch gegen Gott, der zur totalen Verkleinerung des Menschen führt, weil er sich darin selbst alle Möglichkeiten des »Darüberhinaus« abschneidet und seinen eigenen endgültigen Tod betreibt. Die

3 Artur Weiser, Das Buch Ijob (Das Alte Testament Deutsch 13), 4/1963, 33.

4 Zu dieser Polarität von Macht und Gnade als Kern der Lobspiritualität der Psalmen vgl. Dorothee Steiof, Das Gotteslob der Psalmen im Spannungsfeld von Macht und Gnade, in: Rainer Bucher/Rainer Krockauer (Hrsg.), Macht und Gnade, Münster 2005, 88–102.

Frau des Ijob nennt diese Alternative beim Namen wenn sie in Ijob 2,9 rät: »Hältst Du noch fest an deiner Frömmigkeit? Fluche Gott, und stirb!« Was hier mit Fluchen gemeint ist, wäre die Verzweiflung, die totale Grundlosigkeit aller Hoffnung. Damit wird verhindert, dass die »Grundlosigkeit« in ganz anderer Weise zur Basis neuer Hoffnung wird.

2 Absolute Grundlosigkeit

Mit dem Stichwort der Grundlosigkeit möchte ich mit dem französischen Philosophen Quentin Meillassoux das Gespräch eröffnen. Meillassoux beginnt seine Überlegungen zum »spekulativen Realismus« im Buch »Nach der Endlichkeit« mit der Einsicht, dass die Naturwissenschaft, dass vor allem die Mathematik einen Kosmos zu beschreiben vermag, der menschenleer ist, mit dem keine menschliche Erfahrung zu korrelieren ist.[5] Es gibt also eine denkbare Wirklichkeit außerhalb unserer Beziehungszusammenhänge. Meillassoux verfolgt das Anliegen, die Beobachterunabhängigkeit, wie sie im mathematisch-naturwissenschaftlichen Bereich erfolgreich ist, auch im Bereich der Philosophie zu rekonstruieren und kommt so zu einem neuen, nämlich spekulativen Realismus, insofern auch das für real angesehen wird, was außerhalb menschlicher Korrelationen gedacht werden kann.[6] Damit lässt er auch im philosophischen Bereich die Frage nach dem Absoluten zu: als die Frage nach jenem Denkbaren, das außerhalb der Kant'schen Erkenntnistheorie, das heißt außerhalb der Korrelation mit unserer Wahrnehmung gedacht werden kann. Dies läuft darauf hinaus, »dass wir begreifen müssen, wie das Denken zum Absoluten gelangen kann: zu einem Sein, das so sehr ungebunden (Grundbedeutung von absolutus), so sehr getrennt vom Denken ist, dass es sich uns als nicht-relativ zu uns zeigt – fähig zu existieren, ob wir existieren oder nicht.«[7]

Wer hier allerdings eine religiöse Öffnung erwartet, sieht sich enttäuscht: Meillassoux versteht seine Spekulation nämlich weder metaphysisch noch absolutistisch.[8] Denn er unterscheidet scharf zwischen dem Absoluten und dem Metaphysischen. Während Metaphysik einen letzten Grund sucht, der verhindert, dass alles im Abgrund versinkt, vertritt er die »Abwesenheit eines höchsten Gesetzes, das fähig wäre, was auch im-

5 Quentin Meillassoux, Nach der Endlichkeit, Zürich Berlin 2008, 23, 45. Den Hinweis auf Meillassoux verdanke ich Michael Schüßler.

6 Vgl. Meillassoux, Endlichkeit (s. Anm. 5), 17, 165 ff.

7 A. a. O., 47.

8 Vgl. a. a. O., 54.

mer vor seinem Untergang zu bewahren.«[9] Das Absolute basiert »also auf der letzten Notwendigkeit, nicht notwendig zu sein.«[10]

Damit dringt die Philosophie mit ihrem Denken in den meist religiös besetzten Bereich des Unverfügbaren ein und rekonstruiert ihn areligiös. »Nicht mehr über Fragen lachen oder sie belächeln: ›Woher kommen wir?‹, ›Warum existieren wir?‹, sondern über die bemerkenswerte Tatsache brüten, dass die Antwort ›Aus nichts‹, ›Wegen nichts‹ tatsächlich Antworten sind ... Es gibt keine Mysterien mehr ... weil es keinen Grund mehr gibt«.[11] So präsentiert Meillassoux »eine neue Ontologie, indem die Unvorhersehbarkeit zum einzigen wird, mit dem man noch wirklich rechnen kann.«[12]

Dieser ontologische Satz vom Absoluten als dem Grundlosen alles Seienden gibt diesem Absoluten gleichwohl Anteil an bisherigen Qualifikationen Gottes und überträgt die in den Religionen göttlich gedachte Allmacht, Unbegreiflichkeit, Unvorhersehbarkeit und Unabhängigkeit[13] auf diese Grundlosigkeit: »eine Allmacht, die aber ohne Norm ist, blind, der anderen göttlichen Vollkommenheiten beraubt und autonom geworden. Eine Macht ohne Güte, ohne Weisheit, unfähig, dem Denken die Wahrhaftigkeit seiner klaren Ideen zu garantieren.«[14] Dieses Absolute ist, wie Meillassoux selbst sagt, ein Desaster und für alle, die sich mehr erhofften, eine Enttäuschung und Ernüchterung.[15] Es ist ein Absolutes, das keine Intentionen hat, weder der Güte und der Rettung noch des Hasses und der Vernichtung, wobei es sich de facto als permanenter Untergang auswirkt.

Damit dekonstruiert Meillassoux Philosophien wie die von Jacques Derrida und Emmanuel Lévinas als metaphysische religionsähnliche Diskurse, weil sie einen notwendigen Grund außerhalb des Seins andenken. Sein Denken geht dabei so weit, dass es den Glauben an die Kausalität aufgibt (auch gegenüber den Erfahrungen der Sinne und wie auch gegenüber religiöser Spekulation), und zu dem Ergebnis kommt, dass die »Abwesenheit des Grundes die *letztmögliche* Beschaffenheit des Seienden *ist* und *nur* sein kann.«[16]

9 A. a. O., 79.
10 Michael Schüßler, Spekulativer Realismus nach Quentin Meillassoux, Manuskript Tübingen 2014, 9, erscheint in: Theologische Quartalschrift 195 (2015) 4.
11 Meilassoux, Endlichkeit (s. Anm. 5), 148.
12 Schüßler, Realismus (s. Anm. 10), 9.
13 Vgl. a. a. O., 9–10.
14 Meillassoux, Endlichkeit (s. Anm. 5), 92.
15 Vgl. a. a. O., 92, 101.
16 A. a. O., 78.

Manche Eigenschaften, die Meillassoux für die Grundlosigkeit des Seins findet, könnten auch für die Liebe beansprucht werden. Es gibt so etwas wie eine Verwechselbarkeit beider Grundlosigkeiten und ich habe das Gefühl, dass die Membrane zwischen beidem, zwischen dem Nichts und der Liebe, durchaus sehr dünn sein kann. An Grundlosigkeit stehen sie sich gegenseitig in nichts nach: das nihilistische Chaos und das Chaos der Liebe, einer Liebe, die in ihrem Herzen aus unberechenbarer Freiheit heraus aufbricht, weil sie betroffenenunabhängig die Betroffenen trifft. Der Pfeil des Amor ist ein eindrückliches mythologisches Bild für dieses passive Getroffen- bzw. Verwundetwerden. Meillassoux würde entgegnen, dass bei aller Grundlosigkeit der Liebe doch ein intentionaler Grund vorhanden wäre. Doch gerade dies bestreitet Lévinas entschieden.[17]

Auch auf dieser Basis einer metaphysischen Aussage kann es eine Annäherung an das Nichts geben, das aber nicht als Katastrophe auferlegt ist, sondern als letztmöglicher Akt der Liebe, die sich von jedem Erwartungszugriff und Benutzbarkeitsdenken ablöst und sich selbst, im Sinne von Jacques Derrida, als reine Gabe[18] in die Unergründlichkeit des Absoluten hinein begreift und damit diesem Absoluten selbst eine analoge weil absolut unendliche Dimension der reinen Gabe zuschreibt. Es ist eine komplexe Dialektik, die zwar mit Kausalitäten beginnt, die sie aber im Horizont eines unendlich vertrauenswürdigen Gottes wieder auflöst, weil in diesem Vertrauen kein Zugriff mehr nötig ist.[19] Diese Abgabe von Gründen und Bedingungen an die Unendlichkeit des Absoluten, so dass man nichts mehr in der Hand hat, ist selbst ein Akt der Hingabe an ein »Nichts«, die als Liebe zu identifizieren wäre. Der spirituelle Akt, in dem das geschieht, ist die Doxologie.

17 Vgl. Emmanuel Lévinas, Totalität und Unendlichkeit. Versuch über die Exteriorität, Freiburg, München 1987, 383, 285–286; Ders., Humanismus des anderen Menschen, Hamburg 1989, 23ff; 29ff.

18 Vgl. Ottmar Fuchs, Gott(esglaube) als Gabe, In: Jahrbuch für Biblische Theologie, Bd. 27 (2012) Geben und Nehmen, Neukirchen-Vluyn 2013; 369–399; 371–375.

19 Vgl. Ottmar Fuchs, Was »bringt« Gott für das diesseitige und jenseitige Leben? Spirituelle und kirchliche Aspekte der ökonomischen Symbolisierung der Gottesbeziehung, in: Jahrbuch für Biblische Theologie (Gott und Geld), 21 (2006), Neukirchen-Vluyn 2007, 297–322; 304–309 (mit Bezug auf Karl Rahner).

In der Doxologie geht dem Glauben auf, dass Gott weder im Erbetenen noch im Verdankten noch im Erlittenen aufgeht. Diese spirituelle Einsicht spiegelt sich konzeptionell im Dogma des abgelehnten Patripassianismus[20] (nämlich dass Gott-Vater leidet): Dreifaltigkeitstheologisch ist es richtig zu sagen, dass Gott in der zweiten göttlichen Person, in Jesus Christus, das Leiden der Menschen geschichtlich erfahren hat und dass diese Offenbarung zugleich Auskunft darüber schenkt, dass der Geist des Auferstandenen in allen leidenden Menschen (auch in allen Menschen, die sich freuen) mitleidet und mitfühlt (vgl. Röm 8,26). Indem die Kirche sagt, dass Gott-Vater nicht in dieser Form mitleidet, hält sie daran fest, dass Gott insgesamt immer unendlich viel mehr ist als die Freuden und Leiden der Menschen und dass gerade dies unsere große Hoffnung ist.

Denn wäre Gott nicht darüber hinaus in unverfügbarer und unendlich geheimnisvoller Weise allmächtig, dann hätten wir keine Hoffnung über unsere begrenzte Freude, über das Elend und über den Tod hinaus. Genau dies, dass Gott immer größer ist als was Menschen sind und erfahren, wird in der Doxologie auf Gott selbst zu ausgedrückt. In der Anbetung »abstrahiert« der Mensch gewissermaßen von sich selbst und gewinnt sich aus dem Geheimnis Gottes heraus in einer neuen und durchaus konkreten Weise.

In der Doxologie ist kein Wenn-Dann-Spiel mit Gott mehr möglich, und es ist auch absolut unnötig. Denn wenn die biblische Spiritualität nicht ins Leere läuft, sondern wenn sie tatsächlich die inhaltliche Richtung dieses Geheimnisses offenbart, nämlich dass Gott im tiefsten Abgrund seines Geheimnisses zugleich die tiefste Liebe und Rettung ist, dann braucht es keine Zugriffe mehr. Zugriffe und Geschäfte gibt es immer nur in ressourcenbegrenzten Kontexten. Bei Gott, an Ressourcen unbegrenzt, aber gibt es keine Bedingungen. Genau diese Entgrenzung bringt die Doxologie in den Blick.[21] Die Doxologie setzt voraus, dass Gott retten *kann*, was selbstverständlich klingt, weil der Gottesbegriff per se Allmacht voraussetzt, und dass Gott retten *will*, was weniger selbstverständlich voraussetzt, dass Gott gut ist.

Im Lobpreis Gottes reicht die Eindeutigkeit des in der Bibel offenbarten Gottes in sein Geheimnis hinein, nämlich dass es nicht ein Geheimnis

20 Vgl. Ottmar Fuchs, Das Jüngste Gericht. Hoffnung auf Gerechtigkeit, Regensburg ²2009, 97ff.

21 Vgl. dazu das eindrucksvolle Buch von Mary Jo Leddy, Radical Gratitude, Orbis Book 2002.

des Bösen und zum Bösen ist, sondern ein Geheimnis unendlicher Versöhnung und Liebe. Die Rettung ist längst in Gott beschlossen, auch wenn ihre Erfüllung wartet, sie wird sich mit Sicherheit im Tode und in die neue Welt hinein ereignen.[22] Das unendliche Geheimnis Gottes, das in der Doxologie in seiner Allmacht gepriesen wird, ist keine Black-Box und damit bedeutungslos. Die Richtung dieses Geheimnisses ist in der religiösen Offenbarung geoffenbart (und das war notwendig, denn die Auskunft menschlicher Erfahrungen ist zwiespältig, und könnte, und tut es heutzutage auch vielfältig, eher in der Vermutung münden, das Gott selbst der Satan, der Zerstörer und der Böse sei): nämlich dass es ein Gott sei, der durch die schlimmsten Erfahrungen hindurch dann immer doch, und wenn auch erst »am Ende«, die Menschen rettet und ihnen unendliche Versöhnung und Liebe schenkt. Aber gerade die Unendlichkeit dieser Liebe im unfassbaren Geheimnis Gottes ist es, die einen nochmals eigenen theologischen Index präzisiert, nämlich die über die im eigenen Bereich geglaubte Gottespräsenz unerschöpflich hinausreichende Unbegrenztheit genau dieses Gottes. Es ist paradoxerweise nötig, einen »Begriff« von diesem »Darüber-Hinaus« zu entwickeln. Die Doxologie ist dessen Gebetsvollzug.

Darin werden die eigene Identität und Offenbarung auf den geheimnisvollen, verborgenen und unendlichen Gott bezogen, der unverfügbar mehr ist als alles, was geoffenbart ist. Letzteres ist wie eine Insel im Meer göttlicher Unendlichkeit, unverrechenbar, nur in der Doxologie zu preisen. Es geht um das erste Gebot: Ich bin der Herr dein Gott. Du sollst nirgendwo andere Götter neben mir haben, weder in Gesellschaft noch in Kirche, weder in deinen eigenen Erfahrungen noch in deinem eigenen Leiden. Nichts Diesseitiges ist Gott gegenüber zu vergöttlichen und ihm gegenüber absolut zu setzen. Er allein ist der Absolute (vgl. Gen 20,2–3).

Die Doxologie preist die biblische Offenbarung als die Spitze vom Eisberg, als die authentische Botschaft eines Gottes, der unendlich viel mehr in allen Welten und darüber hinaus ist, als was uns diesbezüglich gegeben ist. So paradox es klingt: im Lobpreis Gottes strecken wir uns auf die Nichtbenennbarkeit Gottes aus, auf seine radikale Transzendenz gegenüber Menschheit und Welt, wir feiern gewissermaßen die »Kategorie« seiner Nichtkategorialität. Damit wird das Eindeutigkeitsprofil der Offenbarung nicht aufgelöst, aber die Gläubigen werden daran erinnert und lassen sich in der Doxologie daran erinnern, dass man auch mit der Offenbarung Gott niemals »im Griff« haben kann, mit keinem Wenn-Dann, auch nicht in den subtilsten Formen intellektuell-theologischer Überlegungen und auch

[22] Vgl. Fuchs, Das Jüngste Gericht (s. Anm. 20), 110–165.

nicht in den subtilsten Formen der Spiritualität. Letztlich ist alles an ihn abzugeben, wie im Tod ohnehin alles abzugeben ist. Aus dieser Perspektive ist das Sterben in seiner radikalsten Erfahrung menschlicher Ohnmacht zugleich die schärfste Erfahrung doxologischer Hingabe.

Die Einstellung, in Bezug auf Gott kein zugriffiges Wissen haben zu können, wie sie die negative Theologie vor allem im Anschluss an Nicolaus Cusanus als »docta ignorantia«, als gelehrtes »Nichtwissen« herausstellt, wird in der Doxologie spirituell vollzogen, nämlich als gebetete »ignorantia«, als gebetetes Nichtwissen, dessen Negativität nichts Negatives im Sinne des Bösen oder Schädlichen ist, sondern auf ihrer Rückseite den Raum des unendlichen Gottes eröffnet, der allein über unsere Wirklichkeiten hinaus Hoffnung schenkt. Denn nicht nur das theologische Denken, sondern auch das Beten kann sich immer wieder in der Versuchung befinden, das in der Offenbarung geschenkte »positive« Glaubenswissen als positivistischen Zugriff auf das Geheimnis Gottes misszuverstehen.

4 Doxologie als Theodizeeverzicht

Will man daran festhalten, dass der allmächtige Gott zugleich ein guter Gott ist, dann muss es einen Grund, und zwar einen guten Grund für das Böse und das Leid geben. Aber kann es das geben? In der Theologie hat man diesen guten Grund in der Freiheit der Menschen gefunden. Es muss kräftige Alternativen geben, zwischen denen sich Menschen entscheiden können, damit sie frei sind. Allerdings steht diese Freiheit unter dem Zwang, richtig zu entscheiden. Denn wer sich gegen das Gute und damit gegen Gott entscheidet, fällt in die allerletzte Kombination von Bösem und Leid in die Hölle zurück. Für die Bösen also ist Gott der vernichtende, der katastrophale Gott. So bindet man den richtigen Gebrauch der Freiheit an einen ganz bestimmten Gehorsam, der die Freiheit reduziert. Mit der hintergründigen Drohung, dass die Ungehorsamen, also die Ungläubigen überhaupt, vom Heil Gottes nicht gestreift werden. Gott selber wird dabei dadurch entschuldigt, dass den Menschen alle Sündigkeit zugeschoben, wovon sie Erlösung benötigen. Und in der Tat zeigt sich Gott barmherzig denen gegenüber, die sich sündig bekennen und an seine Barmherzigkeit glauben. Aber nur für diese?

Ein Teil der Religionen reagiert auf diese Problematik derart, dass sie alle Schuld den Menschen zuschreibt: ein kollektiver negativer Narzissmus, der alles Negative auf sich bezieht, und alles Gute auf Gott und diejenigen, die ihm gehorchen. Die darin angelegte Spaltung wird über das Ende der Welt hinaus verlängert, nämlich in die endgültige Spaltung zwischen Himmel und Hölle. Dadurch wird Gottes angebliches Freiheitsprojekt mit der Vernichtung beziehungsweise mit dem ewigen Leid und der ewigen Bosheit eines je nach Religion größeren oder kleineren Teils der Menschheit verbunden.

Diese Sicht verschleiert das grundlegendere Problem: nämlich dass Gott selbst mit der Verursachung des Bösen und des Leidens zu tun hat. Biblisch wird dies in der Anklage Gottes und in der Reue Gottes thematisiert.[23] Gott wird diesbezüglich nicht in Schutz genommen. An dieser offenen Flanke verzichtet der Glaube auf die Verteidigung und Reinhaltung Gottes. Dieser Verzicht entdualisiert das Verhältnis zwischen Gott und Mensch, was Schuld und Verantwortung anbelangt, bei gleichzeitiger Beibehaltung der unendlichen mensch-göttlichen Differenz zwischen begrenzter menschlicher und unerschöpflicher göttlicher Verantwortungsmacht. Nur noch das Gottsein Gottes ist zu verteidigen, nämlich dass seine Verheißung alles umfasst und alles in allem sein wird. Gott gegenüber steht die Doxologie an, und wenn es jene anklagende Doxologie ist, die Gott auch noch einmal in der Anklage durch den leidenden und auch den schuldigen Menschen Gott sein lässt, ihn größer sein lässt als das eigene Elend und die eigene Schuld, und als solchen beansprucht und zur Verantwortung zieht. Die Bedingung der Klage und Anklage Gottes ist ja gerade, dass der Mensch noch an einen guten Gott glaubt, denn sonst könnte er ihn nicht in dieser Form, nämlich dass er die Not wenden möge, ins Gebet nehmen. Im Klagegebet kommt also die Beziehung zum allmächtigen Gott, der auch noch gut ist, und zum guten Gott, der auch noch allmächtig ist, in die Krise und wird darin ausgehalten. Dies ist möglich auf der Basis der *grundlosen* Anerkennung Gottes und damit der Doxologie.

Das Problem des religiösen Exklusivismus ist nicht monokausal, aber doch wesentlich darin verwurzelt, dass sich die Menschen einbilden, Gott verteidigen zu können und zu müssen. Die Ausgrenzung der Ungläubigen ist in der Ausgrenzung derer verankert, die Gott nicht gegen andere und ihre Vorwürfe verteidigen. Die Theodizee, die Rechtfertigung Gottes durch den Menschen, ist der siegerkategoriale Kern des Fundamentalismus. Nicht Theodizee, sondern die Doxologie rettet den religiösen Glauben. Denn die Theodizee verfängt Gott in Rechtfertigungsnetzen von Menschen, die haben wollen, dass Gott Recht hat, weil sie selber Recht haben wollen. Dahinter steht die Kategorie des Siegens. Die Doxologie verzichtet auf diesseitige Erklärungssiege, sie lässt Gott frei. Derart ist Gott ein Nicht-Begriff in der Hinsicht, dass auf ihn kein Zugriff möglich ist.

23 Vgl. Jan-Dirk Döhling, Der bewegliche Gott. Eine Untersuchung des Motivs der Reue in der Hebräischen Bibel, Freiburg i. Br. 2009.

Wo in einer Religion die inhaltliche Abgrenzung gegenüber anderen Religionen gerade darin liegt, dass das Heil gegenüber allen, auch den ganz anderen Menschen und Religionen im Sinne der Unendlichkeitsdimension der Gottesvorstellung (einschließlich seiner Prädikate) zu entgrenzen ist, ist das Leid und das Böse nicht nur mit den Menschen, sondern auch mit dem »guten« Gott selbst auszuhandeln. An der partiell und am Ende, im Tod, immer destruktiven Grundverfassung der Erde ist die Menschheit nicht schuld. Es ist verheerend, wenn diese Schuld nur Menschen und dann vor allem den »Ungläubigen« zugeschoben wird, damit Gott »sauber« bleiben kann. Mit immer wieder von solchem Glauben legitimierten destruktiven Folgen für die Nichtdazugehörigen, aber auch für die beengende Lebengestaltung der Gläubigen.

Für das, was Menschen erleiden, und auch für das Böse in der Welt muss Gott nicht entschuldigt oder verteidigt werden. Er ist dafür in Verantwortung zu ziehen. Wer Gott sauber halten will, wer ihn entschuldigen will, muss gnadenlos die Menschen beschuldigen, auch hinsichtlich dessen, woran sie gar nicht Schuld haben können, nämlich dass die meisten nicht die Möglichkeit hatten und haben, diesen Glauben zu erfahren. Von daher darf der Gedanke gewagt werden, dass Gott im Gekreuzigten für die Erfahrung seiner eigenen verborgenen und dunklen Seiten sühnt, in dem Sinn, dass Gott hier seine Reue bezüglich dessen zeigt, was Menschen in seiner Schöpfung auszuhalten haben.[24]

Es geht um die Spiritualität, über die Klage hinweg und durch sie hindurch Gott Gott sein zu lassen und damit um eine doxologieoffene Religion. Sie verweigert die Zustimmung und hofft auf eine Erlösung, die gleichwohl nur Gott geben kann. Die Doxologie tragt Ärger und Schmerz dorthin, wo sie herkommen: in einen Gott hinein, dem zugetraut wird, diese Unverzeihlichkeit bis auf ihren Grund wahrzunehmen und darüber hinaus und darin ein (in Christus) alles mitaushaltender und von daher unendlich guter Gott zu sein.

Nicht wenige Menschen erfahren die christliche Pastoral und Verkündigung als ihrem Leben gegenüber unterkomplex, nicht hinreichend, nicht wirklich die Differenzierungen und Paradoxien der Erfahrungen erreichend. Die Theologie darf nicht mit einer »Philosophie« verwechselt werden, die Gott als Garanten eines großen Lebenssinns einbringt. Von menschlich verwalteter philosophischer oder theologischer Singarantie kann nicht die Rede sein, vielmehr von einer Haltung, die Gott die Sinnzuschreibung verweigert und die Gott nicht aus der vielfältigen Komplexi-

24 Vgl. Ottmar Fuchs, Der zerrissene Gott. Das trinitarische Gottesbild in den Brüchen der Welt, Ostfildern ^{2}2014.

tät und Singularität menschlicher Erfahrungen und überhaupt des Universums entlässt. Dafür steht im Christentum das Inkarnationsdogma.

Gerade wenn es um Liebe geht, verordnet sie »Sinn« oder was immer man an solchen Allgemeinabstracta anführt, nicht über Ganzheitsvorstellungen, sondern begibt sich in die Zerissenheiten der Welt, zerstört ihre Singularitäten und Pluralitäten nicht und bearbeitet ihre Paradoxien anders, als wir es uns argumentativ ausmalen, jedenfalls nicht mit dem Verlust der Schärfe der Gegensätze und des Paradoxalen. Der »ganze« Gott kann nur in der Doxologie adressiert werden, weil darin das Ganze zugleich den Horizont ewiger Unabgeschlossenheit gewinnt. Es geht darum, Gott nicht simpler sein zu lassen, als die Komplexität des Lebens es ist. In einer solchen Theologie setzt manche herkömmliche Logik aus, muss sie aussetzen, weil sie sonst die oft tödlichen Paradoxien, die weder im Leben noch im Denken aufgehen, nicht benennen kann. Vor allem nicht durch eine explikative Zugriffigkeit, die erklären will und mit dem Erklärenwollen notgedrungen eine Vereinfachung und Trivialisierung Gottes betreibt (auch oft genug der menschlichen Erfahrungen).

Die »unmöglichen« Paradoxien öffnen für eine Doxologie Gottes, die auf jede schlüssige und gedanklich eingängige bzw. ansonsten leicht klär- und denkbare Zugriffigkeit über die Todesgrenze hinaus verzichtet, weil sie im »Ich preise Dich!« das Sagbare in den Horizont des Unsagbaren stellt. Das Paradoxale zerbricht die Magie der Vernunft, Gott in den eigenen Begriffen und ihren argumentativen Verbindungen in den Griff zu bekommen. Und Denken und Glauben können dann selbst zur Doxologie werden, indem sie überhaupt auf Überlegenheiten verzichten, auf Übersichtspositionen, mit der Fiktion, das Ganze überschauen zu bekommen. Die Doxologie hat erkenntniskitische Valenz, indem sie (mit Bonhoeffer gesprochen) angesichts des »Letzten« das Unsrige immer »Vorletztes« sein lässt.

5 Doxologische Basis der Religionen

In ihrem Glauben gehen die Religionen davon aus, dass »Gott größer ist als der Mensch«,[25] dass er gegenüber den Menschen ein unendliches Geheimnis ist, auf das die Menschen keinen Zugriff haben, weder magisch noch rational.[26] Auch in seinen Offenbarungen bleibt er dieses Geheimnis

25 Vgl. Karl Lehmann, »Gott ist größer als der Mensch« (Der Vorsitzende der Deutschen Bischofskonferenz Nr. 20), Bonn 1999.

26 Zur Geheimnistheologie Gottes vgl. Ottmar Fuchs, Die Pastoral im Horizont der

weit und unendlich über das hinaus, was in Tora, Bibel oder Koran geoffenbart wurde. Im christlichen IV. Laterankonzil wird dies so formuliert: »Denn zwischen dem Schöpfer und dem Geschöpf kann man keine so große Ähnlichkeit feststellen, dass zwischen ihnen keine noch größere Unähnlichkeit festzustellen wäre.«[27]

Auf das Geheimnis Gott beziehen sich die Religionen und damit darauf, dass er in dieser Transzendenz, in diesem Überstieg alles Menschlichen und alles Weltlichen tatsächlich Gott sein darf. Bedingung dafür ist, dass sich die Menschen und auch die Religionen nicht an Gottes Stelle setzen, sondern durch ihre Offenbarungen und Gottesdienste hindurch einen spezifischen Weg zu diesem Geheimnis eröffnen. Dabei können sie immer noch davon sprechen, dass sie jeweils anderen Religionen oder Konfessionen gegenüber ein »Mehr« an Wahrheit haben, aber sie können niemals anderen Menschen und Religionen absprechen, dass auch ihr Leben im Geheimnis Gottes wurzelt und dass dieser geheimnisvolle Gott zu ihnen eine vom eigenen Bereich her nicht einsehbare und kontrollierbare Beziehung hat. Denn vom Geheimnis Gottes her ist die Welt und sind alle Menschen geschaffen.

Der Gottesbezug wäre dann ein Mahnsymbol dafür, dass weder religiöse noch politische noch ideologische Mächte an die Stelle Gottes rücken und sich selber vergöttlichen, um anderen ihre Lebens- und Denkweisen aufzuzwingen. Es wäre eine Mahnung gegen »falsche Absolutsetzungen« von Macht und Herrschaft,[28] wenn nur Gott die Absolutheit gehört. Die Absolutheit bleibt in Gott dem Menschen entzogen und unverfügbar. Vom Geheimnis Gottes her strahlt somit aus dem doxologischen Herzen der Religion eine spezifische Macht- und Herrschaftskritik gegenüber Religion, Staat und Gesellschaft aus.

Die Doxologie löst sich zwar im Blick auf die Göttlichkeit Gottes von der menschlichen Praxis, hat aber gleichwohl »indirekt« praktische Konsequenzen bzw. Auswirkungen. Denn dies ist ein Horizont, der auch den Kampf um das gottes- und menschengerechte Profil unterläuft oder überragt und auch nochmals die, die gegen dieses Profil destruktive Gottes- und Menschenverhältnisse betreiben, diesem Geheimnis Gottes aussetzt und dabei dieses Geheimnis so weit und unendlich sieht, dass es auch undualistisch diejenigen, die von der Kategorialität, also von den Inhalten

»unverbrauchbaren Transzendenz Gottes« (Karl Rahner), in: Theologische Quartalsschrift 185 (2005) 4, 268–285.

27 Heinrich Denzinger/Peter Hünermann, Kompendium der Glaubensbekenntnisse und kirchlichen Lehrentscheidungen, Freiburg 1991, 361–362.

28 Vgl. Lehmann, Gott ist größer (s. Anm. 25), 8.

der Offenbarung her auszugrenzen und abzugrenzen wären, in einer eigenartigen, unzugänglichen Form umfasst. Es sind dies wir selbst als Sünder und Sünderinnen. Es sind dies aber auch die schlimmsten Täter und Täterinnen.[29]

Die Richtungsanzeige, die uns aus der Offenbarung diesbezüglich geschenkt ist, ist die nie abgeschlossene Bereitschaft Gottes zur Versöhnung und zur Rettung der Menschen. Diese in das Geheimnis Gottes hinein unendlich zu denken, erreicht und überschreitet dann jene Grenze, die, auch gegen den Augenschein, Gottes Geheimnis allen Menschen zu Grunde legt. Von entscheidender Bedeutung für unsere diesseitigen Geschichten und für die Geschichte ist dabei, dass kirchliche und christliche Existenz die doxologische Anbetung Gottes im Menschenbezug als entsprechende Praxis, nämlich als unbedingt solidarische und versöhnungsoffene Weite erfahrbar werden lässt.

Derart kann Gottes universales Geheimnis ein differenztragender Verbindungsbegriff aller Menschen, Völker und Religionen sein, unbeschadet des scharfen Eindeutigkeitsprofils zwischen Humanität und Inhumanität, was ja destruktive Religionsanteile ausschließt: Denn im unbegreiflichen Geheimnis der unendlichen Versöhnungsmacht Gottes sind auch die Täter, ohne ihre Schuld zu schmälern, sondern in der Wucht schärfster Anklage angesichts der Opfer, dieser dann unverhüllten Liebe Gottes ausgesetzt, mit der Hoffnung, dass sie sich darin zum eigenen Schmerz über den zugefügten Schmerz erlösen lassen. Die Religionen brauchen keine Hölle, um dem Schlimmsten gerecht zu werden.[30]

Dies führt zu einer Neubesinnung auf das Verhältnis von Geheimnis und Eindeutigkeit Gottes, von Universalität Gottes auf der einen und eigener Partialität und Analogizität auf der anderen Seite. So geht es nicht nur darum, die eigene Kategorialität mit den anderen auszutauschen, sondern einen Begriff davon zu haben, dass diese immer nur die Spitze vom »Eisberg« des unendlichen Gottes ist, zwar in ihrem Wahrheitsgehalt authentisch, aber in ihrer Reichweite niemals den geheimnisvollen unverfügbaren Gott umfassend. Die Inhalte des Glaubens sind wie Inselchen im Meer göttlicher Unendlichkeit. Letztere ist unverrechenbar, nur in der Doxologie zu preisen. In solcher Doxologie, die den über alle Offenbarungen hinausgehenden unbegreiflichen Gott anspricht, in diesem wichtigsten Gebet von Religionen überhaupt, wollen sie für das Gottsein Gottes eintreten, können die Gläubigen aller Religionen zusammen beten.

29 Vgl. Fuchs, Das Jüngste Gericht (s. Anm. 20), 137–153.

30 Vgl. Ottmar Fuchs, Ein »lieber Gott« – Verweichlichung oder Verschärfung des Gerichts?, in: Theologie der Gegenwart 56 (2013) 2, 119–132.

Nach der Pastoralkonstitution des 2. Vatikanums sind alle Menschen zum Volk Gottes berufen, in welchen Religionen sie sich auch immer befinden: Warum sollten sie dann nicht nur nebeneinander, sondern auch miteinander beten dürfen? Jedenfalls in die Richtung des unendlichen Geheimnisses Gottes, auf das sich die Religionen im je eigenen Bereich beziehen, wenn sie denn Gott über die geglaubte Gottesbenennbarkeit hinaus in unerschöpflicher Unbegrenztheit Gott sein lassen. Wenn die Religionen daran glauben, dass Gott »hinter« der eigenen Offenbarungssemantik der unendliche und ewig geheimnisvolle Gott ist, dann beziehen sie sich in dieser Geheimniswurzel auf den »selben« Gott. Die Mystik-Anteile der Religionen öffnen sich für die »Erfahrung« dieses Mysteriums.

Es gibt innerhalb der Spiritualität, im Lobpreis des unendlichen und geheimnisvollen Gottes, eine Dynamik, die die Symbolisierungen immer mehr verlässt und am Ende nur noch schweigend Gott anzubeten vermag, in seiner unendlichen Nichtbegrifflichkeit, in seinem ganz Anderssein. Dies ermöglicht ein unabschließbares Kommen und Gehen der vorläufig einholbaren und dann immer wieder neu fliehenden Benennbarkeit Gottes, bis zu der Erfahrung Gottes als reiner Gabe in seinem Angesicht am Ende der Zeiten. Zwar ist auch in der Religion die reine Gabe nicht möglich, immer ist Gabe, auch die letzte Hingabe mit einem, wenn auch leisesten, Wenn-dann in der Hoffnung darüber hinaus verbunden,[31] aber ein schrittweises »immer mehr« in die Unendlichkeit der Gabe hinein kann in der Religion begonnen werden, ohne dass die lebensdienlichen Vorstufen dazu missachtet werden müssten.

Je mehr die Religionen in ihren Gläubigen aus einer solchen offenen Gottesbeziehung heraus miteinander umgehen, desto mehr könnten sie ihre Religionen um ihre fundamentalistischen Ambivalenzen und destruktiven Anteile bringen. Vielmehr gilt: Da in allen Religionen über das Bestimmbare Gottes hinaus Gott Geheimnis bleibt, können auch gemeinsame Gottesdienste gefeiert werden, in den man sich diesem Geheimnis gegenüber öffnet und betet.

Auch hier bewahrheitet sich er alte kirchliche Grundsatz, dass die Lex orandi, die Weise des Betens, die Lex credendi, die Weise des Glaubens, und von daher auch die Lex practicandi, die Weise des Handelns, bestimmt. Wer Gott über das hinaus, was wir wissen, was wir erfahren, wofür wir ihn benötigen, geradezu kontrafaktisch auch noch in schlimmen Erfahrungen anbeten kann, wer also in dieser Weise doxologiefähig ist und darin den unendlich geheimnisvollen, unverfügbaren Gott anerkennt,

[31] Vgl. Jacques Derrida, Falschgeld. Zeit geben I, München 1993.

auch dann, wenn Gott weder für zwischenmenschliches Verhalten noch für eigenes Wohlergehen »brauchbar« ist, öffnet sich für ein universal unendliches Gottesverständnis, das man nicht im Griff haben muss und kann und das allen Menschen und Religionen zugrunde liegt. Dann kann mit Gläubigen aller Religionen zu Gott als dem Geheimnis der ganzen Welt gebetet werden.

Christentum, Judentum und Islam glauben von ihren Offenbarungen her, dass die inhaltliche Richtung dieses Geheimnisses göttliche und damit ewige und unbegrenzte Barmherzigkeit und Gerechtigkeit ist. Auch im Bereich der Bestimmbarkeit Gottes gibt es also bei aller Differenz zwischen den Religionen auch Überlappungen, wie die Anrede des barmherzigen Gottes, die sich die drei monotheistischen Religionen gemeinsam leisten können. So wären, z. B. in kirchlichen Wohlfahrtsverbänden und caritativen Einrichtungen, neue Rituale, auch mit neuen gemeinsamen Texten, zu erfinden, worin sich die Gläubigen unterschiedlicher Religionen wiederfinden können.[32]

So dass keine muslimische Eltern ihrem von einem christlichen Gottesdienst begeisterten Kind sagen müssen, dass es da nicht beten darf; und so dass es auch keine kirchliche Obrigkeit in einer christlichen Kirche gibt, die es den Gläubigen verbieten will, mit den Muslimen zu beten. Solches Beten ist absolut ungeeignet für gegenseitige »Missionierung«, weil es, je mehr es sich auf den unerschöpflichen Gott bezieht, absieht von sich selbst und den eigenen Absichten.

Entscheidend wird also sein, ob man sich in den Religionen und Konfessionen auf einen darüber hinausgehenden unendlichen Gottesbezug einigen kann, der auch die anderen Religionen und Konfessionen trägt, einschließlich der beidseitigen Differenzen und Schattenseiten, und von daher die Solidarität aller miteinander im Geheimnis Gottes grundlegt.

Deswegen ist es gut, wenn die Religionen *kreatürliche* Bescheidenheit lernen. Und damit die Solidarität mit denen, die nicht glauben können. Weil es als Beleg für das Geglaubte nur den diesseitigen Glauben gibt. Es ist ein verrückt schwacher Glaube.[33] Die vielen Bücher des Glaubens sind die kompensatorisch-gigantische Anstrengung des Glaubens und der Tradition, an das Unmögliche, nämlich an Gottes Treue in diesem Le-

32 Vgl. Ottmar Fuchs, Caritaseinrichtungen als Orte interreligiöser Praxis, in: Theologische Quartalschrift 189 (2009) 4, 262–272.

33 Vgl. Michel de Certeau, Mystische Fabel. 16. bis 17. Jahrhundert, Berlin 2010; Gianni Vattimo, Ideologie oder Ethik. Von Marx zum schwachen Denken, Lörrach 1988 (Information Philosophie, 16, 1988, Nr. 4); Peter Hardt / Klaus von Stosch (Hrsg.), Für eine schwache Vernunft?: Beiträge zu einer Theologie nach der Postmoderne, Ostfildern 2007.

ben und über den Tod hinaus glauben zu können. Aber das Vorzeichen von allem, was mit Religion zu tun hat, ist dieses schwache, unterlegene, für keine Herrschaften nutzbringende Hoffen. Auf diese Kraft ist jeder Glaube gebaut und damit nicht auf Sand, auch wenn es so ausschaut. Er ist gebaut auf dem in der Liebe wurzelnden Akt des Widerstands gegen den Tod. Noch unverzeihlicher als Gott wäre es, wenn es Gott nicht gäbe.

6 Feste feiern den ewigen Überhang

Der biblische Gott hat mit beidem zu tun, nämlich dass er mit dem Leid der Menschen zu tun hat, auch verursachend, und auch mit dem Bösen, auch verursachend.[34] Aber es gibt einen Überhang des guten Gottes, seiner Reue, Treue und der Barmherzigkeit. All das, was Menschen erleben müssen, ist nicht nur ein Riss, sondern bekommt selber noch mal einen Riss auf eine Offenheit hin, und wenn es auch nur das Amossche »vielleicht« (Am 8,2, vgl. auch Joel 2,14) ist: vielleicht gibt es doch eine Rettung. Für dieses Vielleicht steht die Pastoral. Für dieses Vielleicht steht der Gottesbegriff.

Die Antwort des Menschen auf diesen Überhang des guten Gottes ist das Gotteslob, die Doxologie. Sie reicht weit über das hinaus, was gegenwärtig von diesem Gott als vertrauenswürdig erfahren werden kann. Die Doxologie macht diesen Erfahrungsmangel nicht zum Maßstab Gottes selbst, sondern lässt Gott nochmals unendlich größer sein als unsere diesbezüglichen Möglichkeiten und Unmöglichkeiten, und zwar in die Dynamik seiner Güte, Solidarität und Erlösung hinein. Es geht darum, Gott nicht aus der Verantwortung zu entlassen, oder »reiner« und unschuldiger zu machen, als er ist (denn Gott bleibt der, der bei Ijob gegeben *und* genommen hat). Aber es gilt auch, jenseits jedes dualistischen Fatalismus, in der Doxologie für diesen Überhang zu stehen, für diesen Überhang an Treue, diesen Überhang an Gutem gegenüber dem Bösen, für diesen Überhang an Barmherzigkeit und Gerechtigkeit.

So bewegen wir uns, und lassen uns durchaus hoffnungsvoll bewegen in die Richtung einer Theologie des gescheiterten Gottes, der es nicht verhindert, mit seiner Schöpfung zu scheitern, und der sich auf dieses Scheitern einlässt. Dem Menschen bleibt: Gott zu behaften mit der Verursachung des Scheiterns, zu behaften mit seinem Mitgehen, zu behaften mit

34 Vgl. Fuchs, Der zerrissene Gott (s. Anm. 24), 45–80.

seinen Verheißungen auf Rettung und sich auf das Unwahrscheinliche Gottes hin auszustrecken.[35]

Was man nicht verstehen kann, kann man gleichwohl feiern. Das Fest ist das Moratorium des Alltags.[36] Denn Feste zu feiern, das ist menschlich und, wie Odo Marquard hinzufügt, nur menschlich. Ja, Feste-Feiern scheint spezifischer für den Menschen zu sein als Intelligenz, die man vielen Tieren ja nicht absprechen kann. Wolfgang Lipp hat zwischen Fest und Feiern unterschieden: beim Feiern handelt es sich um Veranstaltungen, »die bestimmte hervorgehobene Inhalte, die im Dasein von Bedeutung sind, vom Geburtstag bis zum Begräbnis, vom Betriebsjubiläum bis zum nationalen Ereignis dergestalt überhöhen, dass sie den Alltag, seine Teilbereiche und Einzelzwecke rückwirkend bestätigen.« Demgegenüber »stellen Feste Aktivitäten dar, die die Routinen hinter sich lassen, sie übersteigen und virtuell außer Kraft setzen.«[37] Man kann also etwas und alles feiern, Feste dagegen haben ihr abgrenzbares Eigenleben. Auch ich richte das Augenmerk auf Prozesse, »die die Ordnungen und Hierarchien, die Zwecke und Richtwerte des Daseins überspringen …«[38]

Es geht um das, was ich nicht selbst herstellen und rechtfertigen kann. Auch um das, was nicht einfach so offensichtlich scheint, ob etwas und was dahinter ist. Man könnte auch sagen: Menschen feiern ihren Mythos, ihre Mythologien, die Vorstellungen und Phantasien, von denen sie leben.[39] Marquard sieht den Kern des Festes darin, in verschiedenen Zusammenhängen des sich Verdankens und des Verdankens »Dank zu sagen für das, was gut und zugleich nicht selbstverständlich war; und schließlich dabei all überall Gott die Ehre zu geben oder – hilfsweise – seinen Surrogaten, auf die Menschen offenbar nicht verzichten können, sobald sie auf Gott verzichten wollen.«[40]

So kann säkularisierten Bereichen diese Fähigkeit nicht abgesprochen werden, weil sich seit der Aufklärung das Fest vom Heiligen abgelöst habe. Vielmehr gilt: wo immer Menschen eine Ahnung davon haben, dass sie sich mehr verdanken als dem, was sie selber geleistet haben, da gibt es

35 Vgl. a. a. O., 219–225.

36 Vgl. Odo Marquard, Moratorium des Alltags. Eine kleine Philosophie des Festes, in: Walter Haug/Rainer Warning (Hrsg.), Das Fest, München 1989, 684–691.

37 Wolfgang Lipp, Feste heute. Animation, Partizipation und Happening, in: Haug, Warning (Hrsg.), Das Fest (s. Anm. 36), 663–683; 664f.

38 A. a. O., 665.

39 Vgl. dazu Manfred Frank, Vom »Bühnenweihefestspiel« zum »Thingspiel«. Zur Wirkungsgeschichte der ›neuen Mythologie‹ bei Nietzsche, Wagner und Johst, in: Walter Haug/RainerWarning (Hrsg.), Das Fest (s. Anm. 36), 610–638, 611.

40 Marquard, Moratorium (s. Anm. 36), 684.

auch ein »Transzendieren«, nämlich einen das Eigene überschreitenden und auf einen anderen Menschen oder auf eine andere Wirklichkeit öffnenden Charakter eines Festes.[41]

Das Fest hat also etwas Transgressives, Überschreitendes, lässt ein Ereignis in einer Dankfeier größer sein als es ohne diese Feier wäre und ist derart ein Vollzug der Doxologie, nämlich eine andere Wirklichkeit größer sein zu lassen als sich selber. Dieses Transgressive kann sich auf die Form des Festes selber niederschlagen, als Ausschweifung, kann aber auch verbalisiert sein in Festreden, im Lob Anderer und in der Feier einer Hoffnung. Das eine wie das andere kann selbstverständlich auch zusammenkommen.

Auch wenn die Feste weitgehend unter dem »Vorzeichen der Profanierung stehen«,[42] ist das Fest und bleibt es dann doch die örtliche Zeit und der zeitliche Ort, wo etwas erfahren wird, was über unmittelbare Zwecke hinausgeht, was das Gefühl des Außergewöhnlichen steigert, was Ehrungen ermöglicht u. ä.[43] Einer Wirklichkeit, dem sie sich verdanken. Eine solche Dankbarkeit äußerte Joachim Fuchsberger, der nicht mehr an Gott und den Himmel glauben konnte, als er in einem Interview sagte: Dass das Publikum einem über Jahrzehnte die Treue hielt, ist eine Gnade!

Mögliche Ausdruckformen solcher Gnade, einschließlich der Transzendenz eingeschnappter Dualismen, sind auch die Poesie,[44] die Musik, die Unterhaltung, der Sport[45] und weitere soziale Symbolerfahrungen, wo destruktive Dualismen auf qualitativ neue Lebens- und Aktionsebenen gehoben werden und sich darin relativieren. Ein eindrückliches Beispiel ist Daniel Barenboims und Edward Saids Orchesterprojekt »West-Eastern Divan«, in dem israelische und palästinensische junge Menschen gemeinsam musizieren. Sie können heftig diskutieren, aber wenn einer das A anspielt, dann nehmen alle das A und justieren ihr Instrument. Im Bereich der Musik, der gemeinsamen Proben und der Aufführungen wird dabei von den Musizierenden und auch vom Publikum auf eine gewisse Zeit hin, nämlich so lange die Musik spielt, eine Verbindung erfahren, die in sich selbst alle

41 Vgl. Diskussionsbericht (Elke Kaiser / Bernhard Teuber), in: Haug/Warning (Hrsg.) Das Fest (s. Anm. 36), 299–304, 304.

42 Vgl. Lipp, Feste (s. Anm. 37), 670.

43 Vgl. a. a. O., 671.

44 Vgl. Ottmar Fuchs, Im Raum der Poesie. Theologie auf den Wegen der Literatur (Theologie und Literatur Band 23) Ostfildern 2011, 107 ff., 133–140.

45 Vgl. Dietrich Alexander, Eine junge Fußballerin trotzt dem Nahostkonflikt. Fußballspielerin Walaa Hussein ist eine Grenzgängerin: Die 24-Jährige spielt zugleich für die israelische Liga und das palästinensische Nationalteam. Die politischen Realitäten ignoriert sie, in: Die Welt vom 12. 7. 2013.

anderen als musikalischen Differenzen im Vollzug vergleichgültigt, in einer Musikerfahrung, die die kulturellen und religiösen Differenzen hintergeht, unterläuft und in dieser neuen und anderen Dimension eine neue Gemeinsamkeit erleben lässt. Doch dieser ästhetische Raum, der alle trägt, geht wieder zu Ende. Aber es wurde etwas erlebt, was dann doch in den Alltag hinein ausstrahlt und nicht leicht vergessen wird, was dann auch manche Einstellung zum Anderen um bisherige Erstreaktionen bringt und so neue Möglichkeiten eröffnet.

7 Rituelle Doxologie im Sakrament

In Elie Wiesels Prozess von Schamgorod[46] klagt die jüdische Gemeinde Gott an, sie verurteilt ihn angesichts der erfahrenen Not. Kaum ist das Urteil gesprochen, erhebt sich der Rabbi und ruft die Gemeinde zum wichtigsten Lobpreis Israels auf, zum Hauptgebet bei der Sabbatfeier:

»Ewiger, unser Gott! Großer, Allmächtiger, Hocherhabener! So haben Abraham, Isaak und Jakob dich erkannt, so haben alle unsere frommen Ahnen dich verehrt. Deine Gnade erhält das All ... In deiner unendlichen Macht o Herr gibst du den Gestorbenen neues Leben – nie versagt deine Hilfe...Wer ist wie du, Herr aller Kräfte! Wer gleicht dir, der du tötest und belebst und sprießen lässt das Heil! ... Gelobt seist du, o Gott, der Leben hervorgehen lässt aus dem Tode! Heilig bist du, Heiliger ist dein Name und heilige Scharen preisen dich für und für. Gepriesen seist du, o Gott, der du in Heiligkeit waltest!«[47]

Die Liturgie hat in solchen Zusammenhängen eine Stellvertretungsaufgabe, indem sie in der Sicherung des Rituals jene Wirklichkeit vergegenwärtigt, die auch »beobachtungsunabhängig« gilt und Wirklichkeit ist. »Es betet« gewissermaßen weiter, obwohl der Mensch aus seiner Situation heraus möglicherweise nicht mehr beten kann.[48] Derart macht das Ritual jene Stellvertretung erfahrbar, die christologisch ermöglicht ist, nämlich durch die Stellvertretung Christi selbst »für uns« (vgl. Röm 8,26).[49] Das

46 Vgl. Elie Wiesel, Der Prozess von Schamgorod, Freiburg i. Br. 1987.

47 Vgl. Isaak Noah Mannheimer, Festgebete der Israeliten, Tel Aviv 1978, 1 ff.

48 Vgl. Ansgar Franz, Klage als Ernstfall des Betens, in: Ulrich Willers (Hrsg.), Beten: Sprache des Glaubens. Seele des Gottesdienstes, Tübingen 2000, 435–475.

49 Es ist hier nicht der Raum, diesen Zusammenhang mit der Stellvertretungstheologie zu vertiefen, vgl. dazu J. Christine Janowski / Bernd Janowski / Hans P. Lichtenberger (Hrsg.), Stellvertretung. Theologische, philosophische und kulturelle Aspekte, Neukirchen-Vluyn 2006, 227–264; Ruth Fehling, »Jesus ist für unsere Sünden gestorben«. Eine praktisch-theologische Hermeneutik, Stuttgart 2010.

Ritual realisiert die Doxologie gegen den Augenschein auch dann noch, wenn sie in der »direkten« Kommunikation mit Gott nicht oder noch nicht gelebt werden kann. Im Ritual ist die Gnade noch vor der Erfahrung präsent, auch unabhängig zu ihr, um in dieser Vorgegebenheit gerade als solche erfahren werden zu können.

Es geht heute vielen, vor allem auch älter werdenden Menschen ähnlich, wie der »Nachkriegsdichter« Reinhold Scheider es hinsichtlich seines Hinausgleitens aus dem Glaubensbereich formuliert hat: »Ich fühle mich aus dieser Wirklichkeit, diesem Wahrheitsbereich gleiten, ohne Einwand, immer in Verehrung und Dankbarkeit, ohne jegliche Rebellion, aber eben doch für mich, gezogen von meinem Daseinsgewicht, mit geschlossenen Augen, verschlossenem Mund.«[50] Walter Abendroth formuliert dies so: »Die Unruhe bleibt den Gläubigen, und der Zweifel ist vielleicht sein stärkster Ansporn zum Gebet. Dies war von je die religiöse Haltung der großen Ketzer wie der großen Heiligen.«[51]

In seinem Buch »Winter in Wien« formuliert Reinhold Schneider: »Fest überzeugt von der göttlichen Stiftung und ihrer bis zum Ende der Geschichte währenden Dauer, ziehe ich mich doch lieber in die Krypta zurück; ich höre den fernen Gesang. Ich weiß, dass er auferstanden ist; aber meine Lebenskraft ist so sehr gesunken, dass sie über das Grab nicht hinauszugreifen, sich über den Tod hinweg nicht zu sehnen und zu fürchten vermag. Ich kann mir einen Gott nicht denken, der so unbarmherzig wäre, einen todmüden Schläfer unter seinen Füßen, einen Kranken, der endlich eingeschlafen ist, aufzuwecken. Kein Arzt, keine Pflegerin würde das tun, wie viel weniger Er!«[52]

Reinhold Schneider durchbricht hier jene gängige Zuordnung, dass fromme Menschen an die Auferstehung glauben und ungläubige Menschen dies nicht tun. Vielmehr weiß er sich gerade mit seinem Zweifel und mit dieser Todmüdigkeit selbst im Raum des Gebets und der Kirche. So schreibt er: »Aber erst Papst Gregor an der Kanzel des Stephansdoms, der die Hostie zweifelnd in den Händen hält, und Hieronymus, der tote Kardinal, treffen mich ins Herz. Sie sind beherbergt im heiligen Raum. Es müssen Tod und Zweifel *in* der Kirche sein. *Vor* ihren Mauern bedeuten sie wenig, sind sie überall, aber hier! Welche Konzeption der Kirche, die

50 Reinhold Schneider, Winter in Wien. Aus meinen Notizbüchern 1957/58, Freiburg i.B. 14/1984, 113.

51 Walter Abendroth, Abschnitt von Reinhold Schneider. Nicht die Gefahr, sondern das deutsche Schicksal ängstigte ihn, in: Die Zeit 1958, 16 , URL: www.zeit.de/1958/16/abschied-von-reinhold-schneider, 1, (Stand: 17.07.2015).

52 Schneider, Winter in Wien (s. Anm. 50), 79.

Raum für solche Schmerzen, solche Haltungen hat!«[53] Und so schreibt er in »Das Schweigen der unendlichen Räume«: »Und es ist besser, zu sterben mit einer brennenden Frage auf dem Herzen, als mit einem nicht mehr ganz ehrlichen Glauben: besser in der Agonie als in der Narkose.«[54]

Für Schneider kann sich das Gebet jenseits des Glaubens ereignen: »Es geht nicht mehr um den Glauben, nur ums Gebet, um das Wort ›ohne Unterlass‹. Mit ihm würde das Seil zerreißen, das gerade noch trägt.«[55] Und so schreibt er: »Beten über den Glauben hinaus, gegen den Glauben, gegen den Unglauben, gegen sich selbst, einen jeden Tag den verstohlenen Gang des schlechten Gewissens zur Kirche – wider sich selbst und wider eigenen Wissens –: solange dieses Muss empfunden wird, ist Gnade da: es gibt einen Unglauben, der in der Gnadenordnung steht. Es ist der Eingang in Jesu Christi kosmische und geschichtliche Verlassenheit, vielleicht sogar ein Anteil an ihr; der Ort vor dem Unüberwindlichen in der unüberwindlichen Nacht. Ist diese Erfahrung aus der Verzweiflung an Kosmos und Geschichte, die Verzweiflung vor dem Kreuz, das Christentum heute?«[56]

Damit lässt uns Schneider eine ganz bestimmte Lebenshermeneutik Gottes erahnen: nämlich nicht nur jene *kontinuierliche Hermeneutik*, die vom Glauben an die Schöpfungsmacht Gottes und von entsprechenden Erfahrungen hineinreicht in die Hoffnung über den Tod hinaus, sondern nun jene demgegenüber *kontrafaktische Hermeneutik*, worin das Eigene gegenüber dieser Hoffnung so eigenwirklich geworden ist, dass der Glaube nicht mehr geglaubt werden muss, um wirklich zu sein.

Kontrafaktisch zu seinem Glauben betet Schneider, kontrafaktisch zu seiner Depression und Verzweiflung bleibt er Kirchgänger. Das Ritual rettet die darin symbolisierte Wirklichkeit auch gegen die diesbezügliche Erfahrungslosigkeit und Erfahrungsmüdigkeit des Menschen. So kann Schneider schreiben: »Nicht mit unserm Glauben ergreifen wir das Sakrament, das Sakrament ist vielmehr so stark, dass es unsern Glauben immer aufs neue schafft. Vielleicht bedürfen wir nicht einmal der Überlieferung vom Leben des Herrn und seiner heiligen Worte; wir wissen: *ER ist da*; ER ist in

53 A. a. O., 113f.

54 In: Reinhold Schneider, Pfeiler im Strom, Wiesbaden 1958, 242.

55 Reinhold Schneider, Verhüllter Tag, Köln 1954, 229. Vgl. dazu auch Bruno Stephan Scherer, Weil ER lebt. Reinhold Schneiders religiöser Weg, in: Geist und Leben (1978) 51, 347–363, 357.

56 Schneider, Winter in Wien (s. Anm. 50), 261. Vgl. auch Markus Roentgen, Spiritualität im Gespräch im Dom-Forum Köln am 27. Oktober 2009: Reinhold Schneider – Der Mensch auf der Schwelle oder absteigen »hinunter in die Krypta des Glaubens«, Manuskript Köln 2009, 7ff.

dieser Welt und bleibt in ihr, und seine ganze heilige Macht will mit dem Sakrament in unser Leben treten.«[57]

Es ist sicher gut, möglichst viele Plausibilisierungswege zur Hoffnung über den Tod hinaus zu suchen und zu finden, doch die Erfahrung des Sterbens, auch des Sterbens aller Hoffnung, ist möglicherweise auf eine ganz andere Hermeneutik angewiesen, nämlich auf das, was Paulus die Hoffnung wider alle Hoffnung nennt (vgl. Röm 8,24). Es ist dies kein »Credo quia absurdum«, sondern ein Nichtcredo, das den eigenen Nichtglauben nicht zum Maßstab dessen macht, was von Gott her »gegeben« ist, auch was von ihm an Hoffnungsspur über den Tod hinaus gegeben ist. Denn es kann durchaus sein, dass mit dem Schwächerwerden des Körpers und dem Schwächerwerden der psychischen und geistigen Kräfte auch ein Schwächerwerden der Hoffnung einhergeht bis hin zum Tod der Hoffnung im Sterben selbst. So dass sich der radikale Bruch des Todes auch im radikalen Bruch einer Lebens- und Denkmöglichkeit über den Tod hinaus spiegelt. »Es ist noch keiner zurückgekommen!«, sagt der Volksmund. Neues Leben ist gar nicht anders zu denken als durch eine göttliche Handlung, die diesen totalen Ab-Bruch überbrückt. Im Gebet und im Sakrament das von dieser sterbenden Hoffnung unabhängige Zeichen bleibender Hoffnung zu erfahren, zu sehen, kann ein Trost eigener Art in dieser Phase sein.

In dieser »kontrafaktischen Performativität«[58] der Sakramente zeigt sich eine »Deckungslücke«,[59] insofern für das Einlösen ihrer Versprechen die Menschheit selbst und der einzelne Mensch ohnehin weder Kompetenz noch Macht haben. Diese Verobjektivierung des Kontrafaktischen in der Selbstwirksamkeit des Wortes bzw. der Sakramente ist eine Vorgegebenheit, in der die Vorgegebenheit der Liebe Gottes als Wirklichkeit gefeiert wird.[60] Schneider geht zur Hl. Messe, begeht sie gegenläufig zu seinen Erfahrungen. Eine eigenartige Paradoxie, die im Vollzug Doxologie ist: Anerkennung Gottes jenseits eigener Befindlichkeit und immer größer als das eigene Vermögen. Die Menschen *müssen* nicht daran glauben, damit die Verheißung wirksam wird, sie ist jenseits von Glaube und

[57] Reinhold Schneider, Gelebtes Wort, Freiburg i. B. 1961, 117.

[58] Vgl. Franz Gruber, Diskurs der Hoffnung. Zur Hermeneutik eschatologischer Aussagen, in: Edmund Arens (Hrsg.), Zeit denken. Eschatologie im interdisziplinären Diskurs, Freiburg i. B. 2010, 19–45, 29.

[59] Zur »Deckungslücke« vgl. Hans-Joachim Höhn, Das Leben nach dem Tod – oder: Vom beredten Schweigen der Theologie, in: Lebendige Seelsorge 63 (2012) 5, 310–312, 312.

[60] Vgl. Ottmar Fuchs, »Unbedingte« Vor-Gegebenheit des Rituals als pastorale Gabe und Aufgabe, in: Theologische Quartalschrift 189 (2009) 2, 106–129.

Nichtglaube wirksam. Der Glaubende in der Oberkirche glaubt stellvertretend – völlig frei von Zugriffsphantasien – für die Nichtglaubenden in der Krypta.

Die Doxologie, die »Verherrlichung« Gottes,[61] ist der Ort, wo man auch über die Verzweiflung hinaus Gott Gott sein lässt und in der so die Sehnsucht nach Rettung einen Hoffnungsschimmer erhält. In der völligen Unmöglichkeit, wo einem alles genommen wird, realisiert er die letzte Unmöglichkeit, nämlich Gott größer sein zu lassen als die eigene Not in der Hoffnung, dass Gott substantiell all diese Tiefen und Untiefen umfängt. So schält sich die Alternative heraus: Atheismus oder Doxologie.

8 Atheismus oder Doxologie

Was der Atheismus sich voraussetzt, nämlich dass Gott unmöglich und der Glaube grundlos sei, wird paradoxerweise in der Doxologie, im »Gotteslob«, in der absichtslosen gebeteten Anerkennung des Gottseins Gottes, zum Ausgangspunkt der Gottesprädikation selbst: der Unmöglichkeit, der Sinnunterbrechung, der Unverfügbarkeit, der Unverzweckbarkeit einer grundlosen, bedingungslosen Allmacht von Liebe und Offenheit und Freiheit, der diesseitig ein Erfahrungsraum entspricht, der nicht berechnet, sondern loslässt.

Die Doxologie erkennt Gott grundlos an (denn *mit* Grund wäre es bedingungsvoller Dank), so unmöglich, wie der französische Philosoph Jean-Luc Marion[62] Gott denkt. Wir *müssen* Gott nicht erfahren, damit er existiert. Er existiert. Wir müssen seine Liebe nicht erleben, damit Gott liebt: er liebt in jedem Fall. Die Auferstehung Jesu macht *nachträglich* deutlich, dass Gottes Liebe, kontrafaktisch zur Verlassenheitserfahrung im Kreuzesschrei, »objektiv« weiterbestand. Diese Verobjektivierung der Liebe Gottes sichert die Liebe Gottes nicht durch uns, sondern außerhalb von uns.

61 Vgl. Dorothee Steiof, Verherrlichung Gottes. Madeleine Delbrêl und alttestamentliche Texte, Stuttgart 2013; Ottmar Fuchs, Wer's glaubt wird selig …Wer's nicht glaubt, kommt auch in den Himmel, Würzburg 2012, 136–151.

62 Vgl. Jean-Luc Marion, Jenseits von Frage und Antwort, in: Zur Debatte 42 (2012) 7, 17–19, 19 Sp. 2: »Es erweist sich daher als unmöglich zu sagen ›Gott ist unmöglich‹, denn gerade die Unmöglichkeit, ihn zu begreifen …, kennzeichnet Gott ausdrücklich, genau und grundlegend.« Denkt man die Unmöglichkeitsperspektive eschatologisch weiter, dann gehört zu ihrem Verzicht auf zugriffige Ikonisierung auch der Verzicht auf ebenso zugriffige Hoffnungslosigkeiten. Vielmehr ist alles offen zu halten. Erkenntnistheoretisch sitzen Atheismus und Doxologie im gleichen Boot.

Darin besteht Gottes Absolutheit. »Denn Gott an sich geht über die Existenz hinaus«.[63]

Das haben Atheismus und Doxologie gemeinsam, beide erwarten nichts mehr, erwarten keinen Nutzen von Gott. Die Doxologie ist nicht nur die spirituelle Vollzugsform der Hingabe, also der Anerkennung des unendlichen Geheimnisses eines letztlich guten Gottes, sondern auch die Vollzugsform der widerspenstigen und widerwärtigen, der sinnvermissenden Hinnahme eines teilweise unguten und gott-losen Lebens, in dem Gottes Gutheit diesseitig abwesend ist.

Man kann sich von Gott abwenden, weil er nutzlos ist und der Glaube ebenfalls, weil man es ausprobiert hat und nichts gebracht hat. Eine solche Intention wäre doxologiefern, weil sie einen Gott über seinen Nutzen hinaus wenig in den Blick zu nehmen vermag. Gotteslob und Anbetung bilden den spirituellen Erfahrungsraum eines Gottes, der in keinem Erfahrungs-, Interessen-, und Intentionenbezug aufgeht.[64] Es geht diesbezüglich um eine nackte Doxologie. Um das Vertrauensverhältnis zu einem Gott, der uns zwar in Christus Freunde und Freundinnen nennt (vgl. Joh 15,15), der aber ansonsten die Situation seiner Freunde und Freundinnen nicht verbessert, von dessen Freundschaft man nichts hat, jedenfalls nicht mehr als andere Menschen.

Die Doxologie macht diesen Erfahrungsmangel nicht zum Maßstab Gottes selbst, sondern lässt Gott nochmals unendlich größer sein als unsere diesbezüglichen Möglichkeiten und Unmöglichkeiten, und zwar in die Dynamik seiner Güte, Solidarität und Erlösung hinein. Teresa von Avila trifft ins Schwarze: »Wir sollten also, Schwestern, bei den verborgenen Dingen Gottes nicht nach Gründen suchen, um sie zu verstehen.«[65] Es ist die Paradoxie einer doxologischen Sprache, die das Antworthafte verliert und gleichwohl oder gerade deswegen (weil es keine oder nur unzulängliche, unbefriedigende Antworten gibt) über die Räume der Verzweiflung hinaus weitere Räume eröffnet oder zumindest erahnen lässt.[66]

Theologisch handelt es sich in dieser absolut negierten Bedingungshaftigkeit, in dieser durch nichts (sei es durch Denkschlüssigkeit, sei es durch Ethik, sei es durch Spiritualität usw.) erleistbaren und erleistnotwendigen Unbedingtheit im Gottes(un)verständnis um reine Gnade, reine

63 Marion, Jenseits (s. Anm. 62), 18 Sp. 4.

64 Vgl. Ulrike Bechmann, Das Lied der Weisheit, in: Dies. / Klaus Bieberstein, Weisheit im Leiden, Stuttgart 2007, 39–77, 60.

65 Teresa von Avila, Die innere Burg, Zürich 1979 (1577), 135 (6. Wohnung, 4. Kapitel).

66 Zu einem solchen doxologischen Gebetstext vgl. Fuchs, Der zerrissene Gott (s. Anm. 24), 222–225.

Gegebenheit vor aller Gegebenheit. Wo der Tod alle menschlichen Bedingungsleistungen zerbricht, ist der radikalste Ort, wo sich diese Gegebenheit des Unmöglichen und Grundlosen als rettende Möglichkeit erweist. In diesem Sinn, sagt Frère Luc »Der Tod ist Gott.«[67] Helmut Merklein schreibt: »...wie denn auch der Tod die einzige Möglichkeit ist, um ganz in die Nähe Gottes zu gelangen.«[68] Das diesseitige Anvertrauen an diese Unbedingtheit, das keine selbstische Sicherheit benötigt, wird im Tod »ratifiziert«, indem das erzwungene Loslassen in den letzten Akt des eigenen Loslassens mündet, nicht ins Leere hinein, sondern in eine unendliche Verbindung von Leben und Liebe – so hoffen die Gläubigen.

So bekenne ich mich zu der phantastischen Inkonsequenz, zwischen der nur leisen Hoffnung, dass Gott doch zuweilen und ungerechterweise (gegenüber denen, die keine Hilfe erfahren) hilft, dass im Diesseits manches gut geht, und der großen Hoffnung, dass auch dann, wenn sich hier und gerade dann wenn sich hier nichts ereignet, der letzte Abgrund in die unendliche Grundlosigkeit der Liebe fällt. Und so weiß ich, dass wir angesichts vieler, denen nie geholfen wird, kein Anrecht auf Hilfe haben. Weil Gott diese Welt unergründlicherweise so gewollt hat. Dafür ist er nicht zu entschuldigen. Aber auch: Gott muss mir nicht nutzbar sein, um existieren zu dürfen.

Eine diesbezüglich stützende spirituelle Haltung besteht aus dem christlichen Sprachspiel heraus darin, die Einsichten des Paulus, dass alles Diesseitige so zu gebrauchen ist, als hätte man es nicht (1Kor 7,29–32),[69] auch auf den Glauben, der ja diesseitig ist, zu übertragen: nämlich den Glauben und »Gott« zu »haben« als hätte man beides nicht. In einer Begegnung mit Teresa von Avila fängt Johannes vom Kreuz an zu schweben, ihm wird der Boden entzogen. Grundlos geht es weiter. Das scheinbar unwirkliche »Als ob« erschafft neue Wirklichkeit.

67 Diesen Hinweis auf das Zitat von Frère Luc, einem der Patres, die von islamischen Fundamentalisten in Algerien getötet wurden, verdanke ich dem Vortrag »Freiheitsräume – Bindungsräume«, den Ruth Fehling auf dem Symposion zum Thema »Freiheit und Theologie« in Vierzehnheiligen (13.–15.7.2012) gehalten hat.

68 Helmut Merklein, Studien zu Jesus und Paulus II., Tübingen 1998, VIII.

69 Vgl. Giorgio Agamben, Die Zeit, die bleibt, Frankfurt a.M. 2006, 34–55.

Autorin und Autoren

Dr. Stefanos Athanasiou (*1981); Studium der Orthodoxen Theologie an der Ludwig-Maximilians-Universität München und der Aristoteles-Universität von Thessaloniki. Seit dem Wintersemester 2011 ist er Assistent am Departement für Christkatholische Theologie der Universität Bern. 2015 Promotion im Fachbereich Dogmatik an der Theologischen Fakultät der Aristoteles Universität in Thessaloniki. Er ist Gründungsmitglied der Kommission junger orthodoxer und katholischer Theologinnen und Theologen von Pro Oriente. Arbeitsschwerpunkte: Christologie, Eschatologie und Orthodoxe Theologie.

Prof. Dr. Christoph Böttigheimer (*1960); Studium der Kath. Theologie in Tübingen und Innsbruck. 1994 Promotion zur ökumenischen Relevanz der Erbsündenlehre. 1996 Habilitation über die ökumenische Bedeutung des Unionsmodells des evangelischen Irenikers Georg Calixt. 1998–2000 Privatdozent an der Kath. Fakultät der Universität München. 2000–2002 Lehrstuhlvertretung für Fundamentaltheologie an der Theologischen Fakultät der Kath. Universität Eichstätt-Ingolstadt; seit 2002 Ordinarius ebendort. Arbeitsschwerpunkte: Ökumene, Verhältnis Theologie und Naturwissenschaften, Ekklesiologie.

Prof. Dr. Gregor Etzelmüller (*1971); Studium der Evang. Theologie in Bethel, Heidelberg und Princeton (N.J.). 2000 Promotion zur Lehre vom Jüngsten Gericht. 2008 Habilitation über den pluralistischen Formzusammenhang der christlichen Liturgiefamilien. Seit 2013 apl. Professor für Systematische Theologie an der Ruprecht-Karls-Universität Heidelberg. Arbeitsschwerpunkte: Anthropologie, Ökumenische Theologie, Dogmatik (Erwählungs- und Vorsehungslehre, Eschatologie), Dialog mit Natur- und Rechtswissenschaften. Seit 2013 in der Projektleitung des Heidelberger Marsilius-Projektes »Verkörperung als Paradigma einer evolutionären Kulturanthropologie«.

Dr. Dr. Teresa Forcades i Vila (*1966) is a physician, theologian and Benedictine nun in the mountain monastery of Sant Benet de Montserrat (Catalonien, Spain). Master of Divinity (Harvard, 1997), doctor in Public Health (U. Barcelona, 2004) and doctor in Sacred Theology with a study of the notion of person in classical Trinitarian theology and its relationship to the modern notion of freedom as self-determination (Facultat de Teologia de Catalunya, 2007). Her publications include in English: ›Crimes and Abuses of the Pharmaceutical Companies‹ (Cristianisme i Justícia, Booklet 124, 2006) and in Catalan or Spanish: ›La Trinitat, avui‹ (PAMSA, 2005), ›La Teologia Feminista en la Història‹ (Fragmenta, 2007), ›Ser persona, avui‹ (PAMSA, 2011), ›Converses amb Teresa Forcades‹ (DAU, 2012), ›Sense Por‹ (Icària, 2013), ›És a les nostres mans‹ (DAU, 2014), ›Por amor a la justicia: Dorothy Day y Simone Weil‹ (Editorial HOAC, 2015). In 2013–14, she taught at the Theology School of the Humboldt University in Berlin. At present, she lives and teaches at her monastery in Montserrat and prepares a book on faith and freedom.

Prof. Dr. Ottmar Fuchs (*1945); Studium der Philosophie und kath. Theologie in Bamberg und Würzburg. 1972 Priesterweihe, 1972–1982 Kaplan in Nürnberg und Studentenpfarrer in Bamberg, Promotion (1977) und Habilitation (1982) am Lehrstuhl für Pastoraltheologie an der Universität Würzburg. Ab WS 1981/82 o. Professor für Pastoraltheologie und Kerygmatik an der Kath.-Theol. Fakultät der Universität Bamberg, Dekan der Fakultät 1987–1989. Seit WS 1998/99 o. Professor für Praktische Theologie an der Kath.-Theol. Fakultät der Universität Tübingen. Dekan der Fakultät 2001–2004. Emeritiert 1.10.2014. Arbeitsschwerpunkte: Praktische Theologie im Kontext biblischer, dogmatischer und liturgischer Vorgaben, Gnadentheologie, Politische und caritative Diakonie, Spiritualität, Ökumene, Volksfrömmigkeit, Eschatologie, Religionskritik.

Prof. Dr. Martin Hailer (* 1965); Studium der Evang. Theologie und Philosophie in Neuendettelsau und Heidelberg. 1993–1996 Wissenschaftlicher Mitarbeiter am Oekumenischen Institut der Universität Heidelberg. 1997 Promotion über ein fundamentaltheologisches Thema. 1999 Ordination zum Evang.-Luth. Pfarrer. 1999–2007 Assistent/Oberassistent an der Universität Bayreuth, 2003 Habilitation an der Theologischen Fakultät der Universität Erlangen mit einer Studie zur Gotteslehre. Nach Stationen an den Universitäten Basel und Lüneburg seit 2011 Professor für Evangelische Theologie und ihre Didaktik, Schwerpunkt Systematische Theologie an der Pädagogischen Hochschule Heidelberg. Arbeitsschwerpunkte: Ökumenische Theologie, Religionsphilosophie, Systematische Theologie für Belange des Lehramts, das Werk Karl Barths. Weitere Informationen: www.bgmh.de.

Prof. Dr. Andreas Krebs (*1976); Studium der Theologie, Philosophie, Germanistik, Mathematik und Pädagogik an den Universitäten Bonn, Hagen, Oxford und Trier. 2006 Promotion an der Universität Trier zur Sprach- und Erkenntnistheorie Ludwig Wittgensteins. 2006–2009 Referendar und Studienrat an der Gesamtschule Hennef und am Auguste-Viktoria-Gymnasium Trier; 2009–2011 Assistent am Alt-Katholischen Seminar der Universität Bonn, 2011–2015 Assistenzprofessor am Departement für Christkatholische Theologie der Theologischen Fakultät der Universität Bern. 2015 Habilitation an der Universität Bern zur theologischen Ontologie im säkularen Zeitalter. Seit Herbst 2015 Professor für Alt-Katholische und Ökumenische Theologie und Direktor des Alt-Katholischen Seminars der Universität Bonn. Arbeitsschwerpunkte: Alt-Katholische und Ökumenische Theologie, Theologie im Gespräch mit Philosophie und Naturwissenschaften, Kirche zwischen Theologie und Empirie, interreligiöser Dialog.

Prof. Dr. Michael Nausner (*1965); Studium der Theologie in Reutlingen/D, Uppsala/S und Madison NJ/USA. 1994 Ordination zum Pastor der Evangelisch-methodistischen Kirche. 2001–2002 Kurzlehraufträge an der Drew University und an der Fordham University. 2005 Promotion über eine theologische Grenzhermeneutik an der Drew University. Seit 2005 Professor für Systematische Theologie und seit 2013 Prorektor an der Theologischen Hochschule Reutlingen. Mitarbeit und Teilnahme im Interkonfessionellen Theologischen Arbeitskreis seit 2008. Arbeitsschwerpunkte: Methodistische Ekklesiologie, Interkulturelle und Postkoloniale Theologie, Theologie und Migration, Theologie der Teilhabe.

Dr. Denis Schmelter (*1981); Studium der Katholischen Theologie, Philosophie und Psychologie in Paderborn und München. 2011 Promotion zum Dr. theol. an der Katholisch-Theologischen Fakultät der LMU München. 2010–2012 Wissenschaftlicher Mitarbeiter am Lehrstuhl für Dogmatik und Dogmengeschichte unter Berücksichtigung fundamentaltheologischer Fragestellungen am Institut für Katholische Theologie der Universität Vechta; 2013–2014 Lehrbeauftragter ebd. Seit 2014 Wissenschaftlicher Mitarbeiter am Lehrstuhl für Systematische Theologie am Institut für Katholische Theologie der TU Dresden. Arbeitsschwerpunkte: Theodizee-Problem und Bittgebet/Handeln Gottes in der Welt, Gebetsglaube und Gottesbild im Denken Joseph Ratzingers, Neuansätze zur Konzeptualisierung der göttlichen Wirklichkeit (Prozesstheologie, Open-View-Theismus), Mind-Brain-Debatte/Geist-Materie-Verhältnis (Panpsychismus), das Salutogenese-Konzept der Medizin und die Glücksforschung der Positiven Psychologie als Konkretionen von Eugen Bisers Ansatz einer »therapeutischen Theologie«, Nahtoderfahrungen im Kontext einer panentheistischen Eschatologie.

Prof. Dr. Volker Spangenberg (*1955); Studium der Ev. Theologie in Tübingen und Hamburg. 1982–1990 Assistent am Lehrstuhl für Systematische Theologie und Religionsphilosophie an der Universität Tübingen. 1991 Promotion mit einer Arbeit zur Theologischen Ästhetik von Hans Urs von Balthasar. 1991–1997 Gemeindepastor in Heidelberg. Seit 1997 Dozent (ab 2008 Professor) für Praktische Theologie am Theologischen Seminar Elstal (seit 2015 Theologische Hochschule Elstal) des Bundes Evangelisch-Freikirchlicher Gemeinden i. D. Arbeitsschwerpunkte: Freikirchliche Pastoraltheologie, Homiletik und Liturgik. 2006–14 Rektor des Theologischen Seminars Elstal.

Herausgeberin und Herausgeber

Dr. Julia Enxing (*1983); Studium der Kath. Theologie und Philosophie in Mainz, Münster und Frankfurt (St. Georgen). 2009–2015 Wissenschaftliche Mitarbeiterin an den Universitäten Münster und Bamberg, zuletzt im Projekt »Kritik von innen. Modelle sozialen Wandels in der katholischen Kirche« am Exzellenzcluster »Religion und Politik« der Universität Münster. 2011 Research Fellow am Center for Process Studies (Claremont, CA). 2012 Promotion zum Dr. theol. mit der Arbeit »Gott im Werden. Die Prozesstheologie Charles Hartshornes« (ausgezeichnet mit dem Promotionspreis der Universität Münster); Habilitationsprojekt zum Thema »Schuld als Herausforderung für Theologie und Kirche« (derzeit gefördert durch ein Habilitationsstipendium der FAZIT Stiftung). Arbeitsschwerpunkte: Ekklesiologie nach dem Zweiten Vatikanischen Konzil, Schuld und Sünde, Prozesstheologie, Gender Studies.

Prof. Dr. Johann Ev. Hafner (*1963); Studium der Kath. Theologie und Philosophie in Augsburg, Philippinen und München. 1990–2003 Assistent am Lehrstuhl für Pastoraltheologie an der Universität Augsburg. 1995 Promotion zur philosophischen Begründung von Umweltethik. 1996–97 Gastprofessor an der University of Dayton (USA). 2001 Habilitation über die frühchristliche Ausgrenzung der Gnosis. 2004 Diakon. Seit 2004 Professor für Religionswissenschaft (Schwerpunkt Christentum) an der Universität Potsdam. Arbeitsschwerpunkte: Angelologie, Verhältnis Theologie-Religionswissenschaft, Systemtheoretische Ansätze, Apokryphen. 2010–14 Dekan der Philosophischen Fakultät der Universität Potsdam.

Prof. Dr. André Munzinger (*1972); Studium der Ev. Theologie in Bonn, Köln, Wuppertal und London. Promotion im Fach Neues Testament zur paulinischen Ethik (2004). Wissenschaftlicher Mitarbeiter in Köln in der Systematischen Theologie (2005–2008). Habilitationsprojekt und Research Fellow an der Ev.-Theol. Fakultät der Universität Bonn mit der Themenstellung: Möglichkeitsbedingungen interkulturellen Zusammenlebens bei Jürgen Habermas und Eilert Herms (2008–2011; Habilitation 2012). Wissenschaftlicher Mitarbeiter in der Stiftung »Cologne Science

Center« (2012) und an der Universität Oldenburg (2012–2014) im Rahmen der forschenden Lehre. Ruf auf die Professur für Systematische Theologie mit Schwerpunkt Ethik an der CAU Kiel (2014) und als Leiter der Schleiermacher-Forschungsstelle (2015). Arbeitsschwerpunkte: Ethik der Entwicklung im Rahmen der Globalisierungsprozesse, Ethik als Kulturtheorie bei Friedrich Schleiermacher, Vertrauen als Grundbegriff Systematischer Theologie.

Register